儿童多彩学习生活研究

周婷 叶海豹 著

Colorful / Study / Life Of Children

南京大学出版社

图书在版编目(CIP)数据

儿童多彩学习生活研究/周婷,叶海豹著.—南京:
南京大学出版社,2015.12
　　ISBN 978-7-305-16390-6

　　Ⅰ.①儿… Ⅱ.①周… ②叶… Ⅲ.①小学生－学生生活－研究 Ⅳ.①G625.5

中国版本图书馆 CIP 数据核字(2015)第 315500 号

出版发行	南京大学出版社		
社　　址	南京市汉口路 22 号	邮　编	210093
出 版 人	金鑫荣		

书　　名 儿童多彩学习生活研究
著　　者 周　婷　叶海豹
责任编辑 荣卫红　　　　　　　编辑热线　025-83593963
照　　排　南京紫藤制版印务中心
印　　刷　南京爱德印刷有限公司
开　　本　787×960　1/16　印张 16.75　字数 249 千
版　　次　2015 年 12 月第 1 版　2015 年 12 月第 1 次印刷
ISBN　978-7-305-16390-6
定　　价　48.00 元

网　　址:http://www.njupco.com
官方微博:http://weibo.com/njupco
官方微信:njupress
销售咨询热线:025-83594756

* 版权所有,侵权必究
* 凡购买南大版图书,如有印装质量问题,请与所购
　图书销售部门联系调换

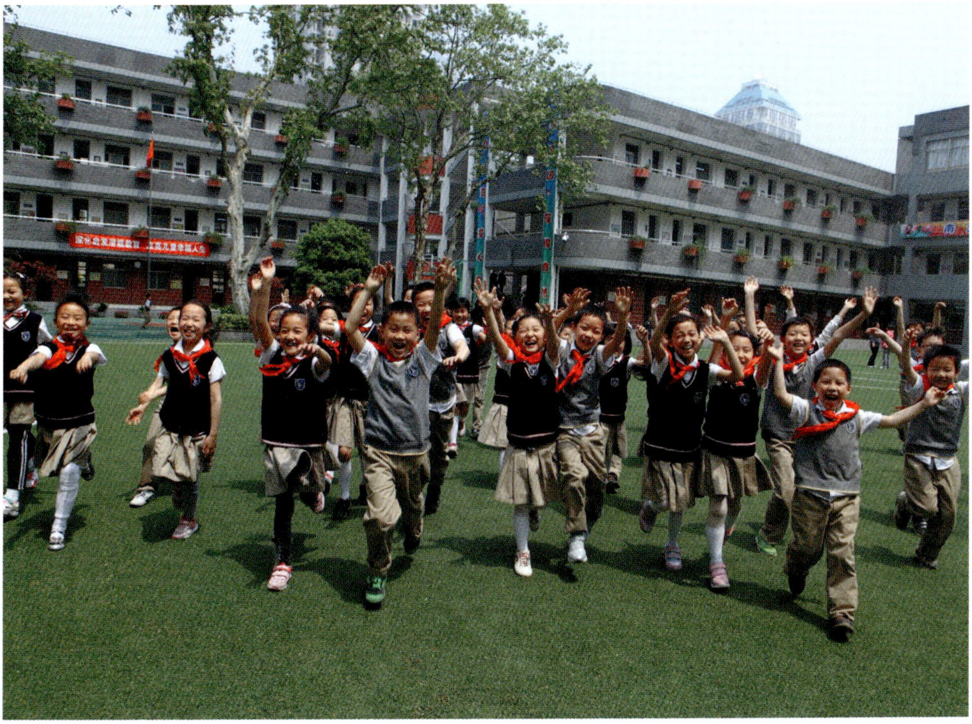

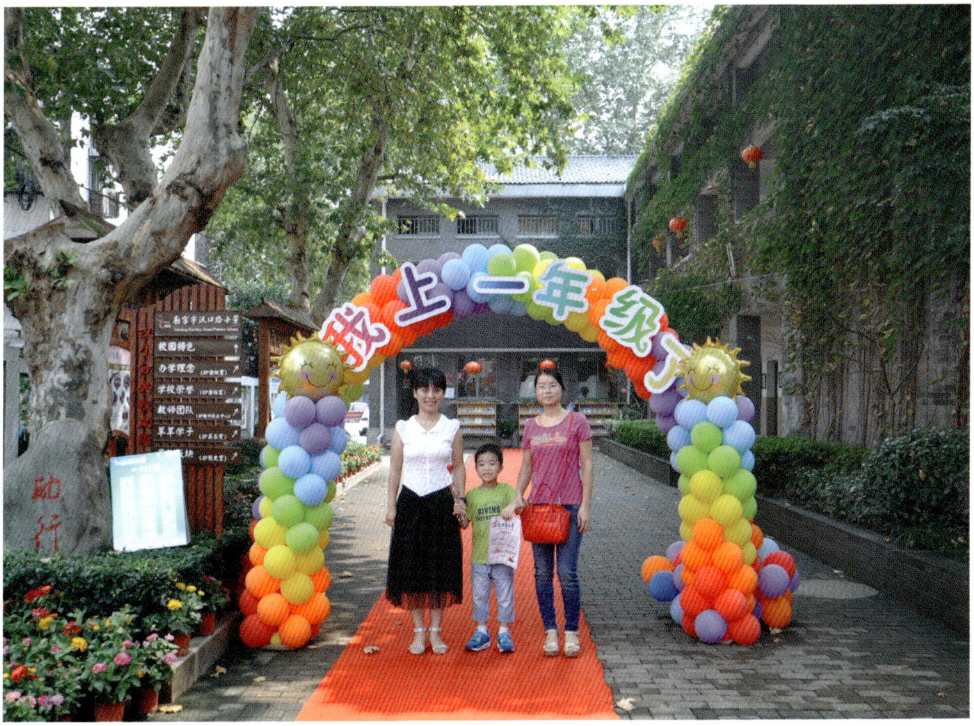
南京市汉口路小学
校园特色
办学理念
学校荣誉
教师团队
草草学子
我上一年级了

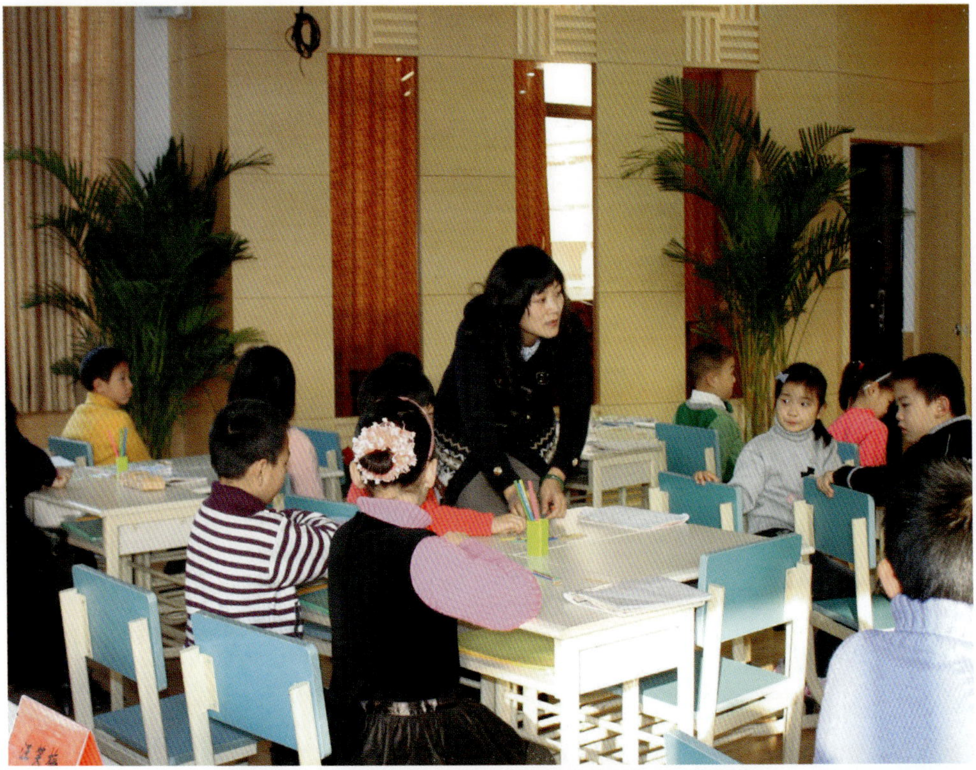

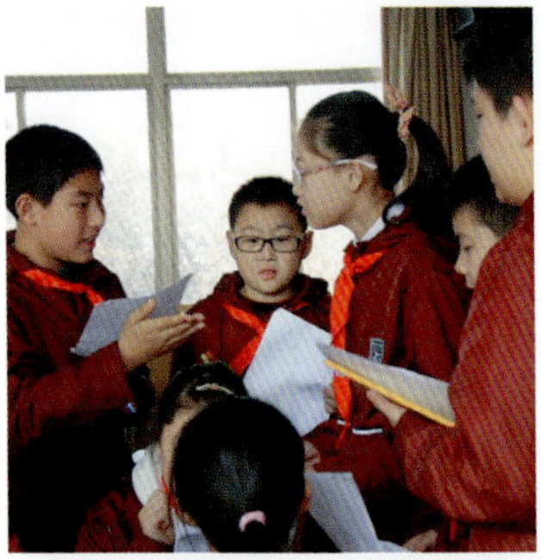

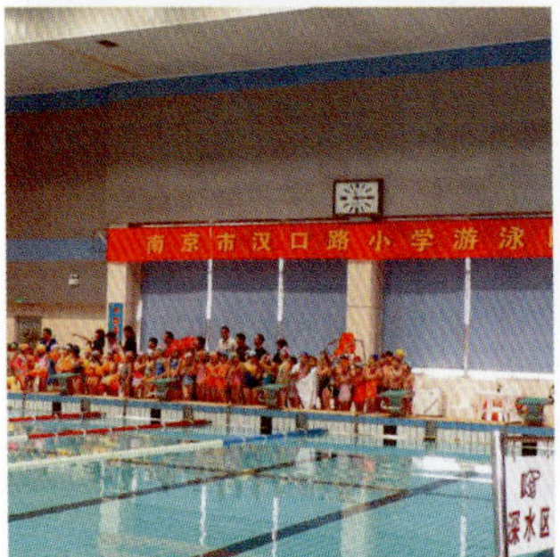
南京市汉口路小学游泳
深水区

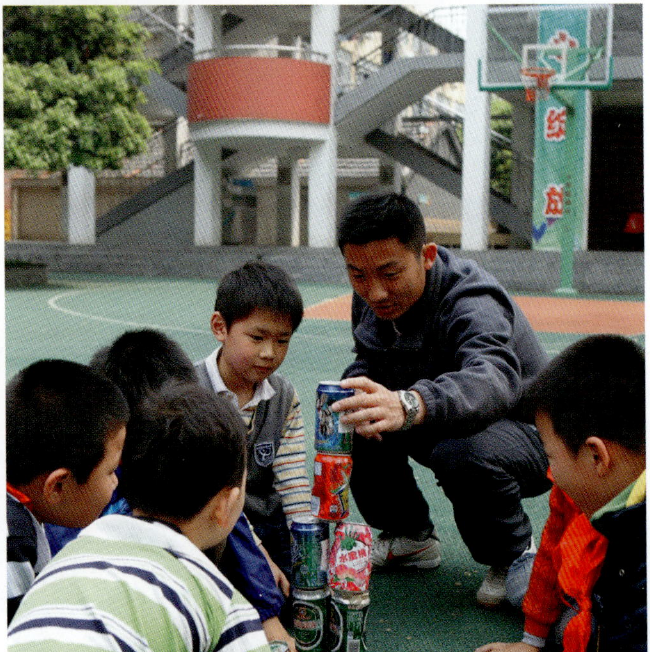

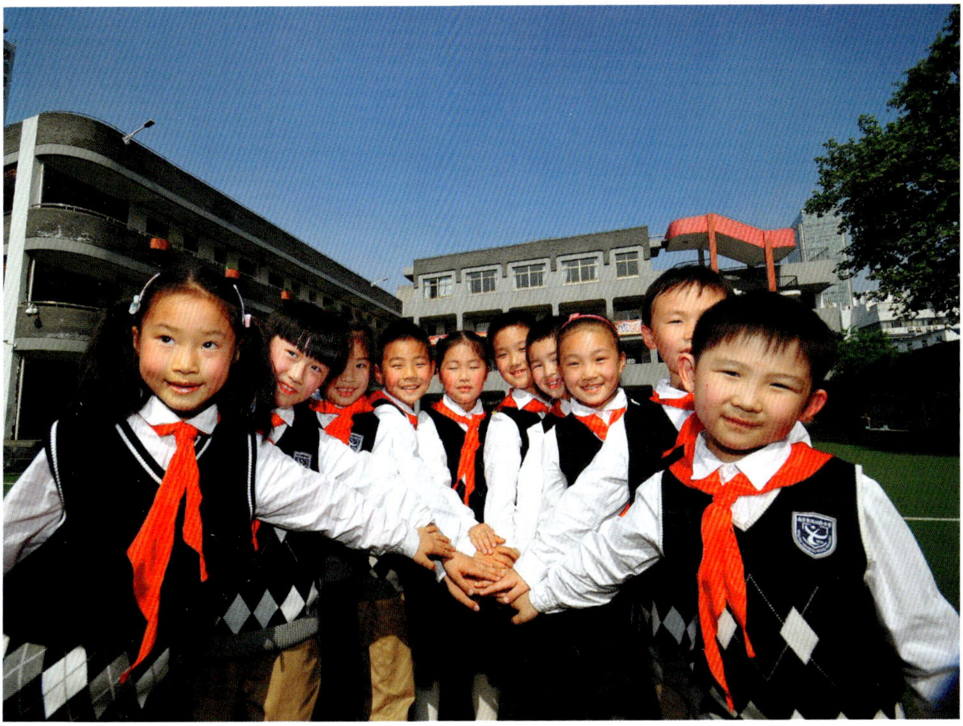

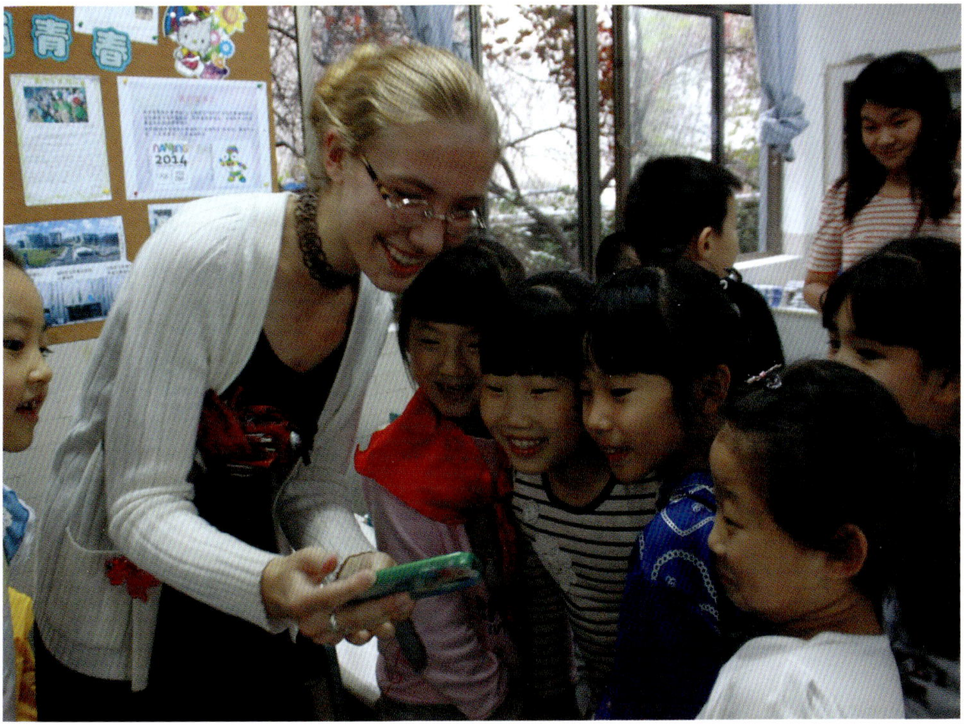
青春
2014

第十二届"飞向北京——飞向太
全国青少年航空模型、航天模型
主办单位：国家体育
承办单位：江苏省航
特别支持：杭州中天模

文化昆歌公益
奥组委会文化教育部　民盟江苏省老龄委　共青团南京市委　承
公益创投协会　秦淮区文化局　南京市文联戏剧家协会

读

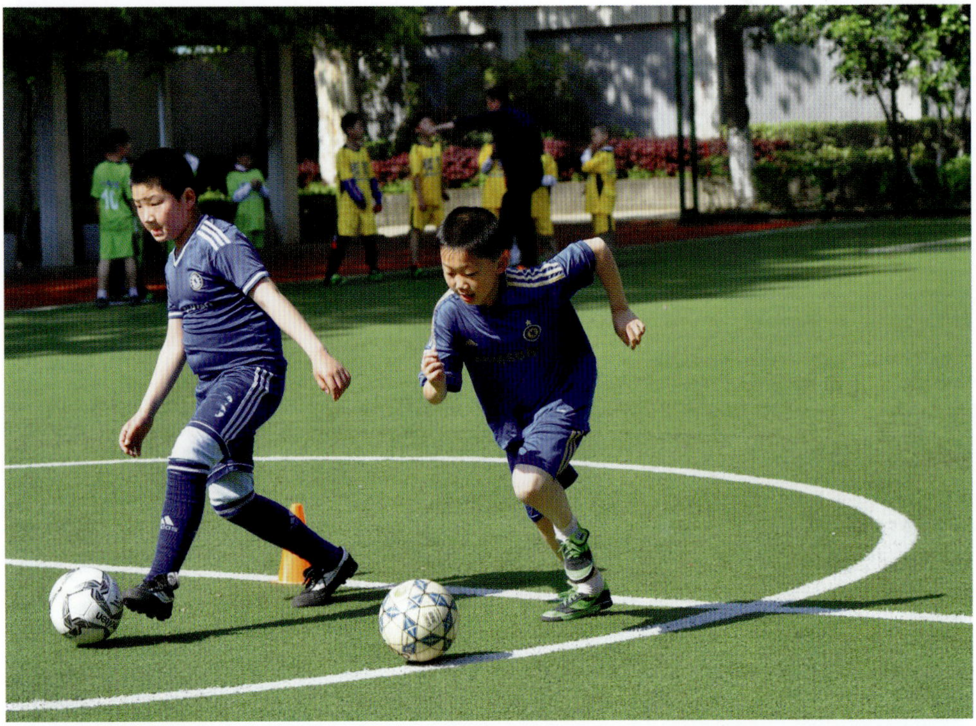

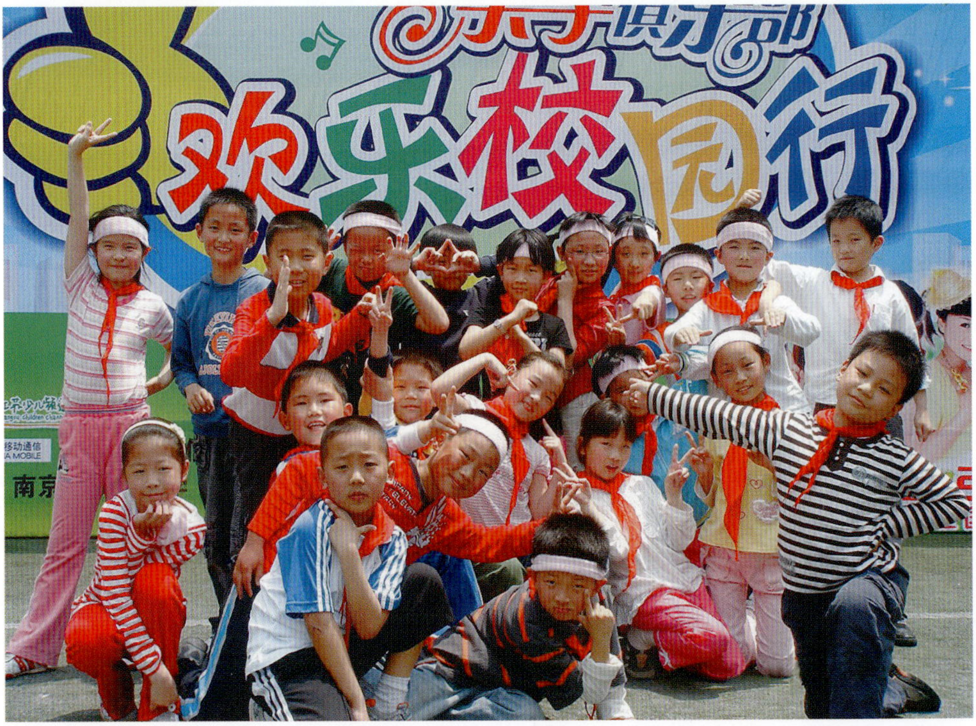
欢乐校园行

目 录

序　儿童多彩学习生活的多彩叙事 …………………………… 001
前言　托起今天的太阳 …………………………………………… 001

第一章　儿童学习生活的发展历程 …………………………… 003
　第一节　从师本走向生本(1997—2005) ………………………… 003
　　一、让每位学生得到发展 ……………………………………… 003
　　二、全员参与的七彩社团 ……………………………………… 005
　　三、自主创办的娃娃科学院 …………………………………… 006
　第二节　从教学走向学教(2006—2010) ………………………… 011
　　一、"一主两翼"的发展思路 …………………………………… 012
　　二、四色学习单的悄然诞生 …………………………………… 015
　　三、四色教学节的创生 ………………………………………… 022
　第三节　从四色走向多彩(2011—2015) ………………………… 026
　　一、四色学习单的深入研讨 …………………………………… 027
　　二、四色学习单的文化生长 …………………………………… 033
　　三、"四色教育"的多彩追求 …………………………………… 040

第二章　多彩学习生活的整体设计 …………………………… 045
　第一节　儿童多彩学习生活的现实需求 ………………………… 045
　　一、为了每一个儿童的成长 …………………………………… 045
　　二、内容丰实的学习生活 ……………………………………… 048
　　三、多元的学习方式 …………………………………………… 050

001

第二节　儿童多彩学习生活的校本理解 ………………………… 053
　一、儿童多彩学习生活的研究意义 …………………………… 054
　二、儿童多彩学习生活的校本追求 …………………………… 056
　三、儿童多彩学习生活的研究思路 …………………………… 061
第三节　儿童多彩学习生活的实践路径 ………………………… 066
　一、传统文化浸润下的德性生活 ……………………………… 067
　二、四色学习单导引的课堂空间 ……………………………… 068
　三、自主选择的多样化校本课程 ……………………………… 070
　四、润物无声的童趣校园 ……………………………………… 071
　五、立体交互的学习平台 ……………………………………… 073

第三章　传统文化浸润下的德性生活 ………………………… 077
第一节　习得礼仪　传承文明 …………………………………… 077
　一、八礼四仪　内化于心 ……………………………………… 077
　二、礼仪之星　熠熠生辉 ……………………………………… 079
　三、习礼之爱　感恩励志 ……………………………………… 081
第二节　经典诵读　浸润人生 …………………………………… 085
　一、国学雅韵　润泽童心 ……………………………………… 085
　二、迷你读述　涵泳书香 ……………………………………… 089
　三、诗意童年　快乐成长 ……………………………………… 093
第三节　民俗文化　落地生根 …………………………………… 096
　一、民俗校园工作坊　营造氛围创特色 ……………………… 097
　二、民俗社团种类多　个性发展有特长 ……………………… 098
　三、文化节里乐趣多　童趣盎然展风采 ……………………… 103

第四章　四色学习单导引的课堂空间 ………………………… 107
第一节　关注儿童的差异性 ……………………………………… 107
　一、百鸟争鸣　四色课堂显差异
　　　——《鸟岛》课例片段赏析 ……………………………… 108

二、寻找规律　四色学习有个性
　　　　——《找规律》课例片段赏析 ………………………… 109
　　三、任务分层　差异融入四色中
　　　　——"Food"课例片段赏析 ………………………… 112
第二节　尊重儿童的选择性 ………………………………………… 114
　　一、且行且选　尊重儿童选择性
　　　　——《小松鼠找花生果》课例赏析 ……………………… 115
　　二、选择探究　自主学习显成效
　　　　——《奇妙的图形密铺》课例片段赏析 ………………… 117
　　三、选择体验　四色实验我来做
　　　　——《认识液体》课例片段赏析 ………………………… 119
第三节　激发儿童的创新性 ………………………………………… 121
　　一、实践中探究　探究中创新
　　　　——《认识平行四边形》课例片段赏析 ………………… 122
　　二、多彩信息课　创新的乐园
　　　　——《画图软件综合运用》课例片段赏析 ……………… 123
　　三、大学进小学　创新孕心田
　　　　——《南大的建筑》课例片段赏析 ……………………… 125

第五章　自主选择的多样化校本课程 …………………………… 134
　第一节　校本课程的整体架构 ……………………………………… 134
　　一、理念架构 ………………………………………………… 135
　　二、课程关系 ………………………………………………… 137
　　三、课程框架 ………………………………………………… 139
　　四、价值追求 ………………………………………………… 140
　第二节　四色课程的实施列举 ……………………………………… 143
　　一、大师课程实施列举
　　　　——《大数据与小学生》 ………………………………… 143

二、"小学·大学"微型图本课程实施列举
　　　　——《南大的建筑》·· 148
　　三、"花样可乐·健身足球"课程实施列举
　　　　——《原地双脚正脚背连续踢球》··················· 152
　　四、"迷你读·述"课程实施列举
　　　　——《"喵"趣横生》··· 154
第三节　四色课程的家常管理 ··· 159
　　一、时间管理 ··· 160
　　二、质量管理 ··· 161
　　三、资源管理 ··· 164
　　四、档案管理 ··· 165

第六章　润物无声的童趣校园 ··· 168
第一节　徜徉其中的民国情韵 ··· 168
　　一、拾级而上：承载记忆的民国小楼 ··························· 168
　　二、漫步驻足：随处可见的校史印记 ··························· 172
　　三、沉浸其中：意韵悠扬的阅读长廊 ··························· 173
第二节　可感可亲的大学文化 ··· 174
　　一、源于南京大学的校训 ··· 174
　　二、彰显"每一个"的墙壁文化 ······································· 175
　　三、绽放童年的多彩校园活动 ··· 177
第三节　扑面而来的自然气息 ··· 183
　　一、优雅：校园十景真迷人 ·· 183
　　二、生态：参天梧桐伴成长 ·· 186
　　三、和谐：植物标牌亲手做 ·· 188

第七章　立体交互的学习资源平台 ······································· 193
第一节　开启网络多元平台 ··· 193
　　一、建构多样化的网络课程 ·· 194

二、开发数字化教学资源 ································ 199
　　三、搭建家校沟通的桥梁 ································ 201
第二节　利用地域资源优势 ································ 202
　　一、带着课本去南大 ···································· 202
　　二、走进拉贝故居 ······································ 206
第三节　凸显人文资源力量 ································ 210
　　一、高端引领　大师走进小学课堂 ······················ 210
　　二、中美合作　沉浸式学习体验 ························ 212
　　三、携手前行　大学生公益活动 ························ 213

第八章　儿童生活的积极引导者 ···························· 218
　第一节　读书笔耕　走进儿童世界 ························ 218
　　一、阅读经典　阅读儿童 ······························ 218
　　二、阅读分享　优雅人生 ······························ 221
　　三、笔耕不辍　共同成长 ······························ 226
　第二节　课堂观察　了解每一个孩子 ······················ 228
　　一、多彩课堂需要用心改善学习方式 ···················· 229
　　二、多彩课堂需要精心设计学习活动 ···················· 233
　　三、多彩课堂需要倾心探索学习评价 ···················· 237
　第三节　沙龙研讨　做更贴心伙伴 ························ 240
　　一、碰撞——励园论坛 ································ 240
　　二、智慧——分享讲述 ································ 242
　　三、能量——感动励园 ································ 245

后　记 ·· 249

序

儿童多彩学习生活的多彩叙事

彭 钢

今天的学校教育研究,无论是研究学校教育层面的问题,还是研究课程与教学层面的问题,都离不开学习的研究,离不开学习主体儿童的研究,离不开属于儿童自身的儿童文化的研究。一句话,研究学校教育儿童无法缺席,儿童必须在场。我把此类研究称为"儿童中心立场"的教育研究,"人学"和"人性"意义上的教育研究。教育研究所发现和建构的规律、原理,必须依据儿童成长和发展的基本规律、基本特点,否则只是空洞和悬置的思想、观念,是无法有效运用于实践的东西。

很高兴,我看到了由南京市汉口路小学周婷校长和叶海豹书记共同承担的江苏省教育科学"十二五"规划重点资助课题"小班环境下儿童多彩学习生活的课例研究",完成了预定的研究目标和任务,出版了专著《儿童多彩学习生活研究》。我以为这一研究项目及其成果具有以下鲜明特点。

一是以"儿童"为主词的研究立场。

长期以来,我们的教育教学研究瞄准和仿效自然科学的研究,研究得最多的是物化的教材内容(教什么)、教学环境、教学器械等,也研究如何教的方法、程序、技术等,还研究考什么、如何考的解题技能和方法,很少有"人"的概念和形象。教育教学过程中的人,尤其是学生被完全边缘化了。随着教育教学研究的不断发展和深入,"人"开始出现并走进教育教学研究的视野和范围,首先是校长研究,然后是教师研究,直至最近才出现普遍化学生研究或儿童研究。显然,研究儿童多彩学习生活,主词是儿童,是基于儿童、为了儿童、围绕儿童的研究立场,是一种人性化的人学化的教育教学研究。

汉口路小学的研究成果,专著的标题和封面已经在文字的表述与图片的选择上突出了儿童,是儿童的多彩学习生活的研究,儿童既是研究的对象和客体,更是通过研究对其教育教学服务、促进、成就的主体。需要强调的是,汉口路小学并非研究抽象化、普适化的儿童,而是具体化为学校发展历史中的儿童,学校教育情境中的儿童,课程与教学中的儿童,每一个老师在学校日常生活中所面对的儿童。这样的儿童是真实的而非想象的,是具体的而非抽象的,是多样的而非标准的。从案例研究入手,就是研究身边的儿童、情境中的儿童、生活中的儿童,是研究"真儿童"而不是研究"假儿童"。确立这样的儿童研究立场,才会有真正意义上的儿童研究,才会有发现儿童的眼光和胸襟,也才能够建构属于儿童的小学教育。

二是以"多彩"为核心的研究主题。

长期以来,学校教育生活最大的问题就是单一、机械和重复,儿童进入学校就过着一种统一化、标准化、齐步走的日子,从而进入了福柯称之为的"规训社会"(学校是典型的规训途径之一),儿童的发展成为以书本知识和学科技能为主要养料的"发展",成为控制和压抑自身活力、潜力、特质的单一性"发展",儿童生活和儿童文化的丰富性、多样性就此消失。因此,研究儿童多彩学习生活,重点是学校学习生活,"关键"是还给儿童"多彩"的学校生活,重建具有"丰富性"特征和内涵的儿童生活。

汉口路小学形成了"多彩学习生活"的校本化理解和追求,他们概括为以下四个要点:首先是有"童趣"的生活,一种属于儿童自身的具有儿童文化特质的生活,与"成人生活"相区别;其次是有"意义"的生活,以体现学校教育培育人、促进人、成就人的功能,而不是糊里糊涂、"混沌不清"、正负难分的儿童"原初"的生活,这就将学校生活与非学校生活、学习生活与非学习生活区分开来了;第三是有选择的生活,选择的前提是丰富和多样,是学会在丰富和多样中发展出能够选择的本领、能力,这就将儿童作为学习生活的主体突显出来,培养一种自主的、积极的、负责的儿童;第四是个性化的生活,即承认儿童是多样的、有差异的,以多彩学习生活培育多样化的人格和个性,而非标准化、统一化的产品。"多彩生活"的校本化理解和追求,既源于汉口路小学的长期儿童教育的实践,更是通过课题研究进行概括和提炼的成果,很有点新意和创意。

三是以"实践"为重点的研究架构。

近年来儿童研究勃然兴起,但最大问题就是停留在理念和口号的阶段。普遍化、抽象化的"倾听儿童"、"认识儿童"、"研究儿童"、"走近儿童"很多,而真正意义上认识儿童和走近儿童的实践却很少,能够围绕儿童真切有效地改变学校生活和学习形态,变革教学和学习方式,从而解放儿童、发展儿童的有效实践举措则更为少见。我们更多的仍然是以成人的想象去替代对儿童真实需要的认识,我们仍然理所当然地认为,成人更有资格为儿童设计出他们的未来。

显然,对于汉口路小学的课题而言,重要的不是提出别人不曾提出的理念和口号,而是以儿童发展为中心,整体建构真正属于儿童的、儿童真心喜欢的、儿童全身心投入的学习生活和学校生活实践。实践架构的整体框架包括以下五个方面:一是传统文化浸润下的德性生活;二是四色学习单导引下的课堂空间;三是自主选择的多样化校本课程;四是润物无声的童趣校园;五是立体交互的学习平台。这是一个对学校生活"全覆盖"的实践架构,横向到边纵向到底,包括了学校生活的所有空间和领域;这也是一个匹配学校实践形态的架构,德育、教学、课程、校园、平台等学校教育影响的主要方式全部包括在内;这还是一个将传统与现代、东方与西方、文化与技术、智慧与情感、成人与儿童、"大学"与"小学"等多重因素交织在一起的框架,是一个真正能够体现"多彩"主题的实践架构,是一个用多重色彩进行描绘的丰富世界,也是一个为儿童发展和成长提供丰富养料的"微型"的学习生活世界。

在这样一个实践框架中,最难的是如何贯穿"儿童"这一主词,如何体现"童趣",如何彰显"童乐"。传统文化浸润下的德性生活,如何才能通过形态的改变必然地让儿童愿意学习、喜欢学习、热爱学习?四色学习单导引下的课堂,如何让学生学得有选择、有个性、有特点、有创造?大师课程固然广博而精深,如何让儿童感觉有趣有味?南京大学的文化固然优雅而悠长、大气而深沉,但如何让儿童感受可亲可近?汉口路小学试图通过课题研究回答这些问题,他们努力改变实践形态和方式,努力在现有的条件和环境下去探索实践变革的可能性,从而让儿童获得更好的发展和成长。

  我以为这种探索的努力,在课题研究中体现得非常鲜明,并在一定程度上获得了成效。但更重要的是通过研究,全体教师在探索中所体现的积极姿态,一种为了儿童和儿童成长的前行姿态,一种发现和建构新的多彩的学习生活的创造姿态,一种回归儿童、遵循规律、体现本质的专业姿态。

(作者为江苏省教育科学研究院研究员)

前 言

托起今天的太阳

2012年起,我和叶海豹书记共同策划并主持了江苏省教育科学"十二五"规划重点资助课题"小班环境下儿童多彩学习生活的课例研究"。学校试以课题研究引领儿童多彩学习生活的建构,从研究价值和具有校本特征的研究背景出发,进行基于国家课程和校本课程的课例研究,辅助生本课案,探索建构儿童多彩学习生活的行动路径,努力让学校成为儿童学习和生活的乐园。四年来,全体老师努力深化课程改革,建构丰富多彩的儿童学习生活,加快小班化办学进程,丰盈"在这里,每一个都重要"的办学理念,用实践行动诠释对儿童的关爱,对教育的真情与智慧。可以说,全体汉小人的付出,不只是让这所具有80年历史的江苏省实验小学绽放出新的活力,更是在举全力托起儿童这颗冉冉升起的太阳。

而今,该课题在各位专家精心指点下,在各位同事鼎力支持下,已经顺利结题,并诞生了这本专著,在此我想说的是:

为什么要研究儿童多彩学习生活?

一是因为不同儿童是不同样的,每一个儿童自身是多彩的,孩子和孩子之间的交融也会形成新的多彩。我们追寻儿童多彩学习生活,要基于以不同儿童发展为本的小学教育的基本规律。二是我们强调"学习生活",而非"教学生活",站在儿童的角度思考教育教学问题,面向每一个儿童设计多彩学习生活,这是应答新课程改革的基本要求。三是聚焦汉口路小学独特的文化背景:独特的地域文化"南大文化滋养,小班茁壮成长";独特的办学理念"在这里,每一个都重要!";独特的学习方式,基于"四色学习单"的自主、合作、探究学习。四是突破小班化探索的研究瓶颈。多彩学习生活就是让每一个孩子过不同的学习生活,小班化教育可以建构儿童多彩学习生活,也应该建构儿童多彩学习生活,更能有效地实现儿童多彩学习生活。我们作为南京市小班化教育示范学校,有责任也必须引领儿童过好多彩学习生活。由此,我们努力建构儿童的多彩学习生活,促进儿童个性发展;努力优化小班化教育教学活动,形成多种类型的课例,促进教师专业成长;努力形成具有学校特色的小班化学习文化、课堂文化、教育文化,促进学校高品位发展,促进师生高品质生活。

怎样研究儿童的多彩学习生活?

我们以课例研究为载体,从国家课程,校本课程,个性化的学习生活建构儿童丰实、丰富、丰美的多彩学习生活。我们认为儿童多彩学习生活的内涵特征至少包含四点:有童趣、有意义、有选择、有个性。我们始终把这些内涵特征作为课例研究目标和验证准则,收集的课例覆盖全学段、全学科,涉及国家课程和校本课程。全校所有教师参与,所有学生也诞生了很多原生态的生本作品供研究。

我们的课例研究关注教学资源的丰富。如"小学·大学"微型图本课程,充分发掘和我校仅一墙之隔的南京大学丰富的"人"的资源和"物"的资源,结合国家课程内容,为学生设计开发生动活泼的课程。学习生活资料丰富、方法多样,充分彰显了教师利用资源进行校本化课程设计的功力。

我们的课例研究关注研究方式的创意。如:我自己和自己多次同课异构《美丽的丹顶鹤》,前期课例着重活动化情景创设,更多关注阅读教学的策略等"术"。随着儿童观的自觉形成,随着小班教学理念的融入,我更多思考与分析儿童所需要的语文营养,也就越来越多地关注阅读教学的"道"。在研究中,我撰写的同课异构心得体会被《人大复印资料》全文转载。除此,还有师徒同课异构、同一教研组同课异构,在比对中,对同一教材寻求更有意义的学习,努力让儿童主体在多彩课堂上凸显。我们还针对老师的教学优势,进行主题走班制教学,让同一班学生感受不同老师的教学个性。课题中期汇报时,我们尝试由三位老师同上一节课:选择校本教材《南大的建筑》为施教内容,分别由三位老师指导"建筑文化组""数学测绘组""美术创想组"。参加哪一组、采用哪一种汇报形式、需要哪一位指导老师都由学生自由选择,展示了生动而别样的多彩学习生活。

我们成立"四色学习单俱乐部",搭建展示与分享的平台,催生教师研究方式的嬗变,成就有教学个性的老师,老师在研究中逐步摸索出一些教学特色,如,王蕾的"尝试作画、不断发现"的教学思考,朱静的"你动、我动、大家动"的律动课堂,徐皓明的"四色分层、五步教学",《江苏教育研究》《人民教育》还登载了我的魅力语文主张……有个性的老师成就了儿童多样的发展可能,在儿童学习生涯中烙下了难以磨灭的印记。

我们的课例研究关注学习方式的改善。以"学习者为中心",从关注学的角度出发,剖析学生学习的在场状态,根据学习者差异有选择地采用适切的教学方法和内容,以撬动小班化课堂教学的变革,促进教育教学质量的稳步提升。老师们在研究中,用"课堂学情观察"来剖析学生在场状态,用"学习真正发生"观测表来判断教师导学的度和量,用"四色学习单我设计"来扭转教师主宰规划学习单的现状,用"微学习"课例研究来激发学生创造思维,让学生享受创作的成功和乐趣。

课例研究关注校园文化的不断生长。汉口路小学多年来尽心于课堂教学中教学方式"四色学习单"的设计与运用研究,从四种独立的颜色推进到红、黄、蓝三原色加生成色;从以四色学习单为抓手的课堂研究延展到四色课程研究、校园文化环境营构、彩虹教师团队打造等。从四色走向多彩,这也是学校80多年办学历史和办学文化的传承、发展。于是,在缤纷多样的校园文化创意中,每个孩子在活泼、生动、快乐地生长。

在研究路上我们不断探索、砥砺前行,洒下了辛勤的汗水,也收获了甜美的果实。由江苏人民出版社、南京大学出版社、安徽师范大学出版社分别出版了我们的专著《魅力语文》《四色学习单的文化生长》《边玩边学语文》，还有《花样可乐·健身足球》校本教材以及"小学·大学"微型图本课程。老师们整理了"大师课程"，写下了"迷你读·述"课程。在课题研究中，教师撰写了92篇论文、课例获奖，其中获省、市一等奖24篇。近30篇论文发表在《人民教育》《上海教育科研》《江苏教育研究》等期刊上，其中四篇被人大复印资料全文转载。经过对这些成果的梳理和汇总，形成了论文集《儿童多彩学习生活：一种校本化的理解与认识》、课例集《伴随儿童的成长脚步》与学生课案集《我喜爱这样的美丽课堂》。

我们收获了孩子们的喜爱。孩子们用自己的笔生动地记录了一个个感人的瞬间，他们写下了"我们喜欢美丽老师的美丽课堂"，"我们喜欢自主选择的课堂"，"我们喜欢趣味盎然的课堂"，"我们喜欢学有收获的课堂"。正如他们自己所说：

老师让我们自己选择喜欢的学习内容，我们期待更多的选择学习，因为那样会让我们更加自信，而只有自信才能使努力变为成功！

每天下午，在我们美丽的校园里，到处都是同学们活跃的身影。他们有的在踢足球，有的在练书法，有的在唱歌，有的在做泥塑……整个校园沉浸在愉快和谐的氛围之中。

记得她给我们上《台湾的蝴蝶谷》，可吸引人了！每一段都用了不同的方法，她很注意听每一个同学的发言，不管对和错，她都送上微笑，就像太阳那样温暖，让我们觉得课堂就是最快乐的巴学园。

············

我们收获了同行的信任。我校老师近百节研究课例和专题讲座应邀在鼓楼区、南京市、江苏省内兄弟学校展示，还赴上海、浙江、新疆、贵州、四川、河北、安徽、福建、山西、陕西等省外交流。我们接待了海南、山东、新疆、山西、四川、河北、北京、天津、浙江、广东、台湾、香港等地同行，以及新加坡、美国、德国、马来西亚、加拿大等同行的参观访问。

我们还收获了感动的人和事。在多彩学习生活研究中，我们共同经历了很多很多感动的人和事，其中值得分享的有44件大事。其实远远

前　言

不止列举的 44 件事,可以说,多彩学习生活每天都在发生。

教师在反思中成长,在研究中发展。一名教师被列为江苏省"333"高层次人才工程培养对象,一名教师获得"周恩来"奖教基金,一名教师获得南京市优秀教育工作者称号,语文教师团队被评为鼓楼区先进教研组,6 名教师同时获得鼓楼区优秀青年教师称号,在第一届新鼓楼学科教学带头人评比中 4 名教师同时获此称号。

我校学生在各级各类竞赛中获得了优异的成绩:在"七彩语文"杯全国小学生"诵读大赛"中,李方涵同学荣获特等奖,41 名同学荣获一、二等奖;第九届"七彩语文杯"全国小学生作文大赛中,易水寒同学荣获特等奖,15 名同学荣获一、二等奖;第 18、19 届全国中小学生绘画书法作品比赛中,150 名同学荣获一、二、三等奖;全国英语超级联赛(南京赛区),19 名同学荣获一、二等奖;朱嘉翔同学创作的青奥画被选中上了全国两会,商訾文同学获江苏省读书征文比赛金奖;徐恩轩、潘晗烨、曹艺馨代表南京参加第 18 届全省运动会青少部的羽毛球和花样游泳的比赛。260 余名学生在全国、省、市、区绘画、书法、作文、英语风采大赛、体育节通讯赛等获得一、二、三等奖;31 名同学获得鼓楼区"数学与生活"奖项,其中一等奖 10 人,创历史新高;区"迎春花"、"金菊花"作文比赛也有所突破,2015 年度获得鼓楼区团体一等奖;近百名学生的作文、美术作品发表在省、市级报刊上……

学校"十三五"规划已初步构建,下一步的研究方向初步设想为"基于儿童主动建构的多彩学习生活研究"。同时,汉口路小学"口口少年大学"也即将成立,这里的"口",可以代表一扇窗、一口人、一群人,代表人和人之间的互动交流,代表表达展现的平台……它传递的是"每一个""这一个""大家"都很重要。学校将充分利用南京大学的丰富资源,聘请大学教授、大学生志愿者担任汉小的"客座导师",设立——新闻传媒学院、娃娃法学院、诺贝尔科学院、心理系、民俗工作坊,不仅是"小学办在大学里",更是让"大学办在小学里"。学生可以自主选择其中的一个院系或工作坊,进行一系列的自主实践活动,以丰富儿童的前沿知识,开拓儿童的国际视野,提升儿童的生活品质,更加彰显儿童的多彩学习生活。

　　四年来,从茫然困惑的摸索到坚定自信的前行,从对梦想的守望到载着梦想飞翔,我们汉小人一路奔跑。因为,我们深知,在儿童多彩学习生活建构中,唯有坚守梦想、大胆行动、小心求证、持续探索,才能以崭新的姿态迎接更丰富、更深远的发展,才能在改革之路上勇往直前,将儿童的多彩学习生活进行到底!总之,汉口路小学过去做的、正在做的、未来将要做的,就是要努力让每一个儿童快乐行走在多彩学习生活之路上。同时,也衷心感谢各位领导、各位专家和各位同行,始终把温暖和关切的目光投向我们汉口路小学,相信我们汉小人一定会一如既往、拼搏奋进,尽力托起今天的太阳!

　　因为,在这里,永远每一个都重要!

(南京市汉口路小学校长、江苏省特级教师)

南京市汉口路小学
Nanjing Hankou Road Primary School
校园特色
办学理念 (2F会议室)
学校荣誉 (2F会议室)
教师团队
(3F美术室)
(3F校史室)

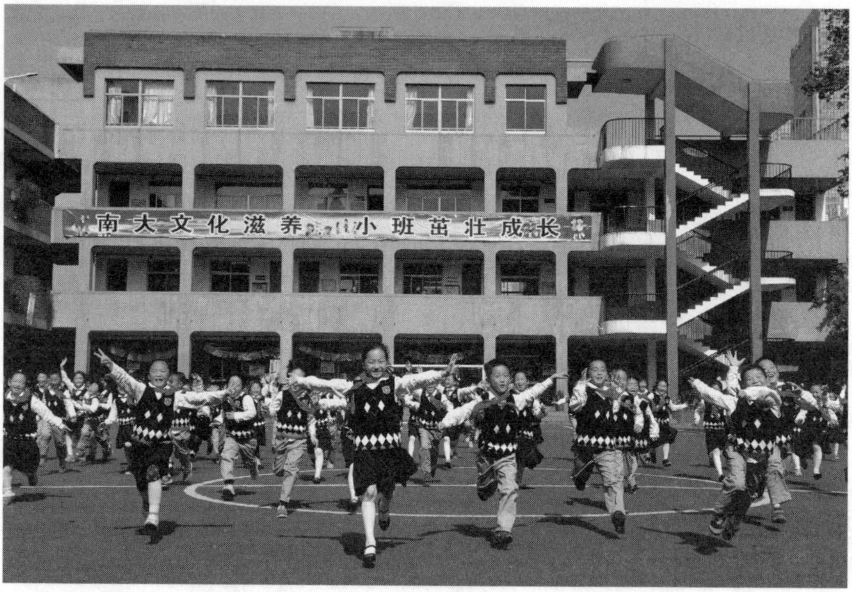
南大文化滋养 小班茁壮成长

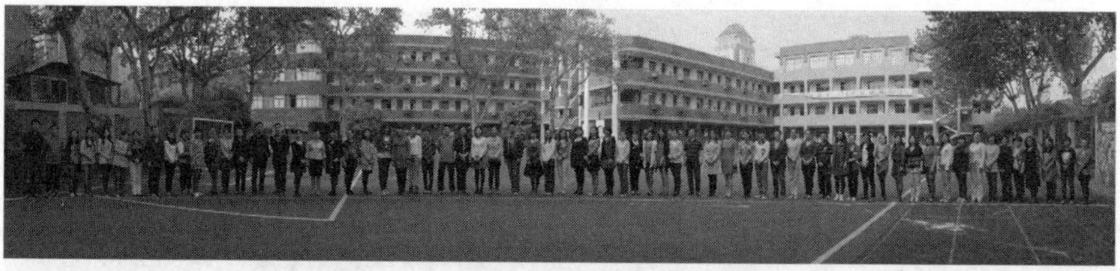

第一章 儿童学习生活的发展历程

南京市汉口路小学创建于1933年,迄今已有80多年的办学历史。学校始终遵循教育的客观规律和儿童身心发展规律,抢抓机遇、顺势而为、勇于创新,在继承和发展中行走。美国教育家杜威说:"给孩子什么样的教育,就意味着给孩子一个什么样的生活。"一代又一代汉小人坚持育人为本,孜孜以求,不断追寻儿童成长的真谛,还给儿童自由发展的空间、真情洋溢的世界,让儿童体验多彩学习生活之旅。如今,他们又站在新的行进起点,不断求索,奋力追逐,努力将儿童多彩学习生活进行到底。

第一节 从师本走向生本(1997—2005)

20世纪90年代初期,素质教育逐渐走进教育视野,在教育界引发了种种讨论,并逐步引起全社会重视。每一所学校都开始设置与素质教育相关的课程,或是努力在国家课程中体现素质教育的要求。究竟什么样的教育才是素质教育?什么样的教育才是适合学生的素质教育?汉口路小学基于此思考,大胆实践,小心求证,逐步丰厚学校办学理念和办学文化。

一、让每位学生得到发展

1. 时代背景

1996年,国家对"八五"教育计划进行总结,提出了新的全国教育事业"九五"计划。计划中指出,此后15年教育发展的基本指导思想是:根据国民经济、社会发展规划和科教兴国战略,切实落实教育优先发展的战略地位,深入推进教育体制改革,优化教育结构,提高教育质量和办学效益,使教育发展与未来社会和经济发展需要相适应。国家对教育提出了新要求,把素质教育放在极其重要的位置,整个社会也在呼唤,要对过去的应试教育进行颠覆,希望中国教育走出应试的阴霾,开启全新的面貌。

2. 学校发展要求

1998年,特级教师耿方珠接任汉口路小学校长,新校长的到来给汉小注入了新的活力。汉小人深深意识到教育是一项适应未来需要的事业,必须坚持"面向现代化、面向世界、面向未来"的发展方针。因此,要从"三个面向"出发,确定教育的发展战略、发展目标,使教育的体系结构、发展规模和发展速度与未来社会发展的需要相适应。学校要紧跟形势,深入改革教育体系、课程体系、教学内容和教学方法,使国民素质逐步提高。在这样的政策背景下,汉小的领导班子和老师们感到机遇与挑战并存:如何开展素质教育?什么样的教育才是真正的素质教育?采取哪些措施可以解决片面追求升学率和学生课业负担过重等问题?

3. 行动创意

学校从关注语文、数学和英语以往的课程入手,提出语、数、英学科老师不能占用综合学科课时的要求,学校还非常关注综合学科开齐上足,让小学开设的所有课程齐头并进。在此基础上,学校提出"让学生成为健康的人、能干的人、适应未来要求的人"这一办学宗旨。同时,向家长和社会郑重承诺:让每位学生得到发展,使每位家长感到放心。在此理念引导下,汉小老师转变课堂角色,课堂不再是教师一言堂,开始给予学生表达的机会和自由,在课堂上推广小组合作的教学形式,并鼓励学生质疑……这些举措,逐渐打开了儿童课堂学习生活的新天地。

为了践行新的办学理念,学校继而开始营造环境文化,把教室、墙壁都变成学生展示自我的舞台。另外,还经常用展板展示学生的各种作品,充分挖掘学生的个性特长。汉口路小学的老师们也在各项学习生活中,努力展示每一个孩子,努力激发每一个孩子。如我们的书法作品展板,不再是优秀作品的舞台,而是所有孩子的作品;我们的国庆红歌会,给所有孩子搭建走上舞台的机会;我们的教室里有每个孩子的手工作品,或绘画,或制作……

新形势、新变化,学校深感要跨上新台阶,还必须走科研兴校之路,全面推进素质教育,迎接新课改的挑战。学校在南京师范大学周靖馨教授指导下,进行了"以培养学生创新思维品质为核心的自主性课堂教学模式"研究。在课题引领下,学校教育教学工作有了起色,1998年成为"南京市规范化学校",1999年成为"南京市示范学校",2001年成为"南京市实验小学"。

二、全员参与的七彩社团

1. 源起

因为传统观念束缚和升学考试重压,老师把学习结果考查看得非常重要,分数一度成为"学生的命根"。老师、家长的眼睛始终盯着学生的成绩,盯着升学率,盯着上名校的人数。在这样的大环境下,学生学习兴趣下降,学习负担加重,探索精神萎缩,极大地妨碍了学生综合素质的全面提高,素质教育成了一纸空谈。学校迫切需要为学生搭建个性张扬、便于合作交往的学习平台。

我们都知道,儿童时代的行为习惯、兴趣爱好将影响他的一生。学校既应是对学生进行文化科学知识教育的主阵地,也是学生良好学习习惯、兴趣爱好形成的主要场所。于是,学校利用丰富的教育教学资源和专业的教师团队来开展形式多样的社团活动,培养学生在某方面的兴趣,促成学生特长的发展。七彩社团就这样诞生了。学校有计划地组织开展多种社团活动,通过这些多彩的活动,丰富学生的学习生活,使每一个孩子找到适合自己的位置,为学生一生成长打下坚实的基础。

2. 行动

2000年开始,学校举办合唱、围棋、舞蹈、电脑、儿童画、足球等社团。社团种类丰富,全校学生可以根据自己的兴趣爱好加以挑选。每个学生在放学后都能找到自己喜欢的天地,尽情施展自己的才华,学到更多的课外知识,锻炼自己的能力。

在社团活动中,指导教师不再是整个课堂的主导,而是让学生根据自己的兴趣,充分展示自己的独特想法;在社团的环境中,学生不再完全依赖师长,而是尽可能地独立思考、判断、解决问题。因为兴趣所在,所以孩子更加自律;因为给孩子思考探究的空间,所以孩子更加自主。社团活动中,孩子们的特长得到充分发挥,并在与同学的交流沟通中取长补短,了解自己的问题与不足,在社团老师的帮助下得到更大的进步与提高。社团活动开展得有声有色,也结出了丰硕的成果。几年间,汉小的足球队,尤其是女子足球队在多项比赛中摘得奖牌,学校也因此成为"南京市足球传统项目学校"。除此,学校每年都有几十位同学的美术作品在全国各项赛事中取得大奖,学校的电脑社团也取得了很好的竞赛成绩……

三、自主创办的娃娃科学院

1. 再思考

1998年金秋时节,应江苏省人民政府之邀,我校荣幸参加了"江苏省国际学科奥赛金牌授奖大会"。本次大会有两名同志获得表彰,其中一位计算机金牌获得者是汉口路小学的毕业生——李申杰。他对汉小充满感激之情,说在汉小的六年学习生涯对他的成长帮助极大。这给汉小全体师生极大鼓舞,也给学校带来深深的思考:怎样才能多培养些像李申杰那样的科学幼苗?一番讨论,多方设想,大家的目光开始集中到一墙之隔的著名的南京大学。

于是,一个方案被郑重拍板——依托社区优势,依托南大科技优势,创办少儿科学院,运用这一组织形式,促进科普大发展。此时,南京大学也正把关切的目光投向我们,他们为了让自身的科技优势为社会造福,也为了让大学生有实践的天地,也想借助紧邻的汉口路小学平台。一个有心,一个有情,心和心的撞击,情和情的交融,于是汉口路小学"诺贝尔小小科学院"诞生了!

2. 再行动

那一幕,我们永远难忘:1998年10月14日,南京大学团委、科协招聘小学义务辅导员的启事一贴进校园,前来应聘者就络绎不绝。前后仅四五天,数一数,志愿表已多达两千多份;看一看,应聘者学历竟多为硕士、博士!

那一幕,我们深深感动:想一想吧,这只是为娃娃们当科普辅导员,而且早已写明这份工作是"义务"的,大学生却仍如此踊跃……我们亲眼看到了当代大学生的风采、境界!我们亲身感受到了当代大学生的社会责任感、爱国爱民心!

经再三斟酌,我们给科学院命名为——诺贝尔小小科学院,可谓用心良苦,期望殷殷。冠名为"诺贝尔",一是用诺贝尔对人类科学作出的杰出贡献作为目标激励;二是用诺贝尔献身科学的崇高精神作楷模感召。嵌以"小小"为名,一是因学员年龄小;二是因一切属启蒙;三是盼有小就有大,娃娃中,不信就没有大科学家!

科学院设有"办学章程",为娃娃办事,件件都顶真,有板有眼。科学院的定位是:在教师指导下以学生为主体的科普课外活动组织。本科学院系义务教育,不向学生收任何费用。科学院设院长两名,一名由教师担任,一名由学生担任。学院师资,由南大团委、科协在南大大学生中招聘,为"义务科学辅导员",并颁发证书纪念,每学期调换一批。学员来自汉口路小学四、五年级学生,每年级选出20名,每学年轮换一次。学院针对不同年级学生的身心特点和知识基础,分设不同的系。每周三下午活动一次,活动方式多样,如授课,外出参观,去基地活动,观看试验,看幻灯片、电影或录像,还可以亲自动手,试验操作。南大无偿开放计算机房和一些实验室。

娃娃科学院的宗旨:促使学生爱科学、学科学、用科学。

南大团委、科协选派来的"科普辅导员",尽管当的是"义务志愿兵",干的是"娃娃头",却人人兢兢业业,个个一丝不苟。他们各有自身的学业,不少人担负重要的社会工作,甚至不少人还面临撰写论文、备考等关系到人生前途的大事,但他们不仅不缺席,还提前做好准备,制订学期计划,写上课教案,事先联系参观地点,准备试验器材、教学用图,每个人每堂课都那么投入,实在是难能可贵,感人之至!

为了培养学生对科学的兴趣,"诺贝尔小小科学院"开展了形式多样的活动。生物化学系的同学们来到了南大古生物展览馆参观蝴蝶标本;天文地理系的同学们来到天文台观星揽月,物理系的同学们来到南大物理实验室参观电子加速器。

辛勤的耕耘,辛勤的汗水,在幼小的心田里撒下希望的种子。当然,这种启蒙性的科普,更多的是引起认识上的变化、情感上的变化,往往不易察觉,犹如"随风潜入夜,润物细无声"的春雨。但吮吸雨露的种子已在潜移默化中开始着宝贵的质的变化,我们的学生在航模、海模比赛中频频获奖,在金钥匙科技竞赛中屡屡获得佳绩。

电子系首批学员葛思齐参加娃娃科学院学习后,对电脑产生浓厚兴趣,已学会用电脑打字、绘图和上网。她每学期将自己的好作文、好日记打印出来,用电脑绘图,设计成文选,叫"思齐文选",共制成3本。

物理系学员郑敏红,学了水的压力、大气压力知识后,用大小雪碧瓶子进行试验,成功运用"排气法",控制雪碧瓶子在水中的沉浮,还说"长大当新式潜艇的发明家"。

环保系学员王媛,原来听说过"臭氧层",但不知为何物,因有个"臭"字,误以为是坏的。在科学院中学习后知道"臭氧层"是人类生存不可少的,而现在却因污染破损有洞,十分着急。她说,知道白色污染物品燃烧会继续破坏"臭氧层",因此恨死白色污染物品了,主动参加到清除白色污染物品活动中去。

物理系学员刘红,学了"武器知识"、"激光枪知识",对武器极感兴趣。用自己的45元钱买了一套《世界军事武器大全》。从此,他每天主动关心国防新闻,每期《军事博览》必看,家人戏称他为"武器通"。

进步最大的要算杨超了,他是第一批电子系学员,在辅导员指导下,从电脑初步知识学起,发展到会安装调试电脑部分硬件,会上网,会提速,会下载,会扫描,会与网友对话。他的大部分零花钱都投在买各种电脑资料上,还订阅了《大众软件》、《电脑报》等,天天看得津津有味。

徐弥坚同学在江苏省计算机应用技术素质比赛中荣获二等奖,尤为同学获三等奖,陈祯同学获市三等奖,施星格等三位同学的科技论文分获省、市优秀论文奖。

许多学员都表示,上了"诺贝尔小小科学院",对科技的兴趣更浓了,动手操作的能力也更强了。他们有的学会了电脑作画,有的学会了辨认各种岩石,有的学会了做物理小实验,还有的学会了用天文望远镜观察奇妙的太空。

诺贝尔小小科学院还开展了"奥运知识竞赛"、"绿色环保"知识竞赛等,这一系列的竞赛让学生能在多种实践活动中,活学活用科学知识。

为了让更多的学生能够参与到科技活动中,学校每年特设"科技节"进行全员普及和展示活动,从2000年开始,一年一度的科技节总是如约而至,通过科技节的活动,汉小的孩子们和绿色科技交上了朋友。

其实,对于这么小的学生来说,科学还是一个遥远的内容,但从小让学生爱上科学、了解科学,长大后他们才能在科学的领域里自由飞翔。

科学院的学习开阔了学生的眼界,科学院成为学校进行科技教育的第二课堂。继科学院开办以来,南大法学院、商学院、数学系、生物工程学院的学生们也纷纷向我们伸出了橄榄枝,大学生们屡屡走进我们的课堂,根据小学生不同的年龄层次,设计开展了一系列的公益活动。我校高年级学生在南大医学院志愿者的演示和讲述中,得知了血液是怎样流动的;低年级学生在南大生物爱好者收藏的标本中,走进了昆虫的世界,领略了大自然的神奇。

在缤纷多彩的活动中,学生的个性空间得以放大,学生们强烈的求知愿望能够因良好的环境和适当的教育而不断得到唤醒、强化。励园儿童在多彩学习生活中感受到了科学知识的甘甜。

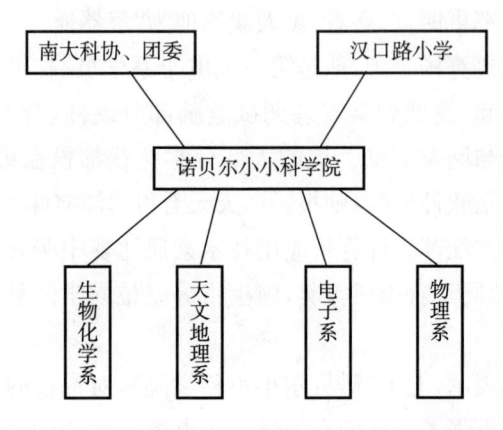

```
         ┌──────────────┐      ┌──────────┐
         │南大科协、团委│      │汉口路小学│
         └──────┬───────┘      └─────┬────┘
                └──────┬─────────────┘
                ┌──────┴───────┐
                │诺贝尔小小科学院│
                └──────┬───────┘
      ┌─────────┬─────┴────┬─────────┐
   ┌──┴───┐ ┌───┴────┐ ┌───┴──┐ ┌────┴──┐
   │生物化│ │天文地理│ │电子系│ │物理系 │
   │学系  │ │  系   │ │      │ │       │
   └──────┘ └────────┘ └──────┘ └───────┘
```

图 1-1　诺贝尔小小科学院管理网络图

除了"诺贝尔小小科学院",在我校"第二课堂"的活动探索中,还开出了另一朵漂亮的小花,这就是我校与南大法学院、街道综合治理办公室、派出所、社区教育委员会联手创办的"南京市汉口路小学红领巾法学院"。这种形式,率全省之先,首开纪录。

"红领巾法学院"聘祝彪同志(全国十大杰出检察长)为顾问,有一支由市区法院法官、南京大学法学院学生、派出所警官、律师组成的师资队伍。法学院有学生院长,有办学章程,有教学计划和学习内容。它的办学宗旨是促进学生"学法、知法、守法、护法",是一所对学生进行法制教育的特别学校。

"红领巾法学院"成立以来,名声越来越响,有多家报纸、电视台报道过,"江苏省德育工作会议"与会代表专门来我校观摩。学校还接待了省少工委组织的全省辅导员研讨会议代表,接待了省、市、区的司法部门会议代表,受到法律工作者们热切关注和高度赞扬。

"红领巾法学院"每周三下午3点到4点,都会组织听讲座、看录像、外出参观、讨论、知识竞赛等,学习内容有《教育法》《未成年人保护法》及其他法律法规中与少年儿童相关部分。"红领巾说法"让学生在学法、懂法的基础上,成为"小小宣传员"。他们走上街头,向全社会进行法制宣传,如"禁毒日"宣传活动、"未成年人保护法"宣传……得到了社会各界人士的好评。

"红领巾法学院"的小小"模拟法庭"更是得到了市中院、社区派出所的大力支持,学生们通过"模拟法庭",全程参与案件审理过程,更加懂得学法、懂法、知法、守法的重要性。

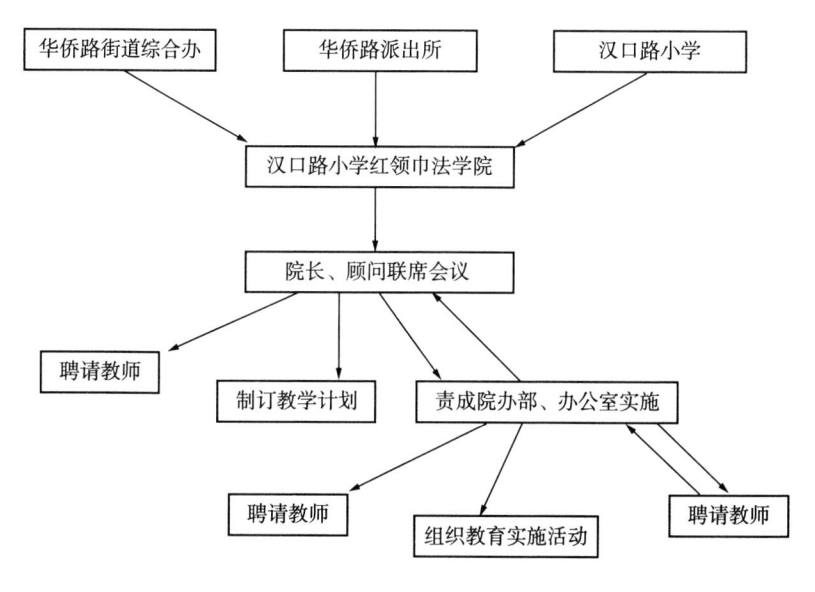

图 1-2 汉口路小学法学院工作流程图

第二节 从教学走向学教(2006—2010)

励园彩墨承文脉,汉小激浪续鸿猷。2006年9月,汉口路小学迈进了南京市小班化实验学校的行列,学校积极转变发展方向,努力走小班化特色发展之路。

为了让小班化教育在汉小的校园里真正落地生根,时任校长杨杰军在规划学校小班教育发展时,首先做的就是注入小班教育的灵魂,重新架构学校文化,让学校的发展形成新的生长点。实施小班教育,"生本"是核心,只有真正关照到每一个学生,让每一个学生感受到快乐、被尊重与被需要,才是优质的有价值的教育。因此,学校从"励行"校训精神出发,提炼出"在这里,每一个都重要"的核心教育理念;确立了"南大文化滋养,小班茁壮成长"的办学定位;逐步形成"民国建筑风格,现代教育理念;氛围宽松愉快,生活丰富多彩;全面素质培养,多元项目实施"的办学特色。

其次,学校从办学历史和人文氛围入手,对校园建筑做了精心改建,对文化环境做了精心打造。同时,根据小班育人特点,对教室环境进行个性化装饰与布置,要求做到"每个学生都能找到自己,每个学生都有一片空间"。

第三,学校大力推进课堂教学改革,以"四色学习单"研究实践为主线,努力贯彻"关注每一个、发展每一个、幸福每一个"的育人目标,促进教师教学观念、教学方式、教学行为的转变,从"教学"转向"学教",由重视"教",变成突出"学",以"学习者为中心",让学生真正成为课堂的主人,让"学"成为课堂的主要活动。

一、"一主两翼"的发展思路

2007年春,汉口路小学迎来了小班化教育改革的春天。全体汉小人集思广益、共同努力,有效发挥小班的优势,寻找小班化课堂的教学突破口,确定了"一主两翼"的发展思路:"一主"是以小班化课堂教学改革为主,"两翼"指的是传统文化熏陶和科学精神培养,努力让特色教育成为学生未来自由飞翔的有力翅膀。

1. 小班化课堂教学改革

小班化教学以促进青少年学生既全面又有个性的发展为目标,通过对教学内容、教育组织形式、教育实施过程、教育策略和教育模式等方面进行的改革,形成一种班级教学活动形式。因此,小班化课堂教学改革是实施小班化教育的现实需要,是学校生存、师生发展的应有之义。汉口路小学致力于小班化课改实践,以科研引领小班课堂教学发展,尊重每个学生个性,挖掘每个学生潜能,让每个学生在原有基础上实现最大的发展。

第一章　儿童学习生活的发展历程

（1）主动学习。要让全体教师深入贯彻、落实小班的教育理念，只有主动学习。向书本学，学校为老师定教育期刊，图书馆放假前都要为老师购买一批教育书籍，让老师阅读、写学习心得。向小班名校学习，组织安排骨干教师去同仁小学、小营小学、白云园小学等小班名校参观、听课，学习先进的教育教学经验，提升认识。向同伴学，学校找了三个接受能力强的骨干老师，先打磨她们，然后成立学校的小班名师工作室，由她们三个再去教年轻教师，同伴之间互学互助。

（2）研究学生。要面向"每一个"的教育必须了解每一个，教师在备课时要备学生，除了每一个都要分析学情外，还要为每一个学生建立关爱档案，关爱档案内容有学生家庭情况记载，有对学生的学习能力和学习品质分析，还有施教措施等。

（3）有效备课。推行集体备课制度，抓有效备课。注重一次备课质量，认真对待二次备课和二次指导，做好学情分析和教后反思，以备课质量的提高来促进上课质量的提高。各教研组提倡群策群力、优势互补、加强反思、大胆创新，切实做到精心设计教学环节，为每一个学生提供适合的学科练习，为每一个学生设计个性化的学习路径，力求每节课都有所得有所悟，使不同层次的学生都能有所提高。

（4）联席会诊。建立每月两次的联席听课会诊制度。由校长、中层干部、教研组长、骨干教师组成联席听课会诊小组，每月就专题研究课进行听课—评课—教师改课—再跟进听课—再跟进评课。另外，联席听课小组针对问题课堂、优质课堂、专题课堂、达标课堂，有目的地提出听评课要求，把握教师课堂动态，诊断教师课堂教学问题，提升儿童学习效益。

（5）互研交流。教科室将课题组老师分成了几个小组，每组承担一个问题的研究。课题组定期举办教研沙龙，团队互研，相互促进。我们还在校园网络平台上开展沙龙研讨活动，拓展了交流的时间和空间，使互动式学习更加频繁、有效。

（6）比对跟进。教科室负责对课题研究进行效果比对、分析，并跟踪记录一些特殊学生的学习品质提升情况，反馈研究效果，将研究成果结集。

2. 传统文化熏陶

中国传统文化是一本厚重的"书",其中蕴涵着渊源历史、民俗礼仪、风俗习惯、传说故事、经典诗词等。作为有着悠久历史的汉口路小学,理应通过各种有效载体让孩子们加深理解,强化认识,深切感受中华民族文化的魅力,在传统文化熏陶下健康成长。

为了习传我国优秀的传统文化,学校通过改建校门样式、统一围墙风格、翻新教学楼外立面等措施,使其与校园内留存下来的民国小楼浑然一体,形成了具有民国风格的整体建筑环境。同时,在校门处安放刻有《弟子规》全文的巨幅木雕,周边墙壁配有孔孟先贤们的良言善诫,在校园地面嵌置刻有经典古诗词的石板。这样的环境布置,使传统文化时时陪伴在孩子们周围,成为无言的师长。校园环境的细部设计也处处体现出学校重视传统文化教育的理念,中式纹饰的橱窗、书法题刻的景石、粗朴敦厚的壁雕、木石材质的椅凳,校园环境与学校历史传承契合统一,成为一座精致宜人、古朴秀雅的园林。

学校在民国小楼设立了民间艺术工作坊,开设了皮影、剪纸、陶艺、版画、面塑等民俗社团,孩子们在这里尽情地玩泥巴、刻木头,在习得民间工艺的同时,感受中华文化的博大,在孩子幼小的心灵播撒下民间文化的种子。学校还先后和美国等多个国家,台湾等地区进行了相关交流。

为彰显传统文化特色,学校开设了"经典诵读"校本课程,大力开展经典诵读活动,定期请来南大中文系的教授为师生指导。一年级读《三字经》,二年级学生读《弟子规》;三、四年级吟诵《声律启蒙》《增广贤文》;五、六年级进行国学经典《老子》《论语》等篇章的诵读。走进学校,每天都能听到孩子们琅琅的诵读声,经典诵读已沁入孩子们的心田。

3. 科学精神培养

汉小希望所培养的学生不仅具有人文精神,而且具有科学精神。长期以来,学校一直依托南大资源,积极开展科技教育活动。学校经常组织学生到南大科技馆、地质馆、博物馆参观,每学期都会邀请南大天文系、物理系等各个专业的教授、学者来校为孩子们开设科普讲座,讲述前沿科学知识,培养科学精神。学校定期和南大青年志愿者协会的学生合作,带领孩子们开展各种科普小活动。同时,学校还持续加大相关的师资培训,进一步推进学校海模、航模和机器人等项目的科技特色形成,学生在相关的省、市、区级科技竞赛中,屡屡获得优异的比赛成绩。

每年4月,学校都要举办"科技节"。"科技节"活动内容丰富,形式多样,有科学小发明、科学知识竞赛、科技小制作竞赛、栽培植物等。全校学生在寓教于乐中,体验科技带来的无限乐趣,不仅感受到低碳环保的科学理念,还提高了自身的动手能力和创新能力,培养了从小爱科学、学科学、用科学的优良品质。

"一主两翼"的架构,扎扎实实地推进了小班化发展,加快了汉小前进的步伐。全体汉小人正凝心聚力,开拓进取,努力把汉口路小学办成一所书香飘逸的学校、一所传扬经典的学校、一所崇尚创造的学校。

二、四色学习单的悄然诞生

2007年年初,汉口路小学申报了南京市立项课题"提升小班化学生素养的研究"。在研究过程中,发现"素养"这个词的内涵太丰富,不合适。2008年下半年,在市教科所有关专家指导下,把学校主课题改成了"使用个性化学习单,提升学生良好的品质和学习能力的研究"。当时,除了音乐和体育学科没有参与外,其他的学科共26位老师参与了课题研究,占学校教师总数一半以上,这一时间段可以称为"个性化学习单"的研究阶段。

1. 缘起——彩色铅笔彩色的单

2009年寒假刚过,课题组成员就开始了新学期的课题研究。董毅老师上了一节研究课,她在桌上摆放了一个笔筒,里面放了四支不同颜色的铅笔,在小组合作的环节,使用了"红、黄、蓝、绿"四种颜色的铅笔来代替难易程度不同的问题,让老师们眼前一亮:这样的学习能有效促进学生个性化的课堂学习,发展学生个性化的能力,而且操作灵活,设计方便。在课后的研讨中,有老师提出了用"四色"的形式很好,我们的学习单可不可以用不同的颜色区别。大家七嘴八舌讨论开了,有老师建议干脆把"个性化学习单"改为"四色学习单",读起来上口而且名字还容易叫得响;还有老师说,以不同的色彩表示不同的层次、不同的内容、不同的目标等,使得小组分层学习能最大化地做到无痕。越讨论,思路越开阔。可以说,四色学习单的诞生是老师们智慧的结晶。经过有关专家指导,学校明确提出了"四色学习单"的概念:"四色学习单是一种个性化学习单,包括红、黄、蓝、绿四种颜色(不固定),是教师为每一个孩子所设计的自主学习的纸质文本(也可是隐性的)。'四色'表示着不同的学习内容、学习水平和不同的兴趣爱好等,具有适合性和发展性。"

2. 尝试———单亮出新风景

理想中的小班课堂,教学应该是民主的,"每一个"学习时间应该更充足,学习气氛应该更浓烈。然而,对照课堂现状,从根本上看还是"涛声依旧":学生,仿佛只是教师的附属品;教学,更多是一种入侵,一种心灵的殖民行为。教者的强势掌控、刚性预设、过度讲析、生"灌"硬"牵",导致学生的主体失落、民主黯淡、学习实践出局。因而我们尝试使用四色学习单是现实的、有意义的、富有挑战性的。只有在教学内容、组织形式、主体任务等方面得到保证,才能使课堂学习效率得到保证。只是四色学习单不能是孤立的,它应是课堂教学内容的重要组成部分,同时,它也不能仅仅作为学生"小组学习"的底线出现,还要更加强调有效突破。于是,思想的认识带来行动的研究:学校成立了"四色学习单"研究中心组,围绕"四色学习单研究什么"、"怎样合理设计四色学习单"、"怎样有效地使用四色学习单"等一系列问题,每月开展一次小课题研究,每学期开展4次全员活动,上专题研究课,全员参与听课评课,交流互动,渐渐地出现了有含金量的学习单。

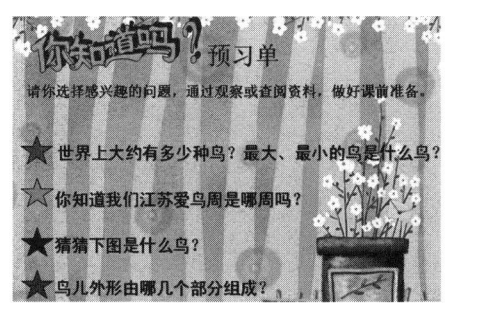

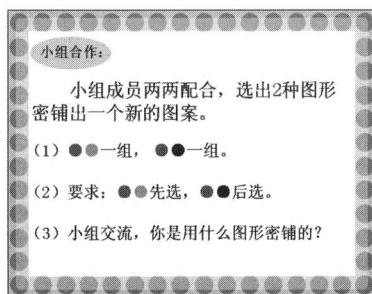

图1-3 不同种类的四色学习单

同时,在备课、上课、听评课的课堂教学全过程都配套开展了一系列的创新与尝试。备课中,要求要有层次性的学情分析及学生学习能力分类,教学目标要体现多元化和指向性,作业进行适当的分层设计,要有小组合作时的座位示意图,问题设计要具体指向某种颜色或某个学生。上课时,要关注到每一个学生,要给学生恰当的交流与合作的时间,要让每个学生都有一次发言或展示的机会。听评课中,根据前期课堂实践的经验与体会,总结并编制了《汉口路小学四色学习单使用规程》,并用丰富的教学案例对其进行解读和诠释,以此将规程作为四色学习单的设计策略与评估依据。与此同时,又设计了符合小班教育特征的课堂评价标准——《汉口路小学四色课堂评价标准(试行)》,期望对四色课堂能有一个相对客观和有引领作用的整体评估。

"四色学习单"的探索实践也为学校实施小班化教学创造了一种可操作的模式，它将分层教学、小组教学，包括个别化教学进行有效整合，兼顾了学生的个别发展和共同发展，以学生的进步为衡量标准，使每一个学生都能感受到自己的成长与进步。"四色学习单"还产生了积极的心理效益，培养了学生在小组学习中的合作意识、责任意识和主动表现意识。最重要的，"四色学习单"是属于小组内每一个学生的个别化学习单，因而大大增强了组员的归属感，让小组内合作学习更加合理有效。

　　2009年12月，汉口路小学举办了主题为"四色学习单的实践与研究"的首届励园小班教育论坛活动。4位不同学科的老师分别上了别开生面的"四色学习单"展示课，接着18位课题组老师现场开展了一次"四色学习单"的沙龙研讨活动。此次论坛活动获得了圆满成功，受到了与会领导、专家的一致肯定与赞誉。

　　活动结束时，市教育局王峥副处长激动地说："我感到，四色学习单在关注每一个上，做得非常扎实。四色学习单很有创意，它的特点在于抓关键点，聚焦课堂。虽然，这个课题研究时间不长，但是让人感到有价值，一定要进行深入研究。"

　　原市教研室汪笑梅书记也赞叹：小班化教学中呈现出全纳性、个别化、活动化，这些特点在汉小"四色学习单"研究与实践中都看到了，真正做到了"给予每一个"的关怀。

　　汉口路小学在推进小班化教育的进程中，抓住"四色学习单"这一有创意的教学举措，"小立课程，大作功夫"（朱熹语），把"四色学习单"的研究搞得扎扎实实，彰显出小班化教育教学优势。

3. 反思——吹尽黄沙始到金

　　四色学习单，生长于小班化教学背景之下。叫四色学习单，而不叫四色教学单，首先体现的是以学生为本的理念。学生是学习的主体，四色学习单是为学生学习服务的。说到底，"四色学习单"的出现应该为课堂的有效教学服务，有效应该是它的价值追求。

　　在探索、研究"四色学习单"的过程中，老师们坚持做真正的田野研究、

第一章　儿童学习生活的发展历程

实践研究。只要真心研究必然会不断产生问题：

关于"四色学习单"，我们的理性思考有多少？如何处理好整体和局部的关系？如何保障学生交流的充分性？设计学习单的是老师，学生的主体性如何真正发挥？学生的选择性能不能体现出来？……

有思考就会有行动，为了使"四色学习单"的研究有深度地展开，学校先后邀请了国家督学成尚荣，南京师范大学吴永军，南京市小学教师培训中心谷力，南京市教科所宋宁、祁海燕等专家、教授前来指导。各位专家对在四色学习单运用上可能出现的若干问题进行了剖析，引导教师从理论上和实践上走向新的起点。

除此，我们还定期举办"教研沙龙"、"案例分析"、"对话名家"、"同课异构"、"学科会课"、"自主申报研究课"等活动，以丰富生动的课堂教学实例，交流不同学科、不同课型中使用四色学习单的模式与策略，探讨四色学习单如何提高小组合作的有效性，促进学生主动学习、共同发展。每次沙龙结束后，学校都鼓励教师从具体的课例入手，进行经验总结、对比实验、理性思考，并撰写论文、案例和教育叙事，分享教育智慧，提升教育境界。

一张张精心设计的"四色学习单"，一篇篇鲜活的案例反思，无不彰显出老师们独到的见解、深刻的体悟，蕴涵着朴素的教育思想，闪烁着智慧的光芒。

陈峰老师总结道：四色学习单在课堂教学中呈现的时机，是根据教学目标、教学内容、学生的实际学情来确定的。如"四色预习单"可在教学开始时呈现，"四色反馈检测单"则可以在课末时呈现。更多的"四色学习单"是根据教学实际的需要在教学过程中进行，是为每个学生设计适合的学习途径、突破教学中的重难点服务的。这就要求我们在备课时就要做到"心中有单"、"心中有人"。

许红老师对无痕分层有着独到的见解："我在班上对孩子们说，红、黄、蓝、绿本没有好坏之分，只是学习任务的不同，老师希望红色的同学能拥有夏天般热情，黄色的同学能有秋天般收获，蓝色的同学能在寒冷的冬天撑起一片蓝天，绿色的同学拥有春天般的勃勃生机，每个同学都是最棒的。"

王曦老师谈了她的教学心得："学生汇报交流的顺序是有变化的。有的时候是能力强的孩子先说,这时他们就是组内的启发者、示范者;有时又是能力弱的孩子先说,这时他们就是组内任务的反馈者,其他组员是检验者、评价者。在这样的合作过程中,学生的角色是进行多元化的转变的。通过四色学习单的使用让学生的角色多元化,既可以是学习者,也可以是发现者、传授者,等等。"

王研老师有感而发:"小组内活动时,因为每个孩子都有属于他的颜色,每种颜色都有明确的需要达成的目标,只要按老师给的颜色顺序进行讨论,就可以使小组的活动有序地展开。四色学习单在短时间内让每个孩子都有思考、表达、交流的机会,让每个孩子都能在原有基础上得到发展,使得小组讨论真正达到了效果。"

周珊老师谈了她指导学生自主设计四色学习单的感受:"我尝试让学生进行自主设计'四色学习单'。在布置学生设计之前,我们先给学生建议和指导,要先总体预览单元内容,充分了解本单元要学习的单词、词组、句型、语篇以及重难点。在整体梳理好内容之后,再逐项逐项地以文字、图片等各种形式进行呈现。为了给学有余力的学生发挥和展示的空间,我们还特别建议学生设立拓展板块,建议学生对本单元所学内容有所补充。很多学生在课堂上对自己初步掌握的内容有了进一步的了解和认识,在课堂上乐于参与、展示自己,形成了很好的课堂气氛。"

王罡老师为班上的"调皮大王"量身订制了特别的学习单,他欣喜地说道:"我们班有个有名的'调皮大王'。一提到学习,就缺乏自信,表现出一种畏难情绪。有一次学校听课,他绘声绘色的朗读赢得了听课老师们的一致好评。之后的课堂上,我为他量身定做,设计适合他的学习单。我常把朗读的任务交给他。我发现:他每次都能非常投入地很生动地读书,那种读书的专注常博得大家的掌声。他自己也对读书越来越有兴致!班队会的时候,也常给机会让他进行朗读展示。通过适合他自己的'四色单'设计,让他体验成功,找回了自信,从而带动了其他方面的进步。"

一次次的教学研讨,一次次的思维碰撞,使"四色学习单"的研究逐步从混沌走向清晰、从无序走向科学、从粗浅走向纵深,课题研究取得了明显的成效。

（1）四色学习单，引发课堂教学的悄悄变革，新的课堂文化在悄然生长——

从以教师的教为主，走向以学生的学为主；

从统一性的学为主，走向差异性的学为主；

从强求性的学为主，走向选择性的学为主；

从相对封闭的学为主，走向开放性的学为主；

从单一性的学为主，走向多元性的学为主；

课堂的色彩越来越丰富，教师与学生的课堂生活越来越亮丽。

（2）四色学习单，建构了有效的小组合作学习模式。

四色学习单基于学生个别差异，以学生的相互协作和"多方面独特发展"为教育取向而设计，这种模式虽然将学生分层，但不限定学生，更不是给学生贴上等级标签；这种模式创设了教育小组，每一个学生在教育小组中都是作为富有独特个性的存在，而与其他同学相互作用、相互影响。这种模式兼顾了学生个别发展和共同发展，以学生的进步为衡量标准，使得每一个学生都能感受到自己的成长。

（3）四色学习单，进一步提升了学生的学习兴趣、学习品质。

四色学习单让课堂上的每一个孩子都有了一个经过努力可以达成的目标，让他们在与其他学生的比较中不再自愧不如、放弃进取，而是通过分层目标的达成，获得自我激励，树立学习的信念，增强学习的兴趣，形成良好的学习品质。

在家长开放活动中，四色课堂也给家长留下了深刻的印象。有的家长在意见反馈表中这样评价：这样的设计太好了，不仅照顾到了每一个孩子，还调动了孩子们的学习积极性。还有的家长用"希望每节课都能这样用"来表达自己对孩子幸福成长的愿望。

（4）四色学习单，内含着闪光的教学思想。

最好的教育是最适合的教育，最好的学习是最适合的学习。每个孩子都有自己的色彩，基于这一色彩的教学，才是最适合"每一个"成长的。四色学习单的"四色"，是四种颜色的独立体，也是四种颜色的共同体、融合体。学习与成长，主体是一个个独立的学生。然而，学习与成长的过程，却一定是在共同体中进行的,只有合作,只有融合,"四色"方可以更为灿烂。

(5) 四色学习单,促进了儿童的精神生长。

四色学习单都是从儿童发展的需要出发,一切为了儿童的发展。它充分尊重了个体的差异性和独特性,孩子们在这样的课堂学习生活中得到了信任,得到了鼓励,得到了个性的发展,得到了真正的尊重。它让孩子们展现个性并从中体味到成功的喜悦和幸福的体验,用健康、阳光、富有朝气的精神状态去学习,快乐地生活和展望美好人生。

三、四色教学节的创生

为进一步推动学校教育教学改革、创新,进一步更新教师的教育教学理念,全面提升教师的教学水平和能力,有效落实我校"在这里,每一个都重要"的核心教育理念,促进教师把教学的出发点和着力点从如何教转变为学生如何学,真正实现从"精彩地教"到"有效地学"的高品质课堂,让课堂焕发师生共同成长的生命的活力,汉口路小学"四色教学节"应运而生。

通过举办"四色教学节",进一步突出教学工作的中心地位。"四色教学节"以各项教学专题活动、专项比赛为载体,为教师提供交流、研讨、展示的平台,通过开展教学经验交流和教学改革研讨等活动,推动校际之间、教师之间的深度交流,相互学习,分享经验,加快教师的专业成长。学校坚定不移地以课堂教学为主阵地,以"四色学习单"为抓手,着力打造"四色课堂",加强对提高课堂质效的实践,提高教师教学水平,有效促进学生的全面发展。

2010年10月,首届"四色教学节"在汉口路小学拉开了帷幕。本届教学节中,安排了贴近实际且形式丰富的活动,如"学生自主设计四色学习单"、"青年教师汇报课"、与龙江小学"课堂教学同课异构交流"、"家长开放日"等活动。教学节活动历时三周,点燃了师生们参与的热情,展示了学校鲜明的办学特色,印证了汉口路小学的教学理念从"教学"走向"学教"的飞跃。

1. 自主设计　创意无限

"四色学习单"是学生进行个性化学习的一种文本,它主要是由教师根据教学目标、任务和学生的学习能力来设计的。本次教学节活动中,举行了别有创意的"四色学习单我设计"比赛。"四色学习单"让学生自主设计,这可是件新鲜事,学生兴趣十分浓厚,全校600多名学生均积极参与,他们在明确比赛要求和任务后纷纷开动脑筋,自主搜集资料,有的独立进行,有的组成设计小组,充分发挥小组合作的优势。不到一周,学生设计的"四色学习单"崭新出炉,涵盖各门学科,内容丰富多彩,形式多种多样。学生设计的学习单新颖实用,层次分明,不仅符合学习内容的知识结构体系,适合自己的学习活动,更贴近自己的生活实际,使学生的个性得到充分发挥,看了不禁令人拍手叫好。学校组织了专门的评审小组,经过认真、公正的评比,34名学生获得了"优秀设计奖",学校专门给他们颁获奖证书。

此项活动使学生在体验和创新过程中品尝到学习的快乐,增强了学生学习的主动性和积极性,进而培养了学生独立思考的习惯和创新思维的生发。可以说,对于促进学生形成动手实践、自主探究、合作交流等学习素养有着十分积极的作用。

2. 四色课堂　精彩纷呈

为了推进青年教师成长进程,促进青年教师专业化发展,学校为青年教师精心搭建教学舞台,安排了为期一周的"青年教师汇报课"。本次"青年教师汇报课"别开生面之处是作课教师独立备课、自改教案、自制课件,课堂教学中要有效使用四色学习单。该活动邀请资深教研员、专家、名师担任评委。青年教师十分珍惜这难得的学习、切磋、展示和提高的机会,每一位老师都做了精心的准备。作课教师不论是对教学目标的设定、学习环境的创设,还是四色学习单的设计都作了仔细斟酌。老师们经过深钻教材、精心组织、大胆探索,课堂上能关注每一位学生,充分发挥自己的教学特长,为我们展示了一堂堂生动、有趣、新颖的优质课。其中霍照云老师在教学《an en in》时,能结合班级学生实际情况,开展合适的分层教学,并有针对性地进行个别化指导,教学评价形式丰富,效果明显,具有较强的激励作用,学生学习有热情,课堂氛围好。吴静老师的四色学习单设计合理、使用有效,注重联系生活讲数学,让学生经历算法多样化及优化的过程,让学生体验到了数学的趣味,从而激起了学习的兴趣。盛青老师的美术课教学语言生动、亲切自然,设计板块清楚,重点突出,小组合作形式新颖,学生参与面广,课堂上每一个学生都能得到重视,并有发展的机会。还有周珊老师的精讲多练、层层推进,徐皓明老师体育教学的快节奏、高密度,李景玲老师的引导探究、充分发挥学生的自主学习能力,等等,均给我们留下了深刻的印象。

此次青年教师汇报课,进一步激发了青年教师研究教学的积极性和主动性,展示了青年教师良好的教学素质,提高了青年教师的教学水平和能力。同时,通过授课、评课,也使青年教师清醒地认识到自身的不足,他们纷纷表示会在今后的教学过程中扬长避短,不断进取,快速成长。

3. 同课异构　竞显风采

10月25日,汉口路小学"四色教学节"又掀起了一个高潮——汉口路小学与龙江小学共同开展同课异构教学交流活动。参加此次交流活动的有两校的部分老师及行政管理人员,还特别邀请了市教科所小班化教育研究专家进行现场点评与指导。执教老师是两校推荐的语文、数学、外语、美术学科的骨干教师。八位教师从不同的视角对教材进行了个性化的诠释,运用不同的手段和方法设计教学、组织课堂,充分挥洒出自己的教学个性与教学风格。他们以精妙的教学设计与灵动的教育智慧,共同演绎"同课异构"教学的精彩。

纵观这八节课,老师们教学基本功扎实,教材处理到位,重点、难点把握准确,语言精练,板书工整,课堂上充分体现了各校在小班课堂教学研究方面的鲜明特色。汉口路小学以"四色学习单"为抓手,学生按学习能力高低分成不同的颜色,安排不同的学习任务。小组内学生配合默契,参与积极,小组合作有序高效;龙江小学则以"小组研究10分钟"主题研究汇报的形式呈现,有清晰的角色分工,采用合适的研究方式,过程体现个别化关照,有研究的成果展示与评价,很好地体现了"乐活"的教学理念。

南京市小班化教育专家们对两校同课异构教学交流活动给予了高度的评价,充分肯定了"同课异构"活动的价值,并结合听课就教师的教学基本素养、教学设计、教学策略和教学成效等方面做了精彩点评,同时对这样一种开放分享的校际互动合作交流模式表示了极大的赞赏。他们在点评时称赞作课教师课堂教学定位准确,设计精巧,注重细节,还原了教材的亮色;三维整合,互动流畅,训练扎实,演绎了教学的精彩;创境激趣,诱思探究,寓教于乐,展示了师生的风采。两位专家也对此次交流活动提出了中肯的意见以及更高的期望,他们指出打造学校品牌、提升小班化办学品位需要每一位教师的智慧与汗水,并以"做一个有魅力的教师"与全体教师共勉。

本次校际同课异构教学交流活动,不仅展示了两所学校教师间不同的教学模式及教学方法,拓宽了执教者的教学视野,同时开阔了听课人的视角,更丰富了同行间的学习与交流,对校际之间的教育教学研究起到了很好的推动和促进作用。大家在参与中都感到备受启发、收获颇丰。

4. 家校互动　和谐共生

为增进家校联系,促进沟通,使广大学生家长更加深入地了解学校的管理方式、教育教学方式以及学生在校学习、生活等情况,11月10日至11日,我校开展了"家长开放日"活动。学校全方位开放,师生及家长积极参与。活动内容包括以下几个方面:家长参观校容校貌;走进课堂,和自己的孩子一起聆听所在班级任课教师精彩的课堂教学,近距离了解孩子在课堂上的表现;召开家长会,老师与家长相互交流,让家长了解孩子们在学校的学习情况,让老师了解学生在家的生活习惯等,共同探索教育孩子的最佳途径;三、四年级的学生家长聆听了南大教授关于外语学习的讲座;学校领导与家长面对面交流,让家长了解学校的办学宗旨、办学特色及学校的教育教学开展情况,加强沟通、合作,促进学校、学生健康发展;家长填写《"四色教学节"家长调查问卷》,评价学校、评价教师,对学校、教师提出意见和建议。

这种全员开放、全面开放、真实开放的教学节活动给家长与学校搭建了很好的交流平台,家长们对学校的教育教学工作给予了充分的肯定。家长开放日活动,拉近了学校与家庭之间的距离,通过家长对老师的评价,提升家长对学校、教师的信任度,不仅让学生家长了解了学校的课堂教学、老师的教学风采、孩子的在校表现,还融合了家长与教师、家长与学校的关系,对学校和孩子们的发展起到促进作用。家长们普遍觉得受益匪浅、感触多多,希望这样的开放日活动每学年能多开展几次,还可让家长一起策划、组织、共同参与。从家长的反馈中,我们看到家长对任课教师执教的课满意度达99%;在"老师课堂上使用四色学习单对孩子是否有收获"的评价方面,认为很有收获的达93%以上;对本次家长开放日活动感到满意的达95%。家长们提的合理化建议也让学校看到了值得改进的地方,对学校今后的教育教学工作再上一个新台阶起到了重要作用。

"四色教学节"的成功举办,不仅对每位教师的专业发展产生了深远的影响,更彰显了汉口路小学厚重的育人氛围、浓郁的教研文化和鲜明的教学特色。学校将以"四色教学节"为契机,继续走内涵发展之路,在积淀中超越,在传承中思辨,在突破中创新,努力追求卓越,让汉小的每一朵鲜花都幸福地开放,让汉小的校园花开四色,满园芳菲!

第三节　从四色走向多彩(2011—2015)

汉口路小学以"四色学习单"为抓手,始终坚持"尊重每一个,发展每一个,幸福每一个"。2010年12月,学校被评定为"南京市小班示范化学校"。"十二五"初期,在基于小班化办学成果、文化建设成果和学校中长期规划的基础上,我们从"四色学习单"课堂研究再出发,努力丰富课堂文化、课程文化、环境文化,进一步提出"四色教育"的构想,并成功申报了江苏省教育科学"十二五"规划重点资助课题"小班环境下儿童多彩学习生活的课例研究",努力走内涵式发展之路。

第一章 儿童学习生活的发展历程

一、四色学习单的深入研讨

1. 再实践—再研究—再思考

2011年开始,汉口路小学坚持四色课堂深度研讨,"校长课堂"、"主任课堂"、"骨干教师课堂"新鲜出炉。从校长到主任,再到骨干教师,人人推出"四色学习单创意课",发挥团队教学智慧,进行四色学习单深入研究。

比如,在"四色学习单"运用细节上,尽力给孩子营造尊重、自信、主动的学习氛围。学生作为四色学习单的使用者,在小组合作和任务分配时被安排成红、黄、蓝、绿四种颜色,但这样的安排不会固定不变,而是随着学科特点、学习内容、知识背景、能力差异等因素的变化而变化,从而避免给孩子划等次、贴标签。比如,同一个班的孩子,在数学课上按照红、黄、蓝、绿四种颜色分配角色,并根据不同的要求分工合作。但到了美术课上,孩子又可以自由选择不同的颜色,选择自己感兴趣的任务来学习。

在新的尝试中,我们感觉在课堂上,可以把四色学习单设计成一个学习路径:听、看、做,先让孩子发现;发现了,让孩子交流;交流后,让孩子再体验;体验了,孩子的智慧会不断迸发,从而引发学习的快乐指数上升……

随着四色学习单研究的深入,我们从理论上和实践上走向新的起点。由此我们生发了新的思考:"四色"可以是红、黄、蓝、绿四种独立的颜色,也可以由"红黄蓝+绿色"组成,其中红、黄、蓝作为三原色,寓意不同孩子的不同本色和天性,绿色作为原色的生成色,寓意学生在学习合作过程中的交融与变化,同时教育应当绿色、可持续生长的理念外显。[1] 从中国传统的三原色和对教育理解两个维度去解释"四色",这样在教学中,红、黄、蓝、绿可以代表每个学生在小组合作学习过程中不同角色,也可以表示在教学中不断碰撞、不断交融、不断生成和创造,从而实现新的发展。四色学习单在具体的教育情境中,适应性、选择性、交互性、自主性、多元性就逐步体现出来了。

---

[1] 周婷:《四色教育:建构儿童多彩学习生活》,《江苏教育研究》2013年第8期。

2. "四色学习单"不断丰富

我们的"四色学习单"在不断研究中,由比较单一的形式逐渐拓展开来。

从学习过程来看,有促进学生良好学习习惯养成的四色预习单,儿童是天生的学习者,主动才能产生效率,此单可以培养学生学习的自觉性和积极性。有提高学生互动能力的四色交流单,学生在交流的同时,思维也在不断地发展,并通过流畅的语言外显。有加深学生对所学知识理解巩固的四色练习单,及时反馈教学信息,关注不同学生的学习水平,提高课堂教学效率。有把评价权还给学生的四色评价单,让学生学会分析、判断自己或他人的学习情况,增加个体之间的交互。还有对学生所学知识进行质量监控的四色检测单……

从设计的对象来看,有教师设计的四色学习单,有助于学生在有限的时间内进行有意义的学习;还有学生自主设计的四色学习单,有助于发挥学生的学习能力和同伴互助能力。

从使用的形式来看,有任务明确的小组合作单,有指向性清楚的个别学习单,有自主选择的"超市式"学习单,有要求清晰的"阶梯式"学习单……这些四色学习单的使用不失为因材施教的一种探索。

从层次分类来看,有按学习内容分"四色"板块的,有按学习能力分"四色"层级的,有按学习任务分"四色"要求的,有按学习方式分"四色"操作的,还有按学习交互分"四色"角色的。

从运用范围来看,有校本课程中运用的四色学习单,还有国家课程教学中运用的四色学习单。[1]

四色学习单多方位、多层次的设计和多角度、多渠道的运用,力求实施有差异、有选择、有意义的教育,促进儿童学习生活的丰富多彩。

3. "四色学习单"的影响进一步扩大

2012年4月,《语文教学通讯》主编裴海安特地来校观摩四色学习单研

---

[1] 祁海燕:《南京样本——小班化教育实践》,东南大学出版社2015年版,第178—179页。

究课,并盛情邀请我校老师赴四川送教。

2012年7月,学校与浦口桥林小学结对成为手拉手学校,汉小定期和桥小进行课堂教学研究交流,把四色学习单研究成果向兄弟学校推介。

2012年12月,汉口路小学举办第二届励园论坛"幸福每一个"——小班化学习文化展示与研讨活动。周婷校长作了题为《"四色学习单"走向"四色学习文化"——小班化教学再跨越》的主题报告,阐释了什么是小班学习文化,小班学习文化的特征、背景、行动路径,表达了小班学习文化的美好愿景。随后,叶海豹书记主持了"我理想中的小班化学习"沙龙研讨,汉口路小学、汉中门小学、同仁小学、莫愁湖小学、桥林小学、大连西岗小学这几所学校的老师们围坐在一起畅谈理想中的小班化学习。老师们用了快乐、开心、经历、人性化、顺乎天性、三原色、体验、针对性等关键词向大家描述了自己理想中的小班化学习。小班研究专家宋宁先生智慧地与大家分享了自己理想中的小班化学习:首先要激活脑,其次是要顺应脑,再次是要开发脑。鼓楼区教育局肖大明副局长作总结发言,他认为继承和发展很重要,他赞扬了杨杰军和周婷两任校长睿智地选择并坚持走着适合汉小的发展之路;第二是研究的重要,他认为本次活动搭建了一个非常有效的提升小班化学校办学质量的研究平台。

2013年5月,在鼓楼区"让我们一起从儿童出发"课堂教学成果展评中,汉口路小学周婷校长向所有与会代表作了题为《四色学习单 小班快乐学习之旅》的介绍,张臻老师利用四色学习单执教的《真想变成大大的荷叶》,获得全区唯一的创新设计奖。

2013年11月,杭州、无锡、南京江南三城特级教师工作室教学联谊活动在汉口路小学隆重召开,名师会聚一堂,共同探索语文课程开发与创意教学这一主题,他们都认为汉小的四色课堂创生了一种别样的学习方式。

2013年11月,六合区和鼓楼区教学骨干教师一行六十多人齐聚汉口路小学,展开了主题为"小班分层教学、问题与处理方法研究"的市级联片研训活动。

2013年12月,汉口路小学承办了"语文课程 为了儿童的设计"——南京市小班语文教学专题研讨活动。四色学习单研究课以及学校的汇报获得了与会专家、同行和来自英国的小学校长的高度评价。南京市教研室小学语文教研员芮琼老师从更高的视角对我校的四色课堂给予了高度肯定。她认为汉小的语文课堂教学"关注每一个",把以生为本的理念落实到语文课堂教学的每一个细节中,让语文课堂焕发出了新的活力。鼓楼区教育局小教科曹小平科长对本次活动进行了点评和总结:课堂在改变,在改革,在革命,教育更具人本、人性、人文,汉小人切实在为儿童幸福学习而服务。

2014年1月,我校邀请了教育部督学成尚荣先生,以"永远的汉小"为主题,就学校今后发展做进一步的指导。成先生认为:学校的发展离不开教师的教育智慧,而教育的智慧源于勤奋读书,只有读书才能拥有广博的知识和思考的深度;教育的智慧还源于认识自己,发觉成长的路径和适宜的个性;教育的智慧更源于走进儿童,洞察孩子的内心和细腻的情感……

2014年3月,我校邀请了江苏省教科院基础教育研究所彭钢主任,南京师范大学乔建中教授、马维娜博士,市教科所祁海燕老师,对申报的江苏省教育规划"十二五"重点资助课题"小班环境下儿童多彩学习生活的课例研究"作深入指导。专家的指导推动了汉口路小学的教育教学工作,促进了学校内涵发展,给学生提供了更多彩的学习生活。

2014年6月,汉口路小学联手浦口区实验小学、浦口桥林小学在浦口实小共同举办了全国教育科学"十二五"规划教育部立项课题——"以'语文素养—养成'为核心的小学语文课程深度开发研究"课题阶段汇报活动。特邀江苏省苏教版小学语文教材主编朱家珑先生和培训部孙景华主任,江苏省著名特级教师袁浩校长,江苏省小语教研员李亮博士,凤凰语文课题研究部徐晓华、周彦主任前来指导。他们认为每位老师都从提高语文素养的角度出发,培养学生语文学习兴趣,养成良好的语文习惯,提高学生的语文能力,称赞此次活动非常有意义。我们也将在专家的指导下,努力搭建更多的平台,将教学与研究融为一体,让优秀的课题成果能更好地为提升儿童学习的幸福指数服务。

2014年9月,南京大学留学生一行来到美丽的汉口路小学,为四年级学生上"大学生课程"。他们运用多种教学方式,如视听法、游戏法,将知识由易到难呈现出来,从学生的角度出发,考虑他们的知识结构,用最适合他们的方法进行教学,给孩子们带来了收获的快乐。

2014年11月,我校成功举办了鼓楼区小学校本化课程建设推进会,现场展示了9节校本化课程研究课,并做了题为《四色课程 儿童多彩学习生活的设计》的主题报告,从课程的价值追求、特色架构、创意实践、家常管理、收获反思五个方面,汇报了学校从四色学习单到四色课程的行走历程。领导和专家在总结性中盛赞了学校团队勤勉智慧,认为本次活动提出了鲜明的主张,展示了各个层次的校本化课程,对其他学校有着很好的借鉴意义。与会来宾也纷纷表示,本次活动丰富而生动,汉口路小学优雅的校园、小班化办学特色给他们留下了深刻的印象。《南京日报》和《扬子晚报》争相进行了报道。

2015年3月学校举行"小学小班环境下基于儿童多彩学习生活的课例研究"培训会,邀请了江苏省教育科学院张晓东博士和鼓楼区教师发展中心刘明静老师前来指导。张博士和刘老师对课题报告提出有针对性的指导意见及修改建议,也为老师们的课题研究答疑解惑,为课题活动开展奠定了良好基础。

2015年5月,汉口路小学邀请江苏省教育科学研究院蔡守龙主任进行重点资助课题研究指导。汉小张臻主任向专家们汇报了三年来学校以"课例研究"为抓手,着力打造儿童多彩的学习生活的研究历程,课题组的老师们在行动研究中总结了经验,多篇案例、论文发表在省市级刊物上或在省市论文评比中获奖。蔡主任肯定了学校在课题研究中扎实、踏实的做法,他就学校课题过程性资料的收集与分析,提出了许多合理化的建议和改进措施,破解了课题研究瓶颈,并对学校课题结题报告的撰写、课题成果的集结与展示,以及课题下一步的研究方向提出了许多有针对性的意见。

2015年8月,教育部督学、江苏省教科所原所长成尚荣先生对我校"十二五"课题"小学小班环境下基于儿童多彩学习生活的课例研究"的工作进行了指导。他认真听取了我校课题运行工作汇报,充分肯定了课题研究的质量,并认为在四色文化教育核心理念引领下,在励园多彩学习生活中,看到了儿童成长的巨大变化。同时指出课题研究存在的问题,提出了合理化的建议,希望我校能把此课题做成精品课题。

2015年10月,汉口路小学一到六年级学生分年级迎来了"大师课程",由来自北京大学、南京大学等高等学府的六位博士执教。"大师课程"从小培养孩子广泛的兴趣爱好,让学生多角度地接触社会生活,拥抱美好的未来。"大师课程"努力让校园学习生活多姿多彩,并充盈浓浓的文化品位。

汉口路小学的"四色学习单"在继承与发展中,成为学校课堂教学改革的一道亮丽的风景线。学校于2014年3月成立"四色学习单俱乐部"。俱乐部成立至今,学校对接鼓楼区和南京市举行了一系列研讨活动,如:全区四年级语文教师在我校开展语文教学研讨活动,我校王冬美老师执教的课外阅读指导课《大小》。在王老师优美又不失童趣的引读中,学生感受到诗歌的语言之美,体会诗中的哲理。陈峰主任做了题为《语文课程 为了儿童的设计》的讲座,统领了学校语文课程研究的情况,提升了课程研究的价值,展示了学校在小班语文教育方面的积极探索及取得的丰硕成果。我校张臻老师走进栖霞区,在栖霞区低年级语文教师教学研讨活动中上研究课《水乡歌》;吴京艳、方百云两位年轻教师在区说课设计和作文指导方面脱颖而出,应邀在区五、六年级语文教研活动中作微型讲座。12月,鼓楼区体育优秀青年教师课堂展示研讨活动在我校举行,我校徐皓明老师展示了六年级体育《耐久跑》,四色学习单的分层让每一个学生充分享受到成功的喜悦。在区小学课堂教学改革成果展评活动中,张喆老师展示了一节简约、扎实的信息课《快乐的小猫》,获得了课堂教学改革成果展评"活力奖";何世民老师参加江苏省"名校课堂巡礼"活动,执教了《认识几分之一》一课。学校也多次受邀将"四色学习单"的课堂运行方式,通过示范课、专题讲座推介到辽宁、山东、天津、重庆、陕西、海南、广东、北京、山西、浙江、四川、新疆、安徽、河北、江西、贵州等省市。有意思的是,同一个地区反复邀约我们去讲学,同一个地区老师多次组队反复来我校亲身感受四色课堂独有的魅力。南京师范大学、南京晓庄学院、江苏第二师范学院还数次安排各地"国培班"多批学员,参加"四色学习单俱乐部"活动。马来西亚、美国、新加坡、澳大利亚等国家,及香港、台湾地区,共12个教育代表团来校参观访问,我校"四色学习单俱乐部"教师数次向来宾展示小班特色文化建构讲座和小班特色课堂。学校为打造小班教育名师作出了应有贡献,同时,加强了区域横向交流,促进了小班化教育的共同发展。

二、四色学习单的文化生长

1. 四色学习单不断拓深

四色学习单,生长于小班化教学背景之下。起初,它是四色作业单,每个小组四个人,每人一张不同色彩纸张印制的作业单。作业单上,可能有共性的内容,但更多的是差异性的内容。有时,是每个小组一种色彩的作业单,体现出小组之间的差异性。

继而生长的四色学习单,既有预习环节用的、互动环节用的、作业环节用的、拓展环节用的,也有涵盖整个学习过程的;既可以是纸质媒介的,也可以是电子媒体的;既有基础性学科学习的四色学习单,还有校本课程学习的四色学习单。

后来又生长出四色活动单,把不同的活动设计为不同的颜色。学生可以根据自己的兴趣、性格、智能特点,选取相应的活动。把同一活动的不同情境、不同角色,设计出不同的颜色,由学生选而任之。四色活动单上,有活动的主题、活动的任务、活动的方式、活动的过程、活动的提示、活动的小结、活动的反思等内容。

接着又生长出四色生活单:四色校园生活单,四色家庭生活单。四色校园生活单,可以是一个星期的校园生活规划、记录、呈现;也可以只是一天的校园生活导航、提示、记载。四色家庭生活单,是为家校整合而设计的,引领儿童过幸福的家庭生活。

这样,四色学习单就有了两种语境:一种是课堂学习的语境,它包括四色学习单等;一种是基于学生整个成长的语境,是广义的,它包括四色活动单、四色生活单,等等。四色学习单,成为学生多元适性成长的文化载体。

四色学习单,呈现的是静态的单子,演绎的是汉口路小学校本化的丰富多彩的"颜色的故事"(成尚荣语)。一个个学生的故事,一个个小组的故事,一个个教师的故事,一个个家庭的故事,一个个学校发展的故事。

四色学习单,呈现的是静态的单子,内含着闪光的教学思想。其最重要的理念是:主体、适性、多元、融合。

叫四色学习单,而不叫四色教学单,首先体现的是学生为本的理念。学生是学习的主体,四色学习单是为学生学习服务的。汉口路小学,还尝试着不仅是教师设计四色学习单,也让学生设计四色学习单,师生共同设计四色学习单。其实,学生尝试设计四色学习单的过程,便是"教是为了不教"(叶圣陶语)的过程。

四色,彰显的是多彩、多样、多元。学生智能的差异,学生个性的差异,学生经验的差异,学生成长背景的差异。这些差异构成了缤纷的儿童世界,形成了极富价值的教育资源,规定了学习必须是多元的。当然,四色学习单的"四色",既可以理解为四种颜色,更应该理解为"四"只是泛指,"四色"其实是多色、多彩。

四色学习单的根本是为了儿童的全面发展,具体而言,是为了提升儿童的课堂生活,是为了丰富儿童多彩的校园生活,是为了优化完善儿童课程,是为了促进儿童精神良性生长,是为了建构适性的儿童教育理念。[①]

2."四色教育"办学理念的提出

(1)"四色教育"的概念

汉口路小学"四色教育"源自学校小班化教学中普遍采用的"四人小组"形式和"四色学习单"。"四色教育"是"四色学习单"的提升与超越,是一个具有校本特点的教育概念。它是在前期关于四色学习单的教学研究以及对学校文化的梳理与反思中自然生成的一个教育形态,是学校特色化、品牌化发展的代表。它为学校小班化教育的高品位、高层次发展提供了策源与愿景,是学校下一步发展的整体设计,它必将促进学校办学品牌的形成和办学水平的提升,促进教育教学水平的进一步发展和全体师生的

---

① 周婷、叶海豹:《四色学习单的文化生长》,南京大学出版社2013年版,第1—2页。

共同成长。可以说,"四色教育"是学校小班化办学进入新阶段后的理性思考与愿景构想,更是学校小班化办学新的规划与行动纲领,它融入了汉小人对学校的归属与热忱、对儿童的爱心与关怀,更倾注了汉小人无限的教育真情与教育智慧,展现了汉小人高远的教育视野与教育气度。

"四色教育"是指在充分尊重学生天性和差异的前提下,通过丰富多彩、不断生成的教育教学实践,促进儿童全面健康发展的教育。"四色教育"既承认和重视"人"的先天个性与差异,又重视后天教育教学对"人"的改变与提升,由内而外体现了学校教育的本质特征与应然状态,体现了小班化教育"一个都不能少"的价值追求。

(2)"四色教育"的框架结构

"四色教育"的架构系统是一个立体网络,分为横向与纵向两个维度。"四色教育"的两个维度设计,以"四"的标识彰显为出发,但不局限和拘泥于"四"的数量与形式,其建构体现出开放性与发展性。

纵向维度由四色文化环境、四色课程、四色课堂、四色社团、四色教师等版块组成。

——四色文化环境。主要有缤纷励园、动感励园、汇智励园、和实励园等。首先,校园环境巧妙利用建筑风格和地形特点,凸显鲜明厚重的复色特征,通过色彩丰富、典雅清新、和谐宜人的景观设计和环境改造,打造具有文化意蕴和育人氛围的校园环境。其次,班级环境建设体现学校小班化办学的"在这里,每一个都重要"的核心价值,展现小班化教育的特质,让每一个学生都能找到自己的影子,都能感受到尊重与需要,获得肯定与自信。第三,学校专用室等场馆的环境布置从固化的、刻板的、介绍式的、被动认知的、图片与文本式的构造转变为活动的、生动的、立体的、激发探索热情的、实物与情境式的布置。

——四色课程。我们以大师文化、大学文化、小班文化、校本文化为依托,创意设计四色课程,精心营构小班多彩校园生活,充分彰显儿童个性特长,让每一个儿童都得到最大限度的自我发展。[①]

[①] 周婷:《四色教育:建构儿童多彩学习生活》,《江苏教育研究》2013年第8期。

"小学·大学"微型图本课程。我们通过广泛调查、查阅文献和实地察访,共同确定编制要素、编纂课程体例、风格及内容呈现方式。课程实施突破原有学科教学的封闭状态,不拘泥于课堂,不拘泥于校园,拓展了多彩学习生活空间。

"大师课程"和"大学生课程"。我们邀请了南京大学石进教授为孩子们讲《小学生和大数据》,心理专家梁美晟为六年级学生带来《青春期的奥秘》,南京大学中文系李露遥老师做了《中国方言和中国文学》讲座。我们在网站上开辟了"大师课程"、"大学生课程"学习平台,汉小孩子与老师不出校门,就能享受到大学带来的丰富文化大餐。

"花样可乐·健身足球"课程。这是我校以学科教研组为开发团队的国家课程校本化的一个尝试。足球是学校体育传统项目,具有几十年的历史沉淀。编写此课程的意义在于传承历史,享受运动之美,体现进取合作的精神,展开阳光活力的生活方式,提升学生个体生命发展的质量。

"迷你读·述"课程。我们对语文和英语教材进行解剖,从中寻找有价值的元素进行重构或延展,设计有创意的课程主题和课程单元,让课程学习基于课本而又超越课本。学校从教学管理角度部署了"迷你读·述"课程的规定动作:晨读 10 分钟、课前 3 分钟、午阅 10 分钟、夕述 5 分钟,当然时间只是个概数。

学校在课程的设计、开发与实施中贯彻"四色教育"的理念,让课程具有小班教育的特征,具有学校办学的特色。下一步,学校将结合区位优势与前期积累,继续依托南京大学文化为主题,以"大学课程"、"大师课程"、"大学生课程"、"小班课程"四个组块为内容,不断创新、不断完善、不断积累,充分合理使用好南大的各种资源与素材,对学科课程的校本化实施与活动课程的校本化构建进行积极有效的探索与实践。

——四色教学。在学科的课堂教学实施过程中,以"四色教育"的理念与目标为出发,以学生的个体差异为基础,以"类"的教育理论为指导,建构与形成有效促进教与学方式深层变革、促进教与学品质高位发展的路径、策略,乃至具有学校特色的模式,实现学生在学习活动与学习过程中的全面发展、个性发展、生动发展。四色教学的探索将继续以四色学习单的课堂实践成果为基础,进一步从学生成长的层面深化研究与探索,同时不断进行理性思考与提升,逐渐形成四色教学、四色课堂的成熟模式,并在教学实践中运用推广。

——四色社团。主要以"书香校园"、"科技校园"、"民俗校园"、"足球校园"四大特色为主体板块,分绿草足球队、红蜻蜓合唱团、蓝精灵航模组、黑白围棋队、黄蝴蝶读书团等三十多个社团。比如,学校用整层楼的空间特设四色民俗工作坊,设立陶艺吧、剪纸室、版画坊、皮影间、面塑廊等。在"四色教育"的育人理念指导下,学校梳理原有的各项活动,同时根据学校实际与教师兴趣特长进行统整,通过名称、标志、口号等赋予其鲜明的四色特征,使其形成完整的、具有学校校本特色的活动体系,最终实现为儿童的生动发展与幸福成长服务的目标。四色社团注重弘扬传统文化,培养孩子的动手能力与艺术技巧,培育儿童美的心灵与对祖国文化的热爱。四色社团主要利用学生放学后的时间,由孩子自主选择,学校免费为儿童的兴趣特长发展提供服务,实施个性化的"儿童成长方案"。四色社团尊重儿童的发展需求,给儿童的幸福成长添砖加瓦,自开办以来,孩子的参与率达百分之百,深受家长和孩子的喜爱。

——四色教师。学校成立"四色教师成长中心",通过特级教师"周婷工作室"、青年教师发展工作室、励园中年教师研修班、励园班主任工作室等平台和载体,打造一支师德高尚、业务精湛,乐于奉献、状态积极,梯次合理、结构适当,实绩丰厚,彰显个体风格和个性化生长、充满职业幸福感的教师团队。"四色教师成长中心"是"四色教育"理念的具体化实现,是努力"成就教师"的具体化举措,最终目标是让"个性、快乐、热忱"成为汉小教师形象的关键词。

比如,学校近两年来让教师以"四色学习单的深化应用"研究为抓手,组织了"四色学习单课堂围观"、"四色学习单中的每一个"、"四色课堂回音壁"、"四色学习单的再回眸"等研讨活动。从四色学习单(教学实施策略)→四色教学(教学方式变革)→四色课堂(小班课堂风格)螺旋递进中,提升老师课堂教学智慧,彰显不同老师的教学个性。

横向维度由科学、艺术、人文、自然等要素构成。

——科学。要求"四色教育"的各项教育设计、教育实施与教育效果具有科学性与合理性，符合教育学与心理学的要求，符合学生发展的实际。

——艺术。要求"四色教育"的设计与实施具有艺术性，能通过教育的艺术化设计与实施，使教育效果得以更好地实现。

——人文。要求"四色教育"的设计与实施具有人文性，体现尊重、信任与关爱，具有人性的柔和与光辉。

——自然。要求"四色教育"的设计与实施能够如春风化雨、润物无声，使教育的过程与效果真实、流畅、水到渠成、自然而然。

（3）"四色教育"的文化内涵

① "四色教育"的哲学基础

从哲学层面来看，"四色教育"反映了本原与延异、个性与共性、先天与后天、个体与集体、一般与特殊等的辩证统一。儿童作为个体的"人"，天生具有独特的个性，不同的人具有不同的个性和发展的可能性。教育首先要尊重这种个性和差异，回归原点，防止异化；同时，"人"又处在学校、家庭与社会之中，只有经历社会化的过程，担当相应的社会义务和责任，才能称其为人格健全的人，学校教育是人的社会化的重要环节，承担着人的社会化的重要使命，学校教育要实现的"一般"应当蕴含在"特殊"之中，要展示的"共性"应当体现在"个性"之中，要实现的"延异"应当建立在"本原"之上，要培育的"集体"应当立足在"个体"之上。"四色教育"通过"四色"的借喻意义，表达和反映出学校教育要以人为本，以"人"的差异化、个性化发展为基础，通过特色鲜明、相对统一、不断生成的实践行动，实现绿色的办学目标，培育理想的教育生态。

② "四色教育"的文化背景

汉口路小学"四色教育"来自四种文化：

大学文化。学校创办以来，一直位居南京大学校区范围之内，接受南京大学深厚文化底蕴的熏陶与润泽，学校与南大关联十分密切，校训"励行"缘自南大校训"诚朴雄伟，励学敦行"，学校建筑主体色和南京大学同样是"青灰色"，学校很多实践活动在南大开展……大学文化氛围对学校办学和学生成长影响深远。教育部督学成尚荣先生说"汉口路小学不是办在南大旁，而是办在南大里"。学校也由此提出"南大文化滋养，小班茁壮成长"。

大师文化。学校现有一百多位家长系南京大学博士、教授、青年才俊，学校校友中有著名数学家、中科院院士田刚；原南大党委书记韩星臣；著名画家、原江苏省美术馆馆长朱葵等大师，他们关心学校发展和孩子成长，既是珍贵教育资源，也对学校文化具有潜在积极作用。

小班文化。学校是南京市首批小班化试点学校，办学成效突出，推行小班化不仅实现了学校班级形态的转变，更完成了教育理念的转型，儿童在更自由、更自主、更宽容的空间得到更多的关照和更切合的发展。学校也在小班化实验中实现转型发展，系全市15所小班化示范学校之一。

校本文化。学校有80多年历史，具有典雅古朴的民国风格、精致悠然的校园环境和优良办学传统，在接受大学文化熏染、大师文化影响、小班文化融合中，学校确立了新的办学目标，提升了办学品质，形成了具有自身特色的校本文化，并在进一步创新、发展之中。

四种文化中，大学文化、大师文化、小班文化是源，校本文化是宗。四种文化既是"四色教育"的文化基质，也是"四色教育"的实践背景，其中，大学文化与大师文化是地域和历史自然形成的文化影响，小班文化则是学校办学发展新的选择与实践，它们作为源泉，不断影响、丰富校本文化的发展与演进，最终融进校本文化之中，引领与丰润着"四色教育"的实践和前行。[①]

（4）"四色教育"的成果初显

我们收获了一张张"名片"：自2010年12月汉口路小学被评为南京市小班示范化学校后，2013年12月学校免检再次通过"南京市小班示范化学校"验收，2014年6月获得"国际启发潜能成就大奖"，2015年6月又获得"国际启发潜能终身成就奖"。我们撰写了《魅力语文》《边玩边学语文》《四色学习单的文化生长》等论著，其中《四色学习单的文化生长》获2014年度南京市教育科学研究成果二等奖。我们获得全国作文比赛优秀组织奖、全

[①] 周婷：《四色教育：建构儿童多彩学习生活》，《江苏教育研究》2013年第8期。

国诵读比赛优秀组织奖、第19届全国中小学生绘画书法作品比赛组织工作先进集体奖、"南京市优秀少先队集体"、"南京市阳光体育学校冬季锻炼先进集体"、南京市"小班化内涵发展教改实验重点研究项目"实验学校、全国英语超级联赛(南京赛区)一等奖……

我们还刷新了一项项"记录":一年级招生人数持续上涨,四年实现三大跨越:2011年95人,2012年107人,2013年138人,2014年160人,2015年162人,见证了汉小不断壮大;我们承担了"十二五"江苏省教育科学重点资助课题和全国教育科学"十二五"规划教育部立项课题;在市级个人课题申报中,有30余人次立项并圆满结题,50人次获得省市区一、二等奖;有30余篇文章在《人民教育》《上海教育科研》《江苏教育研究》《语文教学通讯》等报纸杂志发表,或被人大复印资料全文转载。在省市区骨干教师评选中,我校6人获骨干教师称号,4人获学科带头人称号,1人被评为"江苏省333高层次人才培养工程"培养对象。

学生也在各级各项竞赛活动中崭露头角:六(3)班朱嘉翔同学创作的青奥画被选中上了全国两会;四(1)班商誉文同学撰写的《我的建筑师梦——读〈美丽中国——生态文明建设者(小学版)〉有感》,在江苏省教育厅举办的读书征文比赛中荣获金奖;五年级组学生徐恩轩、潘晗烨、曹艺馨代表南京市参加第18届全省运动会青少部的羽毛球和花样游泳的比赛。160余名学生在全国、省、市、区绘画、书法、作文、英语风采大赛、体育节通讯赛等比赛中获得一、二、三等奖;31名同学获得鼓楼区"数学与生活"一、二等奖,在区"迎春花""金菊花"作文比赛中我校获团体一等奖;近百名学生的作文、美术作品在市级以上报刊发表。

三、"四色教育"的多彩追求

1."四色教育"的行动纲领

通过梳理学校文化的脉络与走向、审视"四色教育"的内涵与特征,立足南京区域发展和自身实际,学校确立三项行动纲领:

一是小学办在大学里。是指学校不仅居于南大校园之中,长期受南大文化氛围的氤氲、文化气质的濡染和文化精神的辐射,更在于学校善于不断发掘与运用南大的各种教育资源,为儿童的幸福成长提供土壤,为学校教育的发展提供滋养。

二是本色之中创特色。是指课堂教学应当是学校教育,尤其是小班化教育的出发点与落脚点,"四色教育"的起源在课堂,"四色教育"也将始终立足课堂,以深化教学改革、激发课堂活力为主旨,不断形成与发展,不断培塑与明晰自身特色。

三是三原之上求多元。是指学校遵循教育规律与原则,尊重每一个独特的生命和他们天然的生命姿态,平等和欣赏地看待每一名孩子,同时通过教育实践让这些个体互相融合、影响、生长,让每一个生命多元、自由绽放。[1]

2. "四色教育"的发展愿景

"十二五"期间,我们在"四色教育"行动纲领的指引下,从深入研究励园多彩"四色课堂",到初步探究励园多彩"四色课程",到丰富励园多彩学习生活,进行江苏省教育科学"十二五"重点资助课题"小班环境下儿童多彩学习生活的课例研究"。在研究中,我们深刻体会到:

(1) 学习是多彩的,不仅有课堂的学习生活,而且有课外的学习生活;不仅有集体的学习生活,还有个体的学习生活;学习生活本身不只是读书的生活、做作业的生活、考试的生活,还有自由自在地寻找自己个性发展的那种生活,因此多彩的学习生活营造了多彩的学习乐园。

(2) 儿童多彩学习生活中的"多彩"是指多形式、多层面、多渠道、多平台,意味着色彩之多、精彩之多、特色之多。

(3) 汉口路小学的"多彩学习生活"有它的规定性:一是小班环境下的儿童多彩学习生活;二是汉口路小学"励行"精神下的儿童多彩学习生活;三是汉口路小学"在这里,每一个都重要"核心理念引领下的儿童多彩学习生活;四是有童趣、有意义、有选择、有个性的儿童多彩学习生活。

---

[1] 周婷:《四色教育:建构儿童多彩学习生活》,《江苏教育研究》2013年第8期。

四色学习单的发展愿景是：让四色学习单成为每位学生的成长规划单，每位学生的经验分享单，每位学生的优长展示单，每位学生的多彩畅想单；让四色学习单成为每位学生受益终身的学校记忆！

四色教育的发展愿景是："幸福儿童、成就教师"，这是学校所有教育设计与行动的旨归。教师是学校的重要主体，教师的价值在于努力让儿童获得幸福与成长，在学生成长过程中，教师本身也在成长与发展，在学生享受幸福的同时，教师获得相应的价值感与成就感。儿童是学校存在的终极价值与意义，一切学校办学的行为和教育教学实践都是为了儿童的幸福成长，"尊重每一个，发展每一个，幸福每一个"是学校的宗旨，"幸福儿童"就是要通过"四色教育"的设计与行动，不仅要关注儿童"每一个"是否幸福，还要真正关注"每一个"幸福的深度和宽度。通过"四色教育"，让学校成为孩子们理想中的好地方，成为他们天天向往的乐土；通过"四色教育"，让儿童在幸福的氛围和过程中生长，学会体会幸福、理解幸福、创造幸福、传递幸福，让儿童成为幸福的享有者与创造者；同样，儿童本身也是鲜活而生动的，他们会推动"四色教育"的不断深化，推动对幸福的深度理解与创造。

菁菁校园，励学敦行，四色教育，浸润心灵。汉口路小学希望通过小班化儿童多彩学习生活的建构，进一步丰盈四色教育的办学理念，实施更为科学、合理的四色学习单的实践行动，达到幸福学习每一天；通过一系列学习环境、学习课程、学习评价的构建，最终实现幸福成长每一个。

因为，"在这里，每一个都重要"！

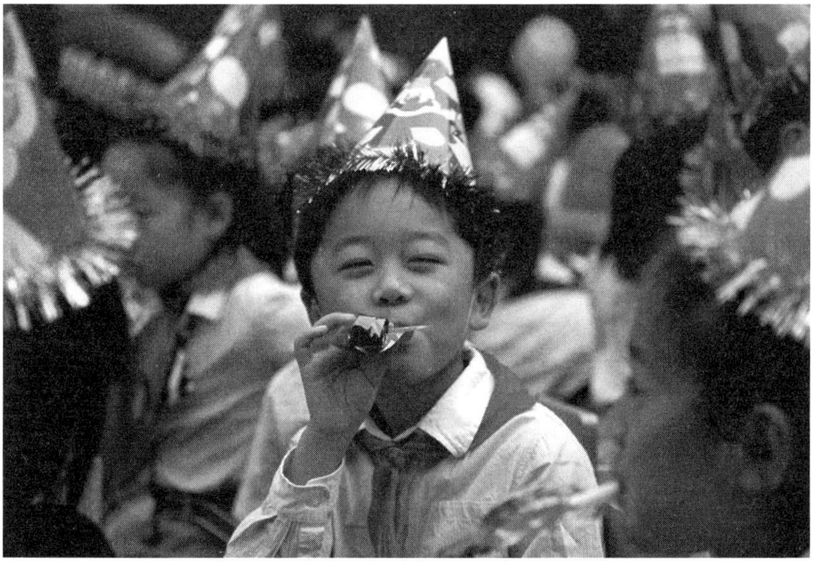

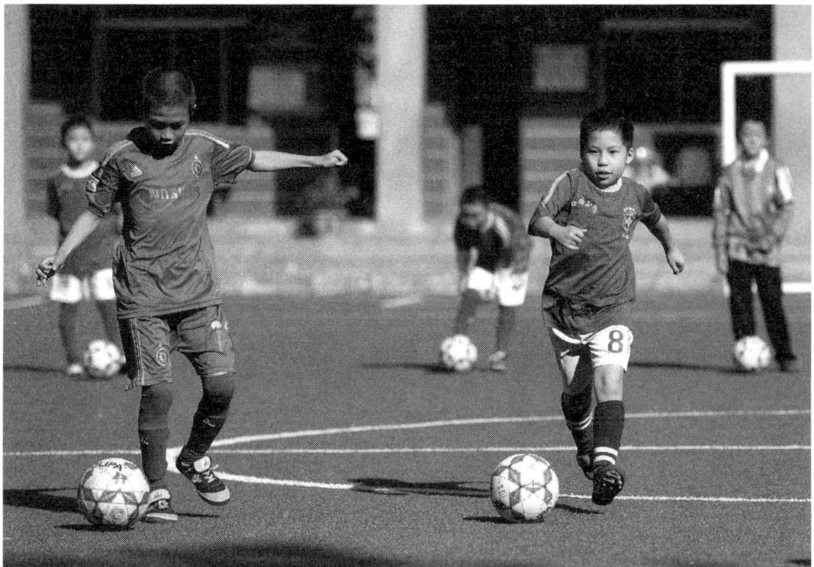

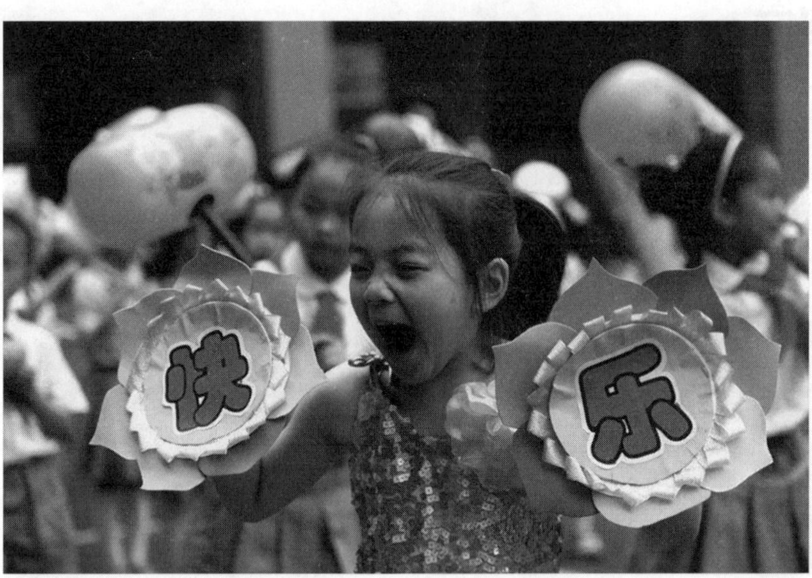
快
乐

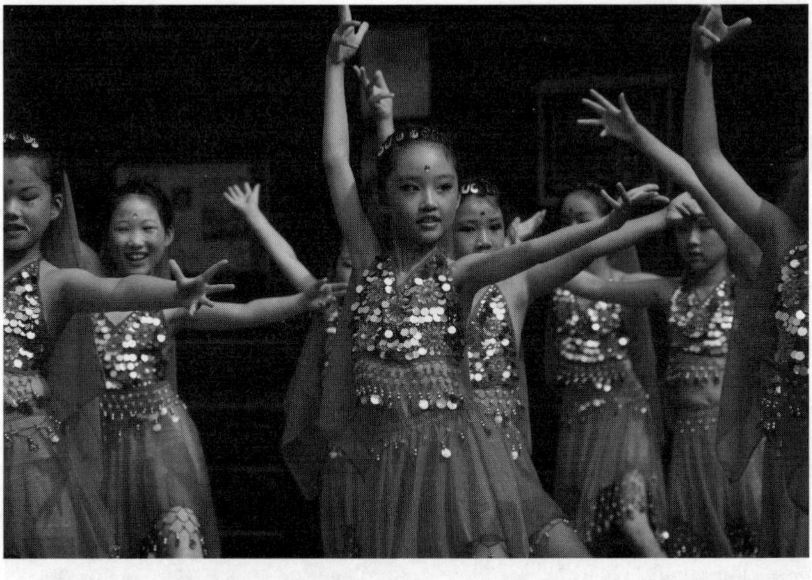

第二章 多彩学习生活的整体设计

儿童是一个个独立的生命个体,是社会中的人,是有着独立人格和自我意识并应享有发展权、参与权等基本权利的个体。每一个儿童都是独特的、多姿多彩的、无限可能的,"在这里,每一个都重要!"每一个都需要被珍视,每一个个体差异都需要被关注,每一个都需要有创生无限可能的环境……总之,儿童学习生活内容丰实、学习方式多元是儿童多彩学习生活的现实需求。基于此,结合汉小"四色教育"的构想和汉小人对"儿童多彩学习生活"的理解,我们提炼出儿童多彩学习生活的有童趣、有意义、有选择、有个性这四个内涵特征。这四个"有"使儿童在人格、情感、认知等各方面得到发展,促进了儿童学习生活更加丰富多彩。这四个"有"更是我们多彩学习生活的教育追求。为了实现这一理想,我校结合自身特点和特色,走出了适合自己的儿童多彩学习生活的实践路径,创建了适合学生德性发展的生活空间,用四色学习单来导引学生课堂学习,设计自主选择的多样化校本课程,建设充满童趣的校园,构建立体交互的学习平台。几年的努力不仅点亮了每一个孩子幸福的人生,也成就了汉小人孜孜以求的梦想。

第一节 儿童多彩学习生活的现实需求

一、为了每一个儿童的成长

儿童是什么?法国著名哲学家、思想家卢梭在他的专著《爱弥儿》中这样写道:"儿童是人","儿童是成长中的人","儿童是儿童",简单的描述,却值得我们深思。

儿童是一个独立的生命个体,是社会中的人,而不是任何成人的附庸,他们应当享有自己的基本权利。所以说,我们应当尊重每一个儿童的发展权、参与权等基本权利,尊重儿童的独立人格和自我意识,把自由和独立还给儿童,让他们自主选择、自由探索。正因为如此,我们的学校教育要面向每一个儿童,面对每一个儿童发展的可能性,唯有这样才能促使儿童健康地成长。

1. 独一无二的每一个

"有多少个儿童就有多少个独特的世界。"每一个孩子都是一个鲜活的个体,有着自己独特的天赋和梦想,他们有智慧,有思想,有共性,也有差异。当代世界著名心理学家和教育家霍华德·加德纳认为:作为个体,我们每个人都同时拥有相对独立的八种智能,但每个人身上的八种相对独立的智能在现实生活中并不是绝对孤立、毫不相干的,而是以不同方式、不同程度有机地组合在一起。正是这八种智能在每个人身上以不同方式、不同程度组合,使得每一个人的智能各具特点。多元智能理论给了我们这样的启示:每个儿童都具有自己的优势智力领域,都具有自己独有的智力特点、学习类型和发展方向。

在很长的一段时间内,学校教育过分强调"同一性",忽视了个性的培养。用同一标准培养儿童,用统一目标规范儿童,用统一进度要求儿童,用同样的方法教育儿童,用统一的试卷来评价儿童,这种看似公平的教育模式,忽视了对学生个性的培养,抑制了学生个性的健康发展,使学生逐渐失去了独特的个性。

作为一所小班化学校,"在这里,每一个都重要!"是汉口路小学的核心办学理念,"每一个"成为汉小老师心中最珍视的词汇。《基础教育课程改革纲要(试行)》中指出:"教师应尊重学生的人格,关注个体差异,满足不同学生的学习需要。"[1]这里强调的是,尊重学生人格,实行个性化教学。学生

---

[1] 钟启泉等主编:《基础教育课程改革纲要试行解读》,华东师范大学出版社 2001 年版,第 8 页。

没有优劣之分,但承认学生的个性差异。学校要求每一个教师要善于观察和发展每个学生潜能。在可能的范围内,教师的教应当根据学生不同的智力特点来进行,教师应根据教学内容和对象的不同,创设各种适宜的、能够促进学生全面充分发展的教学手段、方法和策略,去给予每个儿童最大的发展机会。这里边处处渗透着人本主义文化的精华,只有当我们的教师具备了人本主义文化的内涵,才能真正树立起相应的教学观念,采取相应的教学方法和行为。在汉小,时时处处都能看到对"每一个"的关注,教室里每一个孩子都有一方展示自己作品的空间;四色小组活动中,每一个孩子都有自己思考、表达的机会;节庆活动中,每一个孩子都有秀出自己特长的时刻……在汉小的学习生活中,可以说是以每一个学生为主体的,老师们一切为了每一个学生,高度尊重每一个学生,全面依靠每一个学生。

2. 多姿多彩的每一个

"世界有两个世界,一个是成人世界,一个是儿童世界。"儿童在其所特有的年龄段有着他们独特的年龄特征与个性,他们天真、好奇、活泼好动,蕴藏着巨大的潜能。

儿童是主动的发现者。儿童对眼中的世界充满新奇,所以他们不断地发现、探索,积累关于周遭世界的种种经验。活泼好动、发现与探索是他们的天性,作为教育工作者理应呵护、培育他们这种天性。

儿童是天生的创造者。在学习生活中,儿童时时都表现出了他们的创造力。无论是美术课上画的画、做的手工、语文课上写的儿童诗,还是体育课上创编的动作,或是课间"发明"的游戏……我们都能看见孩子们极具灵性的创造力。教师要在各个方面鼓励、支持儿童的创新行为,给予儿童创造的机会,允许儿童尝试他们的想法,使儿童的创造天性得到不断的发展。

每一个儿童有着自己看待问题的视角,有着自己独特的思维方式,也有着自己独有的处理问题的方式。正是基于儿童这样的特质,决定了儿童的世界必然是多姿多彩的。每一个儿童自身是多彩的,他们各自的素质、发展可能性都非常丰富,这也决定了教育必须是多元的。正是基于这样的认识,汉小在"十二五"期间提出了"四色教育"的构想,红、黄、蓝、绿四种颜色,是学校对于多姿多彩的每一个孩子的隐喻,他们每一个都是独特的、个性的、精彩的、亮丽的。

3. 融合创生无限可能

儿童不是孤立地存在于这个世界的,儿童世界中不可或缺的正是他们与同伴之间的交往。这种交往体现在汉口路小学四色课堂上的生生对话之中,体现在小组合作学习之中,体现在完成共同的作业之中,也体现在走出课堂的社会实践、课外阅读、课间游戏之中……汉小四色教育中的"绿色"作为红、黄、蓝三原色的生成色,正蕴含着教育过程中儿童在人与人、人与环境相互交融中的成长和变化,所以学校在儿童学习生活中为他们创造了越来越多的了解、交流、亲近、学习的可能。孩子们在交往、思维碰撞的过程中,建构与完善自己的客观世界、主观世界、社会世界。孩子和孩子之间的交融会形成新的多彩,此时"1+1"不再只等于2,而是会创生出无限的可能。我们要把握儿童身心发展的特有规律,给他们提供不同的机会,儿童一定会发展得更精彩。

二、内容丰实的学习生活

1. 学习生活的内涵

波希尔认为:"学习化社会的概念是把学习当作正常和日常生活之事,学习社会是以学习者为中心的社会,没有学习方面的障碍,而且提供了之中弹性且终身的教育体系,学习化社会系统将各种类型的学习活动,以全时或部分时间的方式提供给每一个人。"[1]换句话说,学习活动和生活活动将紧密地结合在一起,从而做到"生活即学习"、"学习即生活",也即实现人

---

[1] Boshier R. *Towardsa Learning Society*. Learning Press, 1980, pp.1, 2.

第二章　多彩学习生活的整体设计

们的学习活动生活方式化、生活方式学习化。① 因此,学习化社会的到来要求人们具有把学习当作生活方式的意识和高度自主的学习能力。学校正是在这样一个社会背景下,做出了建构"儿童多彩学习生活"研究。多彩学习生活,不仅仅是课堂内的,也有课堂外的;不仅有集体,还有个体的生活;学习生活本身不只是上课的生活、作业的生活、考试的生活,还有发现自身兴趣、发扬自我个性的生活。

2. 社会的转型呼唤内容丰富的学习生活

当今社会渐渐转型为"学习化社会",学习的重心应从认知领域扩展到生活全域,学生学习的目的不仅在于求知、应考和升学,而且在于唤醒学生的生命信念和生活力量,促进个体生命的整体发展和理想人格的培养。②

如果学习活动仅仅局限于人的现实生活或个体生命的某一方面,那么,我们培养的学生就无法成为"完整的、全面的人",这也会与教育的宗旨背道而驰。学习生活应当是丰富多彩的,学习应成为一个完整的人的动态生成过程,成为一个人的生活意义和生命价值不断显现的过程。不是为知识而学习,不是为了获得试卷上的分数而学习,相反,获取知识是为了获得知识背后所隐藏的智慧,是为了提升学生获取知识的能力,更是为了提升生活意义和生命价值。

"人们都是在这个世界上通过他们充分的人性,作为完整无缺的自我度过他们的生活。"③儿童作为一个完整的人,他们生活的完整性也不能被人为地割裂。"单调的生活虽然也是生活,但是它已经是生活的变形,是真实生活受到挤压之后的扭曲。"④学校的学习生活并不能用书本知识排斥社会实践,用课堂学习排斥课外活动。

这些理论给了汉小人这样一种启示:学校为儿童构建的学习生活必须是丰富多彩的,我们需要引导和帮助儿童在丰富中学会自主,而不是在单

---

① 连玉明:《学习型社会》,中国时代经济出版社 2004 年版。
② 王攀峰:《中小学生学习生活现状的调查与反思重建》,《教育学术月刊》2014 年第 2 期。
③ 郝永贞:《自主与依附:社会转型期中小学生的学习生活方式》,南京师范大学,2008 年。
④ 刘良华:《什么知识最有力量?》,《今日教育》2007 年第 4 期。

调中变得沉闷而乏味。所以在研究中,老师们呈现多种教学资源,创意多彩课程;设计多样教学形式,创意多彩课堂;建构多种教学样式,创意多彩生活。

三、多元的学习方式

1. 何为学习方式

学习是学习者通过作用于一定的学习内容而促进自身身心发展的活动。学习方式是指学习者在学习中所运用的作用于学习内容的学习活动的类型和方式。学习方式是根据学习目标、学习内容和学习者的特点综合确定的。因此,特定的学习方式总是与特定的学习目标(发展目标)、特定的学习内容和特定的学习者相适应的。

国内也有学者从学习生活的角度阐释了"学习方式"这一概念:学习方式是学生主体在学习过程中所运用的作用于学习内容的学习活动类型与方式的总和,是学习的群体特征和个体特征的统一,是外在的行为与内在心智的统一,是认知与情感的统一,是在特定的教学目标和学习环境下所表现出的整体特征。因而学习方式不同于学习模式、学习风格,也不等同于学习策略、学习方法。

学习目标、学习内容、学习者的特点这些都会影响学习方式的选择。学习目标包括身心素质的各个侧面,如情感、态度、价值观、言语信息、智慧技能、操作技能、实践能力、创造力,等等;学习内容从学科来讲有语文、数学、实验科学等,从知识的形态看有陈述性的知识、程序性的知识和策略性的知识,从信息加工的方式来讲有分析理解的内容(认知性的内容)、整体感悟的内容(体验性的内容),等等;学习者的特点是由其年龄特征、已有知识储备、认知方式、学习的倾向性等决定的。从学习目标的多面性、学习内容的多样性以及学习者特点的个别差异性来看,学习方式必然是多样化的。因为每一种特定的学习方式都有其特定的功能或目标指向性,且针对特定的学习内容和学习者,没有一种学习方式能适用于所有的学习目标、全部的学习内容和每一个学习者。

2. 新课程改革对多元学习方式的呼唤

著名教育家苏霍姆林斯基认为,学生的精神生活是丰富的、生动的、幸福的,还是贫瘠的、沉闷的、不幸的,关键在于教师能否转变教育观念,能否促使记忆和思维的和谐,能否引导学生带着一种高涨的、激动的情绪去学习、思考,能否使课堂教学成为一个促使学生积极思维、体验到知识的魅力,并不断体验成功快乐的过程。[①] 充实的、幸福的课堂精神生活应是一个促使学生积极思维并不断体验成功快乐的过程。只有培养出学生对知识的惊异感、满足感、愉快感、迷恋感和自豪感,才能说学生是精神生活丰富的人。

《基础教育课程改革纲要(试行)》中指出:要"改变课程实施过于强调接受学习、死记硬背、机械训练的现状,倡导学生主动参与、乐于探究、勤于动手,培养学生搜集和处理信息的能力,获取新知识的能力,分析和解决问题的能力以及交流与合作的能力"。传统的学习方式把学习建立在人的客体性、受动性和依赖性基础上,忽略了人的主动性、能动性和独立性。此次课程改革力图改变这种以教师、课堂、书本为中心的局面,改变原有的单纯接受的学习方式,建立和形成充分调动与发挥学生主体性的多元化学习方式。针对"被动、机械学习",提出高质量的"自主学习";相对于过去的"个体学习",提出"合作学习";相对于"接受学习",提出"探究学习"。

(1) 自主性

自主学习要求学习者对为什么学习、学习什么、能否学习、如何学习等问题有着自觉的意识和反应。学习的自主性是学习的内在品质,表现为学习的内在需要、学习兴趣与学习责任。学习作为一种内在需要,成为生活的重要组成部分。学生根据自身兴趣爱好等特点设定学习目标,有意识、有计划地使用自己特有的学习策略,合理安排时间,充分利用学习情境中

[①] 刘小天:《苏霍姆林斯基论丰富儿童的精神生活及启示》,《吉林省教育学院学报》(社科版) 2011 年第 10 期。

的信息,进行有效学习并对自己的学习效果有合理的判断。

(2) 合作性

合作学习是学生在小组或团队中为了完成共同的任务,有明确的责任分工的互助性学习。如果学生长期处于个体的、封闭的、竞争的学习状态中,容易形成冷漠、孤僻、自私等不良的性格,不利于学生的身心健康发展。合作学习要求学生积极承担在完成共同任务中的责任,积极地相互支持、配合,特别是面对面的促进性互动,期望所有的学生能进行有效的沟通,建立并维护小组成员之间的互助合作关系,寻求有效解决问题的途径。

(3) 探究性

"探究学习"是指从学科领域或现实生活中选择和确定研究主题,在教学中,创设一种类似于学术或者科学研究的情景,通过学生自主学习,独立地发现问题、实验、操作、调查、搜集与处理信息、表达与交流等探索活动,获得知识、技能、情感态度与价值观的发展,特别是探索精神与创新能力的发展。探索学习注重培养学生质疑、判断、评价意识和能力,注重培养探索精神与创新能力。与接收学习相比,探究学习具有更强的问题性、实践性和体验性,有利于培养学生的创新意识和实践能力。

3. 学习方式的选择

孔企平博士说:"课程改革的核心是改善学生的学习方式。改善学生的学习方式,就是要转变目前学生被动、单一的学习方式,提倡多样化的学习方式,让学生成为学习的主人,使学生的主体意识、能动性和创造性不断发展,培养学生的创新意识和实践能力。"

应该如何选择学习方式呢？选择学习方式要综合地考虑学习的任务或目标、学习内容和学习者的特点,以及不同学习方式所具有的特殊的功能价值。

(1) 发展目标

实现不同的发展目标要求学生以不同的方式学习,如情感、态度和价值观最好以感悟、体验的方式学习,言语信息或陈述性知识可以用符号性的、接受性方式学习,实践能力最适宜于用做中学的方式学习。

(2) 学习内容

学习是以一定的内容为对象的,而不同的内容要求学习者以不同的方式学习。比如语文学习一般以整体感悟和积累的方式为佳;数学的内容以形式逻辑思维为主要特征,因此适于用分析或形式逻辑思维的方式学习。

(3) 学习者的特点

学习是学习者以自己已有身心结构为基础,能动地作用于学习对象的过程。因此,不仅学习目标和内容影响学习方式,学习者的年龄特征、已有知识经验、学习倾向、习惯的认知方式等也对学习方式的选择产生重要影响。比如,小学生一般以动作性学习和感知性学习为主,纯粹符号性或抽象性的学习对于小学生不太适宜。

学习方式的选择还要考虑不同学习方式的组合问题。在某一项学习中,通常并不是使用单一的学习方式,而要根据学习内容和学习目标以及每一种学习方式的特定功能,将多种学习方式组合起来。因为在学习某一内容时,学习者通常要追求实现多个方面的目标,如认知的、情感的、价值取向的、动作技能的目标,等等,不同的发展目标往往要求以不同的方式去实现。另外,学习任务通常也不是单一的,其中可能包含着要用不同方式学习的内容。比如,在语文学习中,对生字生词,要用练习和训练的方式学习;对文学作品的中心主题,要用一定的分析理解的方式把握;对作品的情感、价值取向,则要用感悟和体验的方式去了解。

第二节　儿童多彩学习生活的校本理解

汉口路小学从着手申报江苏省教育科学"十二五"重点资助课题"小班环境下儿童多彩学习生活的课例研究",到申报成功,再到研究阶段,前后历经五年。这五年间,学校一直在努力深化课程改革,建构丰富多彩的儿童学习生活,加快小班化办学进程,用行动诠释对儿童的关爱、对教育的真情与智慧,丰盈"在这里,每一个都重要"的办学理念,努力让这所具有80多年历史的江苏省实验小学绽放出新的活力。

一、儿童多彩学习生活的研究意义

长期以来,儿童的学习生活强调教学忽略学习,或强调学习忽略生活,只有单一没有多彩,只有规定没有建构,这些现象至今为止都普遍存在。我们提出"儿童多彩学习生活"的课题宗旨是:

从教学走向学习。教学的本质是什么?应该是儿童的学习。以往教学实践中,我们强调教学概念,淡化甚至忽略学习概念,缺乏对教育本质的理性认识。思考与践行儿童多彩学习生活,首先要指向儿童学习,因为它揭示了教学的本质,彰显了教学的核心问题。

从学习走向生活。杜威在《我的教育信条》中说:"我认为教育是生活的过程,而不是将来生活的准备。"的确如此,学习本身就是一种生活,生活中诸多方式是儿童学习的多样渠道。强调学习概念,不能忽略生活概念,把儿童的学习与生活割裂甚至对立起来,就难以走进儿童心灵深处,更难以成就儿童幸福的人生。

从单一走向多彩。我们常常把儿童的学习当成一种读书、做作业、考试的生活,其实走天下、广交友、进行社会实践等课堂之外的活动也是学习生活;我们常常把教育理解成儿童在学校的集体生活,其实除了集体的学习生活,还有儿童自我寻找个性发展的学习生活等。因此,学习生活的内涵是丰富多彩的。

从规定走向建构。每一个儿童都是多姿多彩的,他们的学习基础、学习能力、学习条件、学习方式都不尽相同,儿童需要适应自己的学习生活。儿童不是被我们观看和指派任务的对象,他们应该成为学习生活的主角,参与建构属于自己的学习生活。建构的过程就是每一个儿童创造的过程,也是让他们充分体验生活快乐多彩的过程。

汉口路小学是南京市首批小班化示范学校,办学成效突出。学校在小班化教育推进中充分依托以下三个方面的优势,构建儿童多彩学习生活,实现小班化教育理念的转型,让每一个儿童得到更多的关爱和更切合的发展。

第二章　多彩学习生活的整体设计

独特的文化背景。著名的南京大学与它仅一墙之隔。南京大学,钟山之雄伟,大江之浩荡,玄武之秀雅。从 20 世纪 30 年代开始,学校就与南京大学为邻,静静地、默默地接受南京大学深厚文化底蕴的熏陶与润泽,大学独立之精神、自由之思想透过墙壁在汉口路小学的校园里洋溢;大学文化之气氛、学术之气象、研究之气质,也会飞过墙壁,进入汉口路小学师生的心灵。这是无形的,又是有形的;是自觉的,又是不自觉的。而今,学校又主动地去"攀高枝",充分利用南京大学的各种资源,为学生发展服务。从某种意义上说,汉口路小学不是办在南京大学旁,而是办在南京大学里。

独特的办学理念。八十多年悠久历史、典雅的民国风格校园和优良办学传统,在接受大学文化熏染、大师文化影响、小班文化融合中,确立了新的办学目标,凝练成具有校本特色的办学理念:"在这里,每一个都重要。"每一个教师是重要的,每一个教师都有自己的优势与特点,每一个教师的教育探索都会成为弥足珍贵的教育财富,每一个教师都将拥有自己的职业幸福。每一个学生是重要的,每一个学生都在教育规律与原则的关怀中,独特的生命和天然的姿态得到尊重;每一个学生都在进步、都在成长,都会多元、自由绽放,成长为最好的自己。学校将其变为校园里的流行语,成为大家共同的追求;而且在小班环境下更有条件,也更扎实地去实施,教育理想已开始转化为教育行动。

独特的教学方式。学校在课堂教学改革中创生出"四色学习单",用红、黄、蓝、绿四种颜色,标注孩子在小组合作学习过程中的角色,标注分层分类的学习任务、要求,标注小组和小组、学生和学生之间多向互动的流程,等等。四种颜色不是一成不变,可以选择,这样,每一个学生会有多种角色,会担当多种责任,因而会有不同的经历和体验,学生在多种机会和不同的平台上得到锻炼,获得发展的最佳机遇。其实,这是孩子们学习生活的故事,是孩子们生命涌动的故事。这样的教学带来了兴趣,带来了活力。教学方式的改革是小班化教育研究的出发点与落脚点,"四色学习单"起源在课堂,立足为儿童生长服务,会不断发展、不断培塑儿童多彩学习生活方式。

以上三点既是儿童多彩学习生活的实践背景,也是其文化基质,对实现儿童多彩学习生活起着至关重要的作用。其中,大学文化是地域与历史所自然形成的影响,小班理念和课堂特色则是办学发展的选择与诉求,它们不断影响、丰厚着校本文化的演进,终将融合其中,引领与丰润着儿童多彩学习生活的践行与发展。

二、儿童多彩学习生活的校本追求

基于学校"四色教育"的构想,在学校核心课题引领下,汉口路小学的老师们孜孜以求,一直在探寻儿童教育的真谛,破解儿童幸福生活的密码。基于以上思考,我们这样概述儿童多彩学习生活:它以儿童个性化学习特征为起点,通过多层次、多渠道、多平台、多形式的学习活动,展现生动、精彩、适性、快乐的学习现场,关注每一个儿童,展现每一个儿童,幸福每一个儿童,促进儿童个性发展和自由生长。学校建构儿童多彩学习生活,旨在真实再现教师优化教学的实际行动,进一步促进教师专业智慧的提升和教育艺术的丰盈;旨在努力形成具有学校特色的教育文化、课程文化、学习文化,提升学校的品牌价值;旨在让每一个儿童享受学习生活的幸福,获得个性化发展。

小学生的学习生活应该充满童趣,丰富多元,彰显个性,体现人文关怀,让学生自信、快乐地学习,自主、健康地成长。要做到这些,必须提供多形式、多层面、多渠道、多平台的学习生活。儿童丰富多彩的学习生活不能局限于教室中,我们的孩子走出校门,走入南大去听大师上课。儿童的学习生活不仅有集体,还有个体的生活;学习生活本身不只是上课的生活、作业的生活、考试的生活,还有发现自身兴趣、发扬自我个性的生活,因此,多彩的学习生活营造了我校多彩的学习乐园。儿童多彩学习生活的内涵特征是有童趣、有意义、有选择、有个性。这四个"有"的逻辑关系是递进的,是有内在关联性的,多维的关系也促进了儿童学习生活更加丰富多彩。

"有童趣"是指小班化教学要站在儿童的立场上,要真正站在学习者中心考虑,激发儿童学习的愿望和激情,引发儿童作为学习的主人去领悟、去探索,使学习生活充满趣味。

第二章　多彩学习生活的整体设计

"有意义"是指多彩学习生活应当是一种以思维为核心的理解性学习，学习者在学习生活中全身心地投入，身体的、心理的、认识的、情感的、逻辑的、直觉和谐统一，使得儿童既得到了认知能力的发展，又得到了情感和人格的完善。

"有选择"是指儿童在多彩的学习生活中拥有自由选择的权利，自由选择让人能做到身心的放松，并能选出适合自己的和自己需要的东西。

"有个性"是指教师应尊重儿童的人格，关注个体差异，满足不同学生的学习需要，创设能引导儿童主动参与的教育环境，激发学习积极性，培养他们掌握和运用知识的态度、能力，使每个儿童都能得到充分的发展。

1. 有童趣皆有可能

何为童趣？童趣，即儿童的情趣，其主要特点就是天真烂漫、纯洁无邪、无忧无虑、无牵无挂。一种平常的景象或事物，通过儿童的想象与联想，就会变成美丽而又奇特的东西。相比"兴趣"，"童趣"更符合儿童的年龄特点，是建立在儿童的学习、生活、经验上的兴趣。我们都有这样的体会：学生兴趣盎然之时，就会学得激情澎湃，乐而忘返；反之，则课堂沉闷，事倍功半。激发学生的童真、童趣，使儿童在学习中精神愉悦、情绪高涨，积极主动地获取知识，不仅能使学习变得快乐，更能提高学习的效能。

"一切教育都是由我们从理解儿童天性开始的。"泰戈尔的话启示我们：儿童是天生的学习者。儿童的天性是积极向上的，他们对眼前的世界充满好奇，喜欢问"为什么"，喜欢模仿，喜欢学习。问题是，新课改至今，仍有部分老师无视儿童的学习天性，仍然以强制灌输压抑这种天性，儿童的学习主动性、积极性没能充分调动起来，儿童丰富的学习潜能没能得到充分挖掘，严重阻碍和扭曲了儿童健康成长，教育失去了应有之义。

"有童趣皆有可能"，我们要求老师们的小班化教学要站在儿童立场上，站在"以学习者为中心"的视角，激发儿童学习的愿望和激情，引发儿童作为学习的主人去领悟、去探索，使儿童学习生活富有童趣、情趣、理趣、志趣。

《国家中长期教育改革和发展规划纲要》指出："要以学生为主体，以教师为主导，充分发挥学生的主动性……关心每个学生，促进每个学生主动地、生动活泼地发展。"要求我们做到以生为本，尊重学生的发展，尊重学生的成长规律。"每一个都重要"，汉口路小学贯彻为了每一个学生的发展的教育理念，以学习者为中心，把学生当作学习的主体和最重要的学习资源，精心打造多彩课堂；把学习的主动权交还给学生，注重激发童真童趣，让学生主动、快乐地学习，营造了浸润着民主、平等、激励、和谐的人文课堂环境，学生成为学习的主人，获得了学习的快乐和成长的幸福。

当然，有童趣的课堂并非一味地追求"趣味"，它还是基于学生学情、立足学生的学习与发展的。以学生的学习和发展为本，这就要求每一位老师在备课之时，深入钻研教材，切实了解学情，制定切合学生实际的教学目标，依据学科特点和学生知识水平精选教学内容、设计教学方法，既要在课堂上显现学科特色，更要让课堂因富有童趣而生动。教师切实考虑学生的需要，考虑学生学什么、怎样学，用学生的活动串起课堂，让"因材施教"更接地气，让教学流程成为学生连贯的自主学习的过程。我们提倡以学习者为主体"寓教于乐"，课堂切实从儿童出发，通过多种形式和富有童趣的活动，使全体学生主动、有效地参与教学的全过程，让课堂洋溢着孩子的味道。

2. 有选择才有个性

小班环境下的课堂，学生人数少，教师能更好地关注每一个，更能体现教学的灵动。这种灵动就是一种愉快，是给师生营造了一个可供选择，彰显个性的多彩课堂学习生活；对学生来说，一次自主选择意味着增加一次塑造个性的经历。

为了给每一个孩子营造多彩学习生活，要求我们的课堂应该以教师为主导，学生为主体，师生进行合作探究，共同完成学习的目标和任务。汉小人越来越深刻地认识到，衡量一堂课的成功与否，不应看学生在课堂上被灌输了多少知识、背了多少诗词文章，或是怎么积极配合老师的表演，把课程学完。获取知识的途径是多方面的，随着年龄的增长，学生知识的积累也会越来越多，所以课堂上能引导学生掌握本学科的学习方法是教师带领学生学习的首要任务。学生在学习的过程中能培养浓厚的兴趣，获得较快

第二章　多彩学习生活的整体设计

的成长和提升,是每一位老师都想达到的理想状态。建构主义认为,学习是学习者积极主动地建构内部心理表征的过程。学习者不是被动地接收外在信息,而是主动地根据先前认知结构注意和有选择地知觉外在信息,主动地建构当前事物的意义,形成自己的知识经验,这种建构是不可能由其他人代替的。[1] 这就意味着学生是学习活动的主体,没有学生在原有知识结构、情智结构、人格结构基础上的选择性知觉和主动建构,学习将是无效的。为此,教师应该淡化自己的角色,突出为学生学习服务的目的和意图,做学生学习的陪伴者,做学生学习的领路人,做学生学习的指引者。

　　在汉小的多彩课堂上,我们常常会看到教师在课堂上有针对性地设计一系列问题来启发学生思考,开启学生的思维,并让他们由"学会"的境界达到"会学""愿学"的境界。而在所设计的问题中,为了得到满意的答案和结果,常常会让学生自己先讨论。老师设计的"四色学习单"常常是给出若干个不同层面和不同角度的题目,让学生自由选择。存在主义哲学家萨特认为,自由是人的本性,人的自由在于不服从上帝和任何权威,也不受任何自然和社会的约束,自由主要是选择的自由,就如同我们到超级市场购物一样,自由让人能做到身心的放松,并能选出适合自己的和自己需要的东西。而在课堂上老师针对不同兴趣、不同爱好、不同背景、不同能力水平的学生设计的"四色学习单"让学生自由选择,这就能让全体学生在课堂上都能积极地思考自己感兴趣的东西,能非常愉悦地选择自己能完成的题目去讨论,去发表自己的见解。这样的课堂,才真正做到了"把课堂还给学生";这样的课堂,才是学生想要的课堂。积极参与、主动合作、思考讨论、受益多多,学生在这样的课堂中得到了知识和人格的提升,而老师也达到了"教是为了不教"的境界。

　　选择性学习,需要教师了解不同层次学生的需求,相信每一个学生的能力,尊重每一个学生的见解,发展每一个学生的潜能;要承认学生是学习的主人,对于不同的学生,教师要以学生的自我提高和发展为出发点。在学习过程中,感性的生活会萌发学生创造的灵性,师生的互动会营造共同

---

[1] 杨维东、贾楠:《建构主义学习理论述评》,《理论导刊》2011年第5期。

探究的良好氛围,在自主发现、动手实践体验中,学生的创造激情将得到最大释放。选择性学习、自主创造、个性张扬共筑多彩的课堂学习。

3. 有意义成就发展

儿童多彩学习生活的"有意义"来源于人本主义理论的"有意义学习",是一种涉及学习者成为完整的人,是个体的行为、态度、个性以及未来选择行动方针时发生重大变化的学习;是一种与学习者各种经验融合在一起的、使个体全身心地投入其中的学习。[①] 对于有意义学习,罗杰斯认为主要具有四个特征:

(1) 全神贯注:整个人的认知和情感均投入到学习活动之中;

(2) 自动自发:学生由于内在的愿望主动去探索、发现和了解事件的意义;

(3) 全面发展:学生的行为、态度、人格等获得全面发展;

(4) 自我评估:学生自己评估自己的学习需求、学习目标是否完成等。

在现实生活中,我们常常看到许多儿童被父母长辈刻意塑造成家长希望的那个样子,孩子对父母言听计从,完全没有自己的思想、个性,在课堂上也是目光呆滞、人云亦云,根本没有出现全神贯注、自动自发的状态。所以说,汉小提倡多彩学习生活的"有意义"是至关重要的。顺应孩子的天性,按照他们自己的条件与个性,使他们的本性得到充分的发展,最好的教育是适性的,合乎每一个儿童需要的。每一个儿童都有自己与众不同的潜能,唯有顺应天性,挖掘潜能,他们的内在学习动机才会被激发出来,他们才能真正积极主动地学习。

《基础教育课程改革纲要(试行)》中也指出:"教师在教学过程中应与学生积极互动,共同发展,要处理好传授知识与培养能力的关系,注重培养学生的独立性和自主性,引导学生质疑、调查、探究,在实践中学习,促进学生在教师指导下主动地、富有个性地学习。教师应尊重学生的人格,关注个体差异,满足不同学生的学习需要,创设能引导学生主动参与的教育环

---

① 莫雷:《教育心理学》,广东高等教育出版社 2004 年版。

境,激发学生的学习积极性,培养学生掌握和运用知识的态度与能力,使每个学生都能得到充分的发展。""授之以鱼不如授之以渔,授之以渔不如授之以渔场",能够影响个体行为的知识,只能是他自己发现并加以同化的知识。此时,教师的角色在悄然地发生着变化,教学中教师成为"学习的促进者",在充分发挥学生的主体作用的基础上,变"学知"为"知学",从"学会"走向"会学"。

要使儿童的学习生活有意义,其中最重要的一环是使学生具有意义学习的倾向,让学习者对知识本身感兴趣,这就需要好的教学设计。国内外许多教育工作者也提出了许多建议:(1)深化理论学习;(2)典型示范引导;(3)逼真模拟训练;(4)知识转化技能;(5)理论联系实际。汉小的老师们在经过结合多个课例的研究后,也提出了一些可行的教学设计:(1)设置问题情景,激发学习兴趣;(2)改变教学模式,鼓励学生探索与合作交流;(3)学习目标设定要符合学生的"最近发展区"。

师生之间情之交融,也有利于促进学习生活的"有意义"。儿童的学习生活不可或缺的是师生双边活动的过程,更是师生理性与情感两方面的动态的人际过程。古语有云:"亲其师,信其道。"教师不仅要在认识上引导学生展开充分的思维,而且要在情感上和学生进行不断的心与心的交流。师生之间只有保持心与心的交流,才能创设一种民主、和谐、友爱和宽松的气氛,从而使学生处于无拘无束、心情舒畅的心理状态之中。事实上,也只有在这种心理状态中,学生才能真正充分地、深刻地、创造性地展开思维活动。

三、儿童多彩学习生活的研究思路

在众多研究路径中,学校把课例研究作为儿童多彩学习生活研究的抓手,列举或切片实际发生的教学场景,以某个问题为主,揭示教与学背后的发现、追问、深思。儿童的多彩学习生活隐含在一个个课例之中,课例研究承载着儿童多彩学习生活的表征与剖析,进而推动儿童多彩学习生活有意义的建构。

学校以课例研究为载体,确定了课例研究的四种类型,即问题呈现型、经验分享型、理论验证型、研究反思型;制定了课例研究的框架,即主题背景、情境再现、问题讨论、认识分析、反思困惑。课例具有典型性、情境性、实践性和反思性特点,课例回放了真实的教学现场,预留了反思的空间,提供了问题的追溯可能,所以课例研究成为汉口路小学一种主要研究方式。我们的老师从小班化教育宏观研究中走向成长,现在又进入课例微观研究中,寻求新的成长平台和路径。因此,课例研究不仅有利于儿童多彩学习的建构,也有利于教师多彩发展,在改变儿童学习生活的同时也改变着教师的教学生活。

课例研究既是抓手,也是成果,从教师一节节课例、一组组课例群呈现与分析中,从生本感受和体验的案例中,检测和推进儿童多彩学习生活构建质量,积累一批具有研究价值和推广意义的课例。课例研究中,我们始终把有童趣、有意义、有选择、有个性这四个内涵特征作为研究目标和验证准则,收集的课例覆盖全学段、全学科,包含国家课程、校本课程,全校所有教师参与,全校所有学生也产生了很多原生态的生本作品供研究。

1. 基于国家课程的课例研究

以往校本课程空白点较多,很多学校办学兴奋点由此转向校本课程,渐渐地校本课程研究形成热潮,但我们不能因此而冷落国家课程,国家课程是主色调,承载了学生发展的基本要求,体现了学生学习生活的基本水准。其实,让学生感到困惑、单一、枯燥、不快的学习生活,更多来自国家课程中语文、数学、英语的教学运作。因此,我们的课例研究从以下几点入手。

(1) 课例研究从改变教师开始

教师是国家课程运作中非常活跃的资源,伽达默尔在《赞美理论》一书中写道:"一切实践的最终含义就是超越实践本身。"课例研究的含义之一就是改变教师的观点,进而改变教学行为。学校从多样的课例研究方式出发,促进教师教学智慧的生长。如探究教师如何教,我们用"课例切片会诊"来研讨失败环节的补救方式,用"精彩15分钟课例围观"来总结成功的经验,用"视频课例讲析"来提升教师反思水平,用"课堂理答研究"来关注教师教学机智……一间教室给予我们的空间是狭小的,但因为教师的思考和创意,教室带来的能量是巨大的,给学生学习生活的滋养是难以估量的。

　　同课异构是学校最常用的课例研究方式,我们采取了自己和自己同课异构、师徒同课异构、同一教研组同课异构等多样的途径,目的就是让教师在多彩研究生活中获得新的思考。从一位语文老师五次和自己同课异构《美丽的丹顶鹤》课例中,我们欣喜地发现她的变化,正如她自己写的:"为了突破传统教学法的弊端,凸显一个'新',我前期几个课例着重活动化情景创设,更多关注阅读教学的方式、策略等'术'。随着课改的深入进行,随着小班教学理念的融入,我更多思考与分析语文的学科特质、课程特点、价值取向等,也就越来越多地关注阅读教学的'道'。这就是突出语言文字运用、开掘潜能、提升素养,让儿童享受充满魅力的语文生活。因此,后期课例我做了很多改善。五次同上一节课,让目标在人文与工具的左右中定位,让内容在审美与语词的轻重里甄选,让过程在形式与内容的结合处思忖,让主体在儿童与课堂关系上明晰。"

　　在《我们喜欢这样的美丽课堂》生本案例中,一位学生写下《她的课像磁铁一样吸引我》的作文,文中写道:"记得她给我们上《台湾的蝴蝶谷》,可吸引人了！每一自然段她都用了不同的方法,有的她先讲,有的让我们自己读,有的让我们用四色学习单分小组学习讨论,再交流。我们觉得语文学习是那样的有滋有味,我们全都坐得笔直,眼睛睁得大大地听她讲课,舍不得放过任何一个地方。她还很注意听每一个同学的发言,不管谁发言,她都送上微笑,就像太阳那样温暖,让我们觉得课堂就是最快乐的巴学园。"课例研究成就了有教学个性的老师,不同老师的不同教学个性又成就了学生丰富多样的学习生活。

　　(2)课例研究从改变学习方式开始

　　学习方式的改变最能直接显现儿童学习生活的多彩,如果说以前我们多以讲—问—练来演绎学习生活的流程,现在在学科的课堂教学实施过程中,需要从儿童原有知识、情智、人格结构出发,进行选择性知觉和主动建构。学校从关注学的角度出发，也创意了很多课例研究方式，如用"课堂学情观察"来剖析学生课堂的在场状态，用"学习者中心"来判断教师让学的度和量，用"四色学习单我设计"来扭转教师规划学习单的现状，用"微学习"课例研究来激发学生创造性思维、享受创作的成功和乐趣。

　　学校一位数学老师在《自主参与　让数学生活多姿多彩》一文中提到：充分利用四色学习单，激发和引领儿童自主选择学习素材、自主设计学习过程、自主建构数学意义，体验数学学习的思辨之美，这比以往教师安排学习进程更有效果、更有价值。一位英语老师在《四色学习单让英语课堂更生动》一文中是这样阐述的：英语学科有它自身的特殊性，英语课堂重视不同情境下学生的表达与交流。对此，四色学习单在小组合作学习中显现的交互性、选择性特点，能让每一个孩子在不同平台上进行充分的操练，获得展示的机会，达成预先的目标。生本案例《"自主选择"让我的学习生活更自信》中说："四色学习单"让我们学生自己选择喜欢的学习内容，充分发挥了我们在课堂学习中主人翁的精神，这种"选择"给了我自信。我们期待更多的"选择"学习，因为那样会让我们更加自信，而只有自信才能使努力变为成功！

　　(3) 课例研究从艺体学科开始

　　国家课程中音、体、美学科教学富有情趣、形象生动，是能调动学生积极参与、全面行动的课程，是学习内容、学习资源、学习形式、学习活动都丰富多彩的课程，是和儿童灵动、蓬勃的生命状态最相适应的课程……色彩之多、精彩之多、特色之多的艺体课程能还给孩子自由发展的空间、真情洋溢的世界、心向自然的情愫，假若一个学校连这些学科都不能彰显多彩生活，其他学科更是举步维艰。因此汉口路小学儿童多彩学习生活的改变从艺体学科开始。

　　在课例研究中，学校艺体学科老师合作研讨，创生了具有学科特色的教学范式，如体育学科"四色分层　五步教学"的生本课堂，美术学科"情境导引—尝试创作—不断发现"的主动课堂，音乐学科"你动、我动、大家动"的律动课堂……这些都从建构学生多彩学习生活出发，符合儿童天性，适合学生个性，根据学习者差异有选择地采用适切的教学方法和内容，有目的有计划地提高审美、健体能力,在缤纷多样的学习生活中让每个学生自主、活泼、生动地发展。

如二年级体育《立定跳远》一课,教学分"游戏跳—尝试跳—定位跳—晋级跳—检测跳"五步,每一步都用四色学习单进行跳跃能力分层。这样的流程既为学生提供了多种练习形式,改变了以往教学中一切由教师带着学生活动的做法;又使学生感受到上课环节的丰富变化,学习由被动转向主动;同时,还给予学生不断前进、获取成功的喜悦。"四色分层　五步教学"根据学生心理特点和竞技能力差异,通过分层,培养学生的目标意识和进取意识。课堂上,孩子们都沉浸在多样的活动中,充分展示自己的本领,气氛相当活跃;教师和学生之间、学生和学生之间合理多元的评价又适时适当穿插其中,最大限度地调动每一个学生的学习积极性和主动性,让每个学生享受运动的美感与快乐。

2. 基于校本课程的课例研究

儿童多彩学习生活的建构,还要深入校本课程层面,它和国家课程相生相融,才能最大限度地彰显儿童学习生活的多彩,让儿童在轻松、适性、愉悦的校园学习生活中,不断发展特长、陶冶情操、提升自我、幸福成长。汉口路小学的校本课程设置有以下几个特征:

生本。指的是在校本课程学习活动中,以每一个学生为主体,一切为了每一个学生,高度尊重每一个学生,全面依靠每一个学生。我校校本课程有选修和必修;教学场地不局限在教室,可以在校外和家中学习;教师也不完全是学校老师,还有大学教授、大学生、家长。目的就是尝试以多样的方式以适应儿童的学为主,关注儿童的校园生活质量为本。

多彩。我校"四色教育"中的"四"指红、黄、蓝、绿四种颜色,这四种颜色所代表的,想要表达的是儿童学习应当是丰富多彩的,学生学习的内容、学习的资源、学习的形式、学习的活动都是多元多态的。我校设置"花样可乐·健身足球"课程、"小学·大学"微型图本课程、"迷你读·述"课程、多彩社团课程……校本课程丰富的内涵和外延正彰显了这样的特色。

差异。儿童是有差异的,学生个体的差异是与生俱有的生理、心理差异,以及后天环境、学习而形成的学习方式、学习习惯、认知程序、心理感受、价值观念的差异,我们的校本课程学习尊重差异,适应差异,开发差异资源,促进学生差异化的发展。

个性。每个学生都有不同于其他人的特质,都有个性,表现在他们有个性化的学习需求,有个性化的学习习惯,有个性化的学习风格,有个性化的学习倾向,等等。校本课程让每一个学生对知识的渴望变成自主学习的实践;让每一个学生选择不同的课程,操作台上有每一个学生最心爱的制作和新的发现;艺术舞台上为每一个有需要的学生提供展示的机会,班本课程让学生感受到班级、学校是学生成长的乐园。校本课程真正体现从关注"每一个"走向关注"这一个"。

互动。校本课程因为具有选择性,就不一定是同一个班的孩子在一起,这样扩大了学生学习团队,有更多的交流与碰撞,所以在生本、多彩,差异、个性之外,还有多向交融的特点。这里的交融互动有师生互动、生生互动、学生与家长的互动,也有和校外老师的互动,还有课堂与课外互动,等等。

总之,在儿童多彩学习生活建构中,唯有坚守梦想、持续探索,才能以崭新的姿态更丰富、更深远地发展,才能在改革之路上勇往直前,将儿童的多彩学习生活进行到底!

第三节　儿童多彩学习生活的实践路径

为了有效实现儿童学习生活有童趣、有意义、有选择和有个性的目标,汉小从传统文化浸润下的德性生活、课堂空间、校本课程、充满童趣的校园建设和立体交互的学习平台五个方面进行铺设儿童多彩学习生活的实践路径,以期最终使学生的学习生活更加丰富多彩,使每一个学生都能在学习中获得个性化发展。

第二章　多彩学习生活的整体设计

一、传统文化浸润下的德性生活

著名教育家杜威说过:"道德意味着行为意义的增长,至少意味着这样一种意义的扩展;这种意义是对诸种条件观察的结果,也是行为的结果,它的全部是不断增长着的……在道德这个词的最宽泛的意义上说,道德即教育。"可见,道德对人一生的成长具有多么重要的作用,从道德的层面来讲,一个有道德的生活是使人感受并创造幸福的生活,是很多人一生的追求。学校"儿童多彩学习生活"的设计正是为儿童在道德层面上获取幸福生活提供了一个非常好的方式,它力图让每一个儿童的童年生活都充盈着成长的快乐和活力。

在人类历史的长河中,中华民族用劳动和智慧创造了光辉灿烂、历史悠久、博大精深的中华文化;它是我们的民族魂、民族根,是中华民族的脊梁,是中华民族得以绵延发展的精神力量。继承和弘扬中华优秀传统文化,是每一个炎黄子孙更是每一位教育者义不容辞的责任和义务。继承和弘扬优秀传统文化,是凝聚中华民族力量的客观要求,将为学生的终身发展、为教师的专业发展、为学校的可持续发展奠定传统文化之基。教育部2015年《关于切实加强和改进中小学德育工作要点》中提出:深入开展"爱学习、爱劳动、爱祖国"教育活动和中华优秀传统文化教育,继续推进中华经典诵读活动。开展"少年传承中华传统美德"系列教育活动……可见,将中国传统纳入小学道德教育中,是时代赋予的要求,更是小学德育培养有素质人才的社会价值。可见,作为小学生,学习传统文化是时代和国家赋予我们的使命。汉口路小学迄今有80多年办学历史,积淀了深厚的文化底蕴。学校80多年的发展历程一直坚持着优秀传统文化的传承,形成了"励学敦行、求实创新"的学校文化。作为学校,我们十分重视中国传统文化对学生道德发展所起的重要作用,将传统文化以或有形,或无形的方式潜移默化地渗透进儿童的道德生活中,让道德的正能量浸润童心。

道德教育是学校教育的灵魂,道德教育并不是独立于智育、体育、美育、劳育之外的,而是渗透于学校的一切活动和儿童的整个生活之中的。

每一个儿童都是独特的个体,这就要求我们要了解各年龄段儿童的不同特点、儿童个体不同的需要,等等,为他们设计出适合他们德性生活发展的途径和空间。那么,结合我校学校办学理念和人文优势,我们从"习得礼仪　传承文明"、"经典诵读　浸润人生"和"民俗文化　落地生根"三个方面为儿童营造一个德性生活的空间。学生在"八礼四仪"的学习和体验中,立志从小做一个文明有德的人;在扎实有效的经典诵读中,学习老祖宗传承下来的智慧,提高自己的语文素养,提升自己的人生品位;在亲身参与有关民俗文化的活动中,感受国粹艺术的精妙和中华文化的博大精深。

学校注重对儿童精神的培养,为儿童的一生奠基,传统文化浸润下的道德教育真正还给了儿童一个丰富而快乐的童年,它不仅让道德的正能量浸润童心,促进了儿童的心智发展,而且让儿童从小就受到传统文化的熏陶,让儿童为自己是一个中国人而骄傲。传统文化浸润下的德性生活引领着儿童经历、体验多彩的童年,陶醉在幸福的童年生活之中。

二、四色学习单导引的课堂空间

课堂生活是儿童成长的重要环境。课堂教学是师生视野融洽、心灵晤对、灵感生发、智慧探险的历程,是实施素质教育的主阵地。作为我们教师面对的是怎样的一个群体?是由个体差异悬殊的学生组成的群体,是不同个性、有着不同学习可能性的群体。一个班上,没有学习能力完全相同的两个学生,即使两个学生在语文上学习成绩相同,其学习能力也不一定相同,有的可能是基础扎实,有的可能是阅读能力好,至于学习方法、习惯等就会有更大差异。罗素说过:"须知参差多态乃是幸福的本源。"如同世界上没有两片相同的树叶一样,世界上更没有两个相同的人,每一个人的存在对于世界都是一道独特的风景,每个人的一生都是对世界的一种独特的体验。既然人从出生开始就注定了与众不同,那么教育理所当然应该为每一个人的独特性、差异性、选择性乃至创造性服务。教师更应该在教育过程中关注到每个学生的不同点,发现每个学生身上的闪光点,发掘每个学生的可塑性。四色学习单导引的课堂空间为每一个学生都找到了适合自身特点的发展方式,从而使其得到最大限度的发展;它也为老师们提供了一个有效关注学生差异性、选择性、创造性的空间。

建构主义认为:学习是学习者积极主动地建构内部心理表征的过程。学习者不是被动地接收外在信息,而是主动地根据先前认知结构注意和有选择地知觉外在信息,主动地建构当前事物的意义,形成自己的知识经验,这种建构是不可能由其他人代替的。这就意味着学生是学习活动的主体,没有学生在原有知识结构、情智结构、人格结构基础上的选择性知觉和主动建构,学习将是无效的。加德纳的多元智能理论也提出:每一个孩子在思维和学习上都有自己的优势。如果学生使用他们的优势智能,他们可以比较轻松地学习。基于以上理论的引领,经过我校全体教师几年来的努力,逐渐总结并创新出一批适合课堂运用的各种类型的四色单,如"四色学习单"、"四色交流单"、"四色作业单"、"四色超市单"等。

在每一堂课中,老师们以学生为主体,把四色学习单设计成一个学习路径。让它引导学生在教师刻意为其创造的探索与交流的环境中思考问题,一步一步充分展示学科知识的产生,引导学生主动探究、展现思维的全过程。这样的教学满足了学生个别学习的需要,促进每个学生在原有基础上得到充分发展。学生作为四色学习单的使用者,并没有被划等次、贴标签,而是感受到尊重、自信、主动的学习氛围,无论在什么课上,都可以自由选择不同的颜色,选择自己感兴趣的不同任务来学习。

四色学习单导引的课堂有力地调动了学生学习的积极性,让全体同学都主动参与到学习中,给予每个学生选择的机会,给予每个学生讨论交流的机会,给予每个学生从探索中总结规律的机会。引导学生学会学习,懂得思考问题的方式,真正让不同的孩子得到不同的发展。老师们始终坚持:做,让孩子发现;发现,让孩子想交流;交流,让孩子再反思;反思,让孩子的智慧升级,并让快乐指数上升,再发现新的问题……从而让课堂的色彩越来越丰富,教师与学生的课堂生活越来越亮丽。

三、自主选择的多样化校本课程

基础教育课程改革纲要明确提出:"实行国家、地方、学校三级课程管理。"这就意味着学校课程将由国家课程、地方课程和学校课程三部分组成。这一决策的实施,赋予了学校合理而充分的课程自主权,为学校创造性地实施国家课程、因地制宜地开发学校课程、有效选择课程提供了保障。在课程结构方面,校本课程开发是当前新课改的亮点之一,是我国新课改实施中凸显的新型课程形态,也是我国基础教育三级课程管理的重要内容。

汉小坚定不移地进行着校本课程的探索与改革。由原先的"四色学习单"创意出自主、生动、多彩的四色课程。"四色课程"是"四色学习单"的提升与超越,它给予学生更多的自主选择权,它为儿童设计了多彩的学习生活。我校校本课程设置不拘泥于课堂,不拘泥于校园,突破原有学科教学的封闭状态,为儿童多彩学习生活的空间环境赋予更多的社会性和人文性,使课程形态更灵活、内容更开放、呈现更精彩。

"四色课程"从体系上来看,主要由学科拓展类、综合实践类、德育心理类、艺体特长类四大板块构成。

根据开发的主体可分为大师开发的课程、大学生开发的课程;南大汉小联合开发的课程;励园教师团队开发的课程;教师个体开发的课程;家长、学生共同开发的亲子课程。其中,大师开发的课程有"大数据与小学生"等;大学生开发的课程如"古诗中的数学"等;南大汉小联合开发的课程有"小学·大学"微型图本课程等;励园教师团队开发的课程有"花样可乐·健身足球"等;教师个体开发的"迷你读·述"课程等;家长、学生共同开发的亲子课程如"理财小助手"等。以上众多课程,我们考虑到不同板块课程之间的相互渗透与融合,如"迷你读·述"课程属于学科拓展类,"多彩社团课程"属于艺体特长类,而"综合网络课程"既属于综合实践类,又兼有学科拓展、艺体特长的内容。

多样化的校本课程体系凸显了学校对四色教育的理解,促进了校本课程的系统建设、有序推进和持续发展。通过四色课程的实践行动,真正达到"多彩学习每一天",实现"幸福成长每一个"。

有效的管理是课程推进必不可少的一个环节。为此,我校从时间管理、质量管理、资源管理和档案管理四个方面确立了校本课程的管理机制。时间管理上,我校将固定时段与机动时段相结合进行安排;质量管理中,我们对课程设计实施者和学习者都有不同方式的管理;我们整合教师、家长、社会人士资源力量,使之共同成为学生活动的指导者;我们注意收集教师研发课程过程材料、实施课程的材料以及学生最终评价材料等,进行课程档案管理。有效、规范的校本课程管理可以保证校本课程有序地实施,保证每一个学生得到发展。

成功,来自责任和坚守。我们相信,在所有汉小人的共同努力下,"四色课程"必将成就儿童的精彩童年,必将成就老师们的精彩人生,也必将成就我们的教育理想——在这里,每一个都重要。

四、润物无声的童趣校园

俄国教育家乌申斯基说过:"美丽的城郭、馥郁的山谷、凹凸起伏的原野,蔷薇色的春天和金黄色的秋天,难道不是我们的教师吗?……我深信美丽的风景对青年心灵的发展具有重大的影响,教育家的影响是很难和它匹敌的。"可见,环境对人的影响是不可忽视的,环境的美具有独特的教育价值。校园,作为培养人的专门场所,以其独特的文化形态影响着学生,起到增进学生身心健康、启迪智慧、陶冶情操的作用。

1. 优美雅致、独具特色的校园景观文化

校园是每个学生学习生活的地方,是他们成长的摇篮,也是他们放飞梦想的地方。对于每一位学生来说,良好的校园环境给他们带来的是温馨、舒适的学习和生活状态。汉口路小学的校园有着独具魅力的一面。我校建于1933年,有着80多年的悠久历史,校园风景如画,清新怡人,学校紧邻南京大学,长期深受南大文化的浸润与滋养,文化气息浓郁,人文底蕴厚重。校园内,有独具特色的"校园十景",梧桐林荫蔽空,紫藤枝叶婆娑,桂

树满园溢香,一片生机盎然。又有翠竹假山,远航池水,善思长廊,学子们或促膝研讨,或默读静思,更平添了几分诗意与灵性。绿树掩映中,古朴典雅的民国小楼与翰墨飘香的教学大楼巍然耸立,交相辉映;还有那彰显对儿童人文关怀的读书生态吧、足球绿茵场、科技畅想园、民俗工作坊……整个校园的环境创设不仅充满童趣、诗意,更具有文化的氛围,在无形之中给学生以智慧的启迪、情感的熏陶,发挥着"春风化雨、润物无声"的功效,汉小的学生就是在这样一种轻松、适性,充满童趣的校园学习生活中,不断发展特长、提升自我、幸福成长。

2. 丰富多彩、充满童趣的校园生活

苏霍姆林斯基说过:"对周围世界的美感能陶冶学生的情操,使他们变得高尚文雅。"一个良好的校园生活环境有利于学生的学习和发展,有利于学生素质的培养和提高。虽然这种影响是间接的,但是,力量是巨大的。可见,良好的育人环境是培养人才的重要手段之一。遵"励行"校训,为了儿童的发展,学校建构了丰富多彩的校园文化活动,全面提升了我校教育教学质量和儿童幸福指数。

自主选择、种类繁多的"四色社团",让学生主动参与活动,实现学生的自我教育和自我完善,培养自主学习的习惯和自我发展的能力;以"挖掘学生潜能,培养浓厚的学习兴趣"为目标开展的"多彩校园活动",如科技节、公祭日祭扫活动、冬季三项运动会、世界儿歌日活动,创作并共同唱诵《汉小一日常规歌》,我型我秀,教师节礼赞活动,等等,不仅自然地将语文、音乐、体育、美术、科学、品社等多门基础化课程加以延伸和拓展,而且可以引导学生从身边的教室、校园、社区走向广阔的自然与社会。为了使学生走进生活、走向社会,提高学生综合素养,学校开展了交通安全、外出游玩安全、学会自救自护等系列安全教育,还有心理健康教育、十岁成童礼等活动,让学生进一步地认识自己、认识社会。学校也经常组织具有汉小特色的教育活动,如一年级新生入队仪式、赞赞身边的劳动者、"庆六一暨希望之星"颁奖活动、雏鹰假日小队活动、爱心义卖活动,等等,充分培养和发展了学生的个性,真正体现了他们的主体性和创造性。

孩子的童年生活应该是最快乐、最幸福的,教育者的天职就是要努力营构多彩校园生活。润物无声的童趣校园的打造,彰显对学生的人文关怀,让每一个学生享受愉悦适性的多彩的学习生活,发挥每一位学生无尽的潜能,点亮每一个孩子幸福的人生。

五、立体交互的学习平台

儿童多彩的学习生活场所不仅仅是在校园里,也不仅仅是在老师的课堂里,学习内容也不仅仅局限于课本内容的学习,有好的学习资源的地方都可以成为儿童多彩学习生活的场所。为此,我校汲取了部分地域资源和人文资源,以网络为平台,为学生架构了一个立体交互的学习资源平台。

1. 关注师生需要,为学习资源平台的搭建找准目标

学习资源平台的建立需要对学生开展的学习、活动资源进行评估,明确学生究竟需要哪些学习资源,主要是对学生进行需求分析。互联网有大量且类型多样的信息,由于我校学生从小就在南京大学的氛围中耳濡目染长大,他们渴望到南京大学中学习,了解时代、世界、国家最前沿的信息和知识。基于此,我校决定建立以网络多元平台、南大环境和人文资源为基础的立体交互的学习资源平台。

2. 整合周边资源,为学习资源平台的建立奠定基础

我校毗邻南京大学,与南京大学只有一墙之隔,南京大学优美的校园环境、博大精深的校园文化、强大的师资力量和大学生资源,这些丰富的地域资源和人文资源为我们提供了开发四色课程的资源库的源泉,为我们建立学习资源平台奠定了基础。

3. 以活动为主线,建立立体交互的学习资源平台

我校利用强大的校园网优势和南大资源开发了丰富的网络课程,有大师课程、大学生课程、家长课程和节日课程,让学生上网自由点击,学习自

己感兴趣的课程。我们利用网络，开发出适合励园教师团队的教学资源共享平台。我校结合自主开发的校本课程"小学·大学"，让孩子们到南京大学去，学习并拓展相关的学科知识，走进拉贝故居，缅怀先烈；请来南大的大师们为我们的孩子上高端前沿又通俗易懂的大师课程，孩子们了解了不少科学前沿的知识。通过中美学校合作交流，邀请美国学校的老师走进我校课堂，让我们的孩子有了一次与众不同的沉浸式学习体验。携手大学生，孩子们走进公益，感受社会责任，增强爱国之心。通过一系列的活动，完善和建立起我校系统的学习资源平台。

　　有效整合网络、地域及人文资源，增强了学习资源平台自身的适应能力和更新能力，从而在实施中能有效地拓展学生自主发展的空间，提高学生急需具备的各方面的素养。立体交互的学习资源平台建立，使我校儿童学习生活呈现了多样性、个性化的特点，学生获得了健康发展，学校办学有了特色，学校教育也提升了品位。

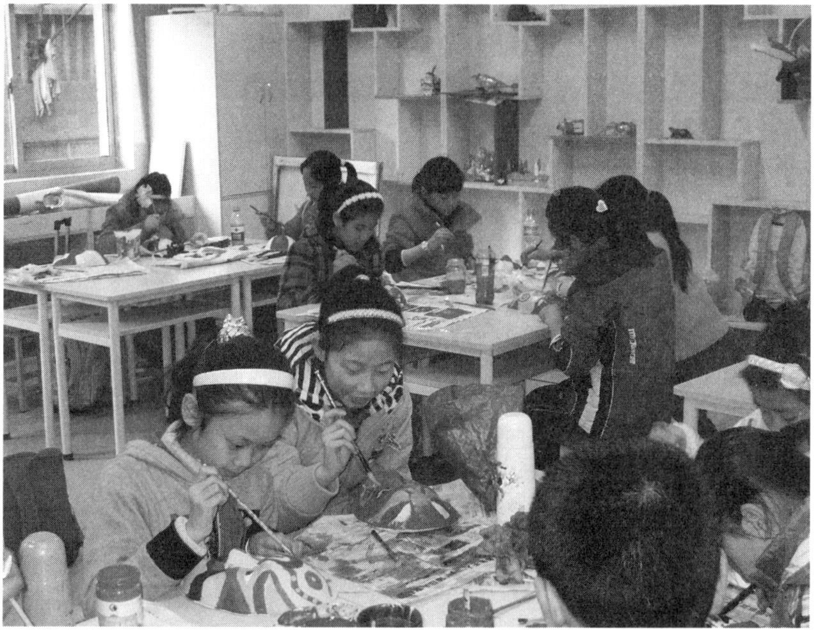

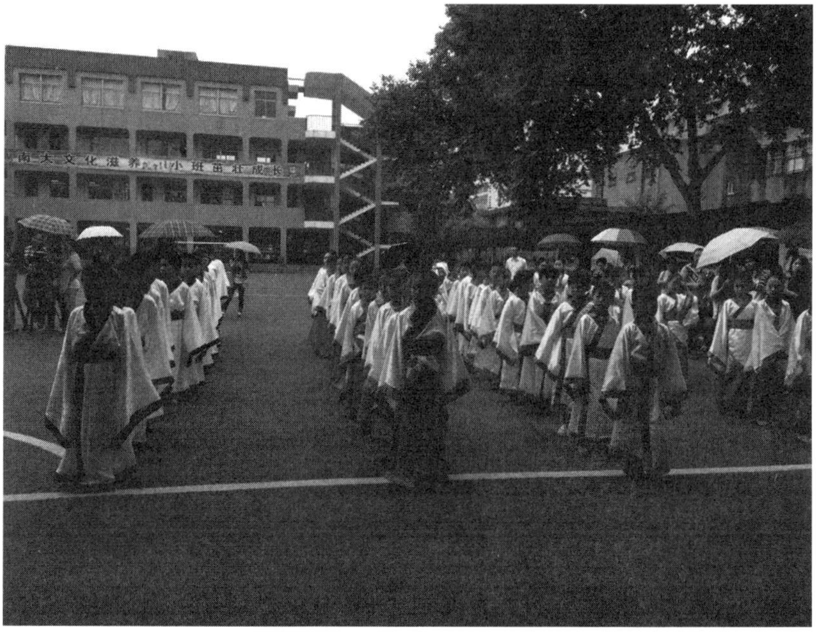
南大文化滋养

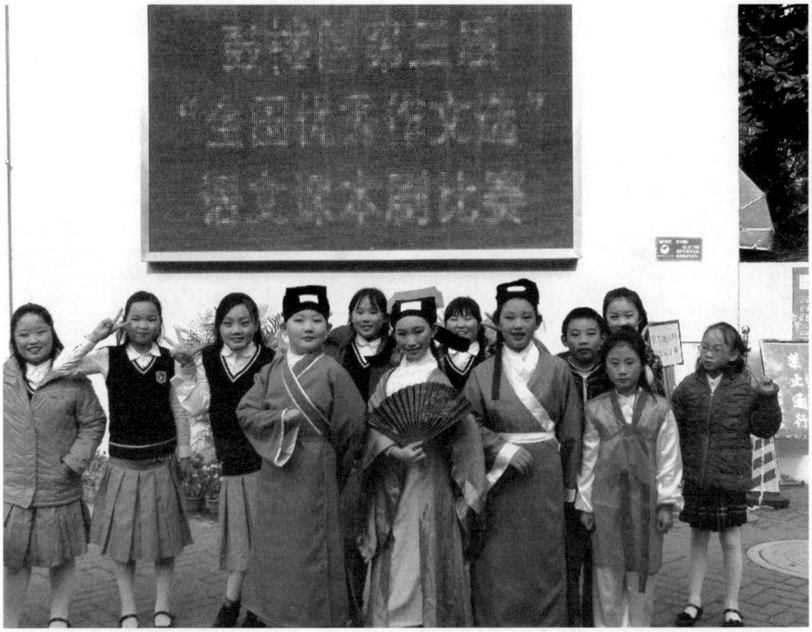

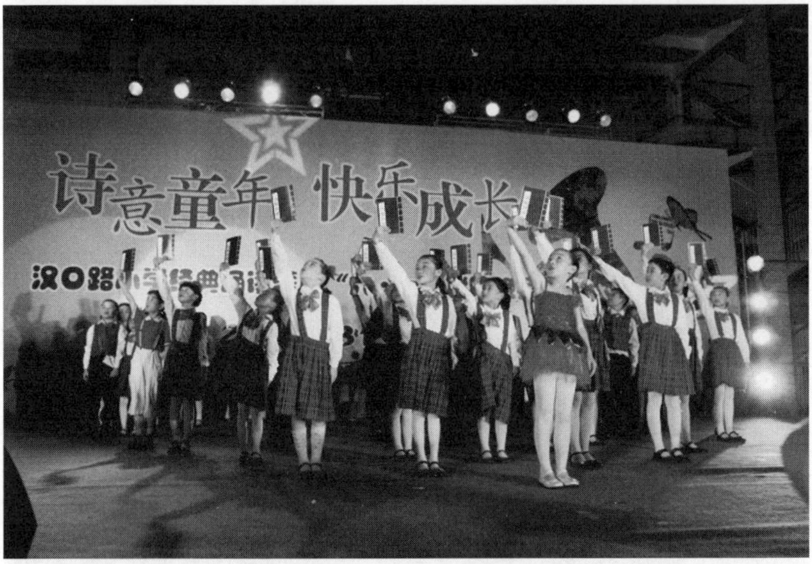
诗意童年 快乐成长

第三章 传统文化浸润下的德性生活

我国是世界上四大文明古国之一,自古以来就享有"礼仪之邦"的美誉。中华民族的礼仪,在历史发展的长河中已经形成独有的传统,对后世具有深刻影响,这是我们今天的青少年文明礼仪教育的前提与基础。在现代文明社会里,我们更应该大力弘扬这一中华美德,提高修养,完善素质,做有德行的人。为此我校积极开展"八礼四仪"主题教育活动,着力提升学生自身的文明礼仪素养,使他们都能学礼仪、知礼仪、行礼仪,努力成为品德高尚、富有理想、文明有礼、快乐健康、全面发展的一代新人。

第一节 习得礼仪 传承文明

自古以来,中华大地上讲文明、知礼仪的人才能得到大家的尊重与认可。圣人孔子认为"不学礼,无以立";汉代贾谊则把是否讲礼、守礼看作人与兽的区别。黄香温席、程门立雪、孔融让梨等历史故事都是古人讲礼仪的经典事例。今天,我们如何习得这些礼仪美德,传承文明呢?

一、八礼四仪 内化于心

"八礼"为仪表之礼、餐饮之礼、言谈之礼、待人之礼、行走之礼、观赏之礼、游览之礼、仪式之礼。"四仪"主要指学生7岁、10岁、14岁、18岁时,学校为其组织的入学仪式、成长仪式、青春仪式、成人仪式,以此教育、引导未成年人强化文明礼仪素养。八礼四仪就是律己、敬人的一种行为规范,是表现对他人尊重和理解的过程、手段,让"八礼四仪"内化在每一个孩子的心里显得尤为重要。

1."八礼四仪"我知晓

为了让每个孩子都真切地知道"八礼四仪"的内容,学校开展了形式多样的"'八礼四仪'我知晓"活动。每周一的国旗下讲话,各个班级根据教育主题精心编排节目。有的班级向大家展示的是一个个中国古代生动的礼仪故事,如《孔融让梨》《程门立雪》《孔夫子误会》,等等;有的班级利用一个具体的事例编成小品,如《一口痰"吐掉"一项合同》来引起大家的思考;有的班级还带来了相声《到底"酷"不"酷"》让大家在大笑之余引发思考……学校还利用校园宣传栏、电子滚动屏、班级黑板报等多种途径,引导学生熟悉、理解"八礼四仪"的基本内容;同时结合读书节的经典诵读环节,带领学生一起诵读"八礼四仪"的具体内容,让每一位学生都能熟记于心,将"八礼四仪"的内涵真正融入自身的价值观中。

2."八礼四仪"班级秀

为了深化"八礼四仪"教育,我们组织很多行之有效的班级秀,各班纷纷就学习"八礼四仪"进行活动展示。围绕"八礼四仪",每个班都利用班会课的时间开展了主题班会。班会课上,有老师的谆谆教导,也有孩子们的七嘴八舌。有的班级通过事先搜集的图片、视频引导孩子们如何做讲文明、懂礼仪的小学生;有的班级通过让孩子们对照"八礼四仪"的具体要求,反思自己以往的行为,找到自己需要改进的地方并努力改正;有的班级通过"寻找身边的礼仪之星"环节,用榜样的力量去激励孩子们学习、践行"八礼四仪";除此之外,我们有些班级,学生们还"自编、自导、自演"了主题队会,快板、三句半、礼仪大调查等活动不仅让同学们体验到合作的快乐,更增强了他们对礼仪的认识。在组织学生"知礼仪"的基础上,我校还举行了一次"八礼四仪"手抄报评选活动。让各个班的学生动笔来描绘心中的"礼仪",描绘中华礼仪之邦的宏伟蓝图;同时分年段让学生选出身边最美的"八礼四仪"手抄报进行张贴宣传。各班均希望通过活动来带动每一位学生、每一位老师和家长的热情,将学礼仪的号角传递到家庭中去。

3. "八礼四仪"看行动

为了"八礼四仪"能落实到实际行动中去,学校开展了"文明路队"、"文明餐桌"、"文明周冠军"的评比。参与自主管理的小队员们在学生就餐时都会低声提醒:"今天你光盘了吗?""吃饭不要大声讲话,要细嚼慢咽呦!"就餐前后和放学时,也会提醒大家:"两两对齐,靠右行走!"做得好的班级,每天可获得"文明路队"和"文明餐桌"的称号。做得好的队员,每周可获得"文明周冠军"的称号,在周一的升旗仪式上学校还会举行颁奖典礼,为他们颁发证书和奖品。

雏鹰假日小队走进地铁站宣讲文明之礼,小朋友们在老师和家长的带领下整齐地排列成两队,他们一部分佩戴上写有"雏鹰假日小队志愿服务活动"的红色绶带,另一部分则举着写有"先上后下,有序排队"的牌子,抬头挺胸,以良好的精神风貌在地铁站出口处进行列队宣传,得到很多行人的称赞。

大队委员们走进社区宣传"八礼四仪",主动帮社区整理图书、规范分类,用实际行动践行文明礼仪,并带动身边人做文明人。

二、礼仪之星 熠熠生辉

每一个中华儿女都是中华文明的受益者、承载者、传播者,有责任、有义务弘扬中华民族优秀传统美德,使照耀中华数千年的文明之光在当代中国熠熠生辉,发扬光大。文明礼貌就仿佛一棵小树,虽微不足道,却是每个人都不可缺少的。讲究文明礼貌,不仅能给他人带来和谐、美好的感觉,也让自己的心头感到无比愉悦与温馨。学校组织同学们寻找身边的"礼仪之星",用榜样的力量去激励孩子们学习、践行"八礼四仪"。

1. 孝顺星 耀眼社区

陈娟是我校一名活泼可爱、乐观向上、多才多艺的女孩。在家是一个孝敬母亲、尊老爱幼的好孩子;百善孝为先,学校推行的孝敬教育让她充分认识到了孝敬父母和长辈是中华民族的一种美德。陈娟家庭条件并不好，父亲常年跟着亲戚在外打工，家里的重担主要落在了母亲身上，一面要照顾年老体弱的爷爷奶奶，一面要抚养年幼的陈娟。在她母亲精心的照顾下，爷爷奶奶的身体逐渐恢复了健康，陈娟也渐渐长大，母亲孝敬老人、与人友善的品质也潜移默化地影响着陈娟，她也深深地懂得了孝敬长辈是应该具有的美德。上小学后，当同龄的孩子还在父母的怀里撒娇的时候，陈娟就会主动整理好自己的床铺，平时除做好自己房间的卫生外，还帮助爷爷奶奶做一些力所能及的家务活，如擦桌子、洗碗、洗菜、打扫卫生，家里买回来的水果会挑大的、红的留着，给爷爷奶奶和妈妈吃。每当看到母亲下班拖着疲惫的身体回家，她都会帮妈妈捶背、洗脚……一次，她妈妈因为劳累过度而晕倒，送到医院后输上液，小小年纪的她就静静地守护在病房，给妈妈递药送水。看着忙前忙后的女儿，母亲心疼得落泪了，她却拉着妈妈的手安慰妈妈。她是妈妈的贴身小棉袄，给妈妈温暖她很开心。孩子的孝心感动了左邻右舍，大家交口称赞，都拿她做榜样。

2. 敬师星　名扬全校

在学校，顾盼一直是班级里的班长，班里的事情她会主动替老师分担。比如收作业，考词语，带领学生经典诵读，替老师给没到校学生的家长打电话询问怎么回事……因为她知道老师很忙，每天有改不完的作业，也很累，好几次老师都是带病给他们讲课。有一次，她发现老师的嗓子又哑了，上课带着"小蜜蜂"还特别吃力，真是看在眼里疼在心里，她就悄悄地提醒同学们一定要安静再安静，似乎只有这样才能略略减少一点老师的痛苦……在她的带领下，孩子们的这一小举动似一股暖流涌上老师的心田。为了让教室变得更加美丽，她第一个带了一盆杜鹃花，摆在了老师的讲台上，她说："老师上课特别辛苦，有时遇到不听话的同学也会影响到心情，杜鹃花可以帮老师放松心情，老师的课会上得更精彩，身体也会更健康。"稚嫩的语言，朴素的道理，无不体现一个孩子对老师满满的爱。之后的好几天，其他同学也带花到教室。只要是路过他们班级的老师或者同学都会发出由衷的赞叹。孩子的爱是最真最纯的，在她的带领下，整个班级都营造出善良、友爱的氛围,这样的孩子,这样的班级,有谁不喜爱呢!

3. 友爱星　感动师生

赵同是我校三年级一个特别有爱心又特别有耐心的小男孩,他爱看书,下课总喜欢躲在图书角享受美好的读书时光,但最令全校师生感动的还是他那颗金子般的爱心。说到他,自然就要提到一个小姑娘文雯。文雯是个先天智力发育迟缓的小姑娘,每次看到她,她几乎都是一个动作,歪着个脑袋聚精会神地咬着什么,仔细观察你会发现她的每个手指甲都被咬得光秃秃的甚至都破了流着血,每天带来的铅笔橡皮都会咬得满地都是,三年级练习写钢笔字,结果钢笔都被她咬烂了,有时看着她满嘴的墨水真的甚是心疼;她不敢和同学交流,总是怯生生地看着身边的人。不仅如此,有时大课间一结束她会辨别不清方向,会找不到自己的班级,偶尔严重的时候,她会撕书,也会撕同座位同学的书。谁来和她同桌呢,谁来牵着她的小手帮她辨别方向呢? 就在老师为此头疼的时候赵同却积极要求和文雯同桌,不在乎她的满地笔屑,不在乎她的沉默寡言,一心想要帮助她,帮助她改掉咬笔的坏习惯,帮助她解决大课间一结束茫然失措的问题,给她温暖,给她信心。赵同牺牲自己下课休息的时间,因为文雯害怕人多的地方,他就牵着她的小手来到图书角,两个人静静地阅读。上课时,文雯一开始咬笔他就用眼神温柔地提醒她。有一次,文雯有点情绪失控,居然把赵同的语文试卷给撕了个大口子,老师想:这下完了,赵同肯定不愿意再和文雯同桌了。没想到,他静静地看着老师非常淡定地说:老师,文雯今天是心情不好,她撕试卷是因为她难受,我不会怪她的,大不了回去再写一份,我希望大家都来关爱文雯,这样文雯的心情好就不会乱咬乱撕了……一个普通的孩子却有这么宽广的胸怀,他的善良换来了文雯的信任和依赖,他真的实现了用爱心创造"奇迹",文雯喜欢听他的话,正在一天天地进步。

三、习礼之爱　感恩励志

感恩,是幸福的真谛。一个会感恩的人,他的心境是宽容豁达的,他的步伐是坚定有力的,他的人生也会过得充实而幸福!感恩是一种情感,感恩是一种责任,感恩是一种生活态度。一个人,不管他的起点和终点相距多远,只要他能怀有一颗感恩的心并珍惜之,就一定能成为一个不断进步的人。

1. 行"入学礼" 健康向上

在古代,儿童入学是一件很重要的事,古时人们习惯将入学礼与成人礼、婚礼、葬礼合称为人生四大礼。现代,儿童入学则更是一件大事,每年9月,我校都会为每一届入学新生进行一次隆重的入学典礼。这不,今年的9月1日,汉口路小学的门口热闹非凡,孩子们背着小书包,拿着录取通知书,兴高采烈地和老师、家长合影,每个孩子的脸上都洋溢着幸福激动的笑容。这是在干什么呢?原来是汉口路小学一年级的孩子们在走红毯!孩子们牵着爸爸妈妈的手,举着自己的录取通知书,和自己的老师、家长在"我上一年级啦"的希望门下,伴着"励行"石拍照留影。用孩子们喜欢的形式告诉他们:我是小学生了,我要爱学校,爱伙伴,爱父母,爱学习。相机记录下了孩子们成为小学生的美好一刻,孩子们像明星一样走上红毯,迈出学生生涯的美好第一步!走进校园,一幅巨大的背景墙用卡通图案描画着丰富多彩的小学生活,在轻快的儿童歌曲中,一年级新生牵着爸爸妈妈的手欢乐地走进学校大门,随后一年级的120多名师生一起参加了隆重的入学仪式。高年级的学生成为新同学的哥哥姐姐,他们分别站在队伍的两侧,给一年级的新生献上了一份礼物,大声说出了自己的祝福。同样,新生的家长们也表达了对孩子上学的期待,用礼物、话语、拥抱给予他们深深的爱的表达。小学生们感受到步入人生新阶段的庄重神圣,遵守文明礼仪,并接受老师和家长们的鼓励求知的祝愿。

2. 行"成童礼" 感恩父母

十岁,意味着人生即将迈入一个新的阶段;十岁生日是孩子成长轨迹中的重要标志。十岁意味着懂事,有责任感,即长大了。我校每年都会为三年级学生举行成童礼,并给10岁孩童一个特别的集体生日。这不,2015

年5月27日,汉口路小学又在为三年级学生举行隆重的"成童礼暨十岁生日"活动,在"着我汉家衣裳,兴我礼仪之邦;我愿重回汉唐,再谱盛世华章;何惧道阻且长,看我华夏儿郎……"这首《重回汉唐》的歌声中徐徐拉开了序幕,盛大典雅的场面、古老庄重的仪式给参加仪式的每一个人极大的心灵震撼。伴随着"泱泱中华,千载金陵,文章精妙,圣贤辈出。经史流传,高歌以咏,桃李芬芳,千秋以颂。今我孩童,齐聚开蒙,握笔始书,知礼习字"的宣礼词,司仪先焚香以静气,孩子们都屏息静气,本来还喧闹的现场立刻沉静下来。"童蒙之学,始于衣冠;先正衣冠,后明事理。"孩子们先自己整理衣冠,在整理中,懂得先整理衣冠,然后通晓做人做事的道理。"兹有学童,祖荫深厚,家风清正。幼学诗礼,德行无亏。长秉教化,道义将承!"孩子们依次上前行盥手礼,稚嫩的双手在金盆里清洗着,再抹干净,孩子在这简单而寓意深刻的形式中,静心凝气,看着他们的小脸是那么的认真和严肃,让人觉得孩子真的是长大了。当孩子们行礼时,学校分管德育的龙校长致辞,提出了师长对孩子的期望,期待孩子们能学会感恩、健康成长。活动继续开展着,请行完盥洗礼的学生到右侧,写下人生第一个庄严的"人"字。体会这一撇一捺,站立的姿态里,一个人该有的担当与努力。这些担当与努力,这些知识与文化,来自老师的谆谆教诲,孩子们集体以一首诗朗诵《教师赞歌》献给老师们,这是来自孩子们心底的爱与赞美。随后,老师为孩子们依次点上额头朱砂,开启童智,也送上老师最美好的祝愿。希望孩子们从此眼明心亮,好读书、读好书、读书好。孩子们向家长双手呈上自己写的人字,齐声向父母诗朗诵《献给父亲母亲的诗》,家长的眼里也闪烁着泪花。在孩子给家长行了一个天揖礼后,孩子们合唱《感恩的心》,手语与旋律配合得如此美妙,打动了在场每个人的心。这次活动启迪着汉小学子崇尚自然、敬畏生命、感恩父母、明礼知爱,增强责任意识,树立爱国大志。

3. 重"毕业礼" 感恩学校

童年是永恒的一瞬间,那么短暂,不会停留;童年时代的校园生活也是那么令人难忘,五彩斑斓,丰富多彩。我们汉小每年都会为六年级毕业生举办毕业典礼，2015年的7月9日，我校"感恩母校，扬帆远航"2015届毕业典礼在学校的精心策划和组织下，在学生的诗歌朗诵声中拉开帷幕，学校全体六年级师生参加了此次典礼。在这个阳光明媚的上午，在这个小学的最后一段时光，六年级全体同学留下小学阶段最美好的回忆。早上，排着整齐的队伍，老师把同学们带到活动现场，大家都知道这是最后在学校参加的活动了。同学们表面上看似开心，但内心还是有些恋恋不舍。回想一年级大家迈进汉小的第一天，那时同学们还很稚嫩，甚至都没有想过能融入汉小这个大家庭里，可转眼六年很快过去，如今同学们成了汉小的真正一员，大家相亲相爱，大家情同手足，如今毕业在即真是依依不舍呀！六年了，彼此结下的师生情、同学情，就像深千尺的桃花潭水，永远温暖着彼此的心窝。六年了，在母校的点点滴滴，将成为同学们永存的记忆⋯⋯在典礼上，周婷校长深情勉励全体毕业班的孩子："牢记校训、踏实做事、认真做人，在新的环境中努力进取！无论何时何地，汉小都是你们永远的家！"李芳涵同学作为毕业生代表表达了对母校培养的感恩之情，以及对老师、同学的留恋和不舍。今天，他们尽情地展示自我，用精彩的表演展现母校六年来培育的成果。他们真是琴棋书画样样精通，潘怡宁等同学带来的葫芦丝、竖笛、古琴、吉他、古筝等乐器表演充分地展现了各自在乐器方面的造诣，让大家一饱耳福。童锦阳等男生的跆拳道和李芷萱等女生的芭蕾舞刚柔并济；许洋、邹逸群的相声《批三国》让大家捧腹大笑；李方涵、徐倩、徐可的歌曲"See you again"歌声曼妙而又动听⋯⋯一个个精彩的节目展示的是毕业生们对母校的眷恋和感恩，更是面对未来、迎接挑战的浓浓自信！当师生合唱《送别》时，典礼更是推向了高潮！老师用歌声表达对学生的祝福与期望，学生用歌声表达对老师和母校的感恩与不舍！典礼后，孩子们意犹未尽，久久不愿离去，争相走上主席台写下自己对母校的祝福，争相挽着亲爱的老师和同学合影留念⋯⋯

  汉小这一系列活动的开展，进一步增强了学生文明礼仪意识，让学生在"八礼四仪"学习与体验中学做文明有德之人，让文明礼仪之花在校园处处盛开。

第二节　经典诵读　浸润人生

中华民族拥有几千年的灿烂文化,其中许多已经成为经典,加强"经典诵读"已成为当前小学教育界的共识。"经典诵读"是经典与诵读的完美结合。经典是内容,诵读是形式。小学阶段,进行扎实有效的经典诵读,学习老祖宗传承下来的智慧,不仅能提升学生的语文素养、培养训练学生的语感,更能提升学生的人生品位。

一、国学雅韵　润泽童心

中国传统文化是由儒、释、道三家,文、史、哲三科,天、地、人三学合构而成。中国古代哲学家、文化人讲涵泳,讲人的品位,讲人的意境。人活着,要活得有尊严,有格调,有价值,有意义。要读书,要静坐,要修养自己。要养气,养心,养性,养情,养才。靠什么养?古人,靠的是四书五经。儿童背一点蒙学读物,如《三字经》《百家姓》《千字文》《弟子规》《千家诗》等,背一点《论语》《孟子》《老子》等古代经典,背一点古代诗词,是很有好处的。这不仅对孩子们学人文有好处,而且对孩子们将来做人、立身行世都有好处。

国学根本上是教人如何做人、如何安身立命的。国学经典中蕴涵的传统美德,在潜移默化中塑造着孩子们的人格,提升孩子们的素养。进行国学教育,其实是在养成孩子们的国民意识和社会责任,培养学生对国家与民族大任的自觉担当。

因此,励园倾情国学,倾力国学,为每一个孩子的一生奠基。

1. 环境——美丽而优雅的书香

一砖一墙皆有意,一草一木总关情。一进校门,巨幅的棕色"书简"便呈现于我们眼前。金色的大字,将《弟子规》的至理名言印刻在每个孩子的心里。青石砖铺道,延伸向教学楼的,除了一路花香,更有着方砖上的古诗名句。这儿有贾岛、李贺、李商隐的成名之作,那边有李白、杜甫、王之涣的不朽名篇。"书韵阁"古色古香,"桃李园"百花争艳。孩子们流连其间,又惊喜地发现:这里的名人像下,有孔子的"温故而知新,可以为师矣";那儿嵌于墙上的,有老子的"合抱之木,生于毫末;九层之台,起于累土;千里之行,始于足下"。先圣大哲,目光如炬;谆谆教诲,润物无声。学生在耳濡目染中受到潜移默化的熏陶。

2. 教材——精心而适合的选择

古代私塾中使用的启蒙读物,如《三字经》《百家姓》《千字文》《弟子规》等,语言精练,内涵丰富,现代任何一套教材都无法与之相比。钱文忠教授在《百家讲坛》中说:"在今天,有些人即使成了大学教授,花费了一生的时间也未必能读懂的书,当时却是小孩子的启蒙书。"

现在的国学课程,不是要增加学生的负担。我们要充分考虑到学生的年龄阶段和层次差异,国学内容的选择,要注意不同阶段小学生的阅读能力和兴趣需求。因此,除了各年级每个学期精选出的唐诗、宋词要熟读成诵,我们还为不同年段的孩子们精心选择了适合他们的国学经典作品。一、二年级诵读《笠翁对韵》《三字经》《弟子规》;三、四年级学习《菜根谭》《老子》《庄子》;五、六年级品味《中庸》《大学》《论语》《增广贤文》。学习由易到难,老师在上课时,可以根据自己班级的学情而有所删减。

3. 课程——丰富而奇趣的设置

对于儿童来说,国学相对枯燥无味,我们有《经典诵读》的课程,为了孩子的乐学,每一位老师在课上各显神通。

各年级根据不同年龄段的孩子的身心特点,开展诵读活动。我们采用多种形式促读。在班上,我们开展范读、自由读、对字读(一字对、两字对、三字对……)、齐读、拍手读、配乐读、对读、打快板读(一生上句,一生下句)等多种方式的诵读直到背诵。

国学课程中,相关的寓言故事、民间故事、历史故事、神话故事非常多。

可以老师进行讲述,让学生在听故事中学到了国学知识,同时培养了学生的想象能力、表达能力;还可以事先安排孩子来讲,给学生锻炼口才、树立信心、展示风采的机会。

展开大胆的想象,改编所学的内容,改为课本剧,进行表演;在充分理解课文意思之后,利用网络资源,查找与文章相关的小故事,作为作业布置给学生搜集整理,在下次课上进行交流;进行"班级好声音"的诵读比赛……形式多样,让孩子在"玩中学、学中玩"。

孩子们在潜移默化中、在游戏中,汲取了古典的精华,并乐此不疲。

学习之余,我们还可以给孩子们留下思考的空间。比如:在学了《弟子规》中的一段之后,给学生的作业单:

亲所好　力为具　亲所恶　谨为去　身有伤　贻亲忧
德有伤　贻亲羞　亲爱我　孝何难　亲憎我　孝方贤

父母喜欢的东西,当子女的要尽力为他们准备齐全;父母厌恶的东西,要谨慎地替父母去除。自己身体受到伤害,就会使父母为我们担忧;品德上有了缺失,会令父母感到羞耻。父母疼爱我,我孝敬父母并不是件难事。父母不喜欢我,我还是尽孝,那才算得难能可贵。

(1) 在理解译文的基础上,反复诵读原文。

(2) 如果你是父母,你要让你的孩子记住的六个字是:
_____,_____
你又是怎么理解和实际做这六个字的呢?列举生活中的小例子。
理解:_____
_____
举例:_____
_____

(3) 和大家分享《卧冰求鲤》《黄香温席》《乌鸦反哺》等小故事。

学生学到的经典,联系了生活,延伸到课外,甚至有大胆的,自己提建议,创编学习这一课的方法。这样,调动了学生的积极性,大家有了深刻的印象。其中所习得的美德也必当铭记在心而作用于行了。

当然，我们不仅有学生的课程，还有依托南大资源，请文学院大学生来给小朋友上课的"大手拉小手"的"大学生课程"；有给家长们的国学网络课程，更有邀请专家、大学教授，就大家感兴趣的"点"，给孩子们上的国学课程，比如南京大学海外教育学院的张全真博士给孩子们带来的《汉语发展概说》、鲁东大学马克思主义学院殷昭鲁讲师和大家聊的《中国传统节日》、南京师范大学国际交流处研究院王秋雯女士给孩子们介绍的《诗情画意的南京——谈谈描写南京的唐诗》……一堂堂生动的课，深深地打动了一颗颗稚气的童心，国学的种子在生根、发芽……

4. 活动——活泼而自信的展示

无论是各班有声有色地开展的诵读活动，还是全校性的大型的"经典诵读"活动；无论是"六一"节上，天真可爱的孩子们带来的课本剧的表演，或是孩子们穿着汉服，感恩父母的"成童礼"……每一次，我们都认真地做好，在这个过程中，孩子们的诵读、表演能力得到了质的飞跃。语文叶蓉蓉老师编排的诗文诵读《游子吟》，获得了区一等奖；我校学生杨澄子等人表演的改编自唐诗《赠汪伦》的课本剧，获得了省一等奖；南京市2015年"我是朗读者"专业志愿者选拔大赛，经过层层选拔，我校的刘海奕、肖苏湘、周安琪、李方涵等人获得了特等奖或一等奖。通过学习国学经典，组织相关的活动，不仅让孩子们了解我国古代的名家名篇，了解更多古代经典诗文，更是让孩子们接受传统文化、传统文明礼仪教育，使孩子受到中华传统美德的熏陶，这是一件非常好的事。

有一位国学大师曾说过："少儿读经是中华文化的储金银行，中华文化最好的货币就是经典，在年幼时将最好的货币存在他们的心中，他们长大一定会知道怎么用，让孩子在记忆力最优的阶段背诵最有价值的经典，在孩子们心性最纯净之时耳濡目染于圣贤光明正大的智慧思想之中，你将发现国学的价值必将伴随孩子成长、芬芳吐艳、绽放光明、得益家庭、得益社会。"

国学经典，启迪智慧，完善品格，成就人生！学习经典，让孩子一辈子受用！

二、迷你读述　涵泳书香

在传统的经典诵读课的基础上,我校还增设了语文"迷你读·述课程"。对语文课本进行解剖,从中寻找有价值的元素进行重构或延展,设计有创意的课程主题和课程单元,让课程学习基于课本而又超越课本。让学生在阅读中收获,在讲述中睿智,在读述中享受快乐。

1. 小活动赢得大收获

"迷你读·述"活动的特点是主题小,切入点小,时间段小。每位语文教师用心研读本年级的语文教材,通过课文中的介绍名家的"作家卡片",精心找来他们的代表作品,进行补充阅读;或是找到与课文相关联的知识点,进行整合,再用心设计成一个系列的主题。这样,大大增容了孩子们的语文知识储备,提升了孩子们的阅读兴趣。我们充分利用晨读、课前三分钟、中午阅读、夕会叙述的点滴时间段,通过读、想、赏、述等多种形式,提高孩子的语文素养。在日积月累中,孩子们的收获是巨大的。

2. 为了孩子用心细化

随着"迷你读·述"活动的开展,我们对于读述课程也在一步步不断地完善、细化、深入。我们见缝插针地用心经营读·述活动,很有成效。由要求孩子读,变为孩子乐读、读得懂、会读、读得有感情,读出"新"的内容。由不会说、不好意思说,到主动说、抢着说,说出"新"观点。

(1) 年级的尝试

起先,每个年级都根据本学段的课本内容和学生的特点,精心选择有趣的、有价值的内容,有序地开展"读·述"活动。

以六年级的一天的读述活动为例:

晨　读

一日之计在于晨,晨读,每个班书声琅琅。读课文,尤其是背诵的段落。读经典,《老残游记》《红楼梦》中王熙凤的出场。读名家大作,史铁生《秋天的怀念》,汪国真的小诗《旅行》《许诺》,贾平凹的《丑石》《一只贝》……读异趣散文,朱自清的《绿》《春》《背影》,等等,不拘一格。让学生爱上早上知识大餐的分享。学而思,徜徉在文海阅读。

温馨的清晨伴着柔和的曙光,回荡在教室里的,还有飘逸的书香。

语文课堂的前三分钟

学期初,大家就学习了两首爱国的古诗,围绕这个主题,班委精心地选择,同学轮流地上来,诵读《十一月四日风雨大作》《题临安邸》《秋夜将晓出篱门迎凉有感》……这儿,是同学们的舞台,让每朵花都尽情地绽放。

每天中午十二点二十的午阅

铃声一响,孩子们早早来到班上,这是大家最快乐的时光。手捧自己心爱的《上下五千年》,和历史人物重回沙场。同叹英雄悲歌,共品儿女情长。有爱,有恨;同笑,同哭……我们在书中成长!

夕会开始时的五分钟

这五分钟是个黄金时间点,周一周二:交流新闻、说说见闻、谈谈趣闻、大千世界……周三周四:知识集锦、背背古诗、接龙成语、名人轶事……周五时段:口语交际、学会做人、学会做事。自由组合,我演你说。爱生活,爱学习。这世界,我来了!

我们坚持读述活动。相信,给孩子们带来的,不仅仅是知识,更是终身的受益!

(2) 学校的统筹

渐渐地,每一位语文老师都参与读·述课程的创编,在著名语文特级教师周婷校长的组织领导下,各年级课程文本已现雏形。

以高年级的为例:

五年级

《金蝉脱壳》与三十六计 …………………………… 朱 雯

走进文言文 …………………………………………… 朱 雯

游览祖国大好河山 ·················· 方百云
小雪花,飘呀飘 ···················· 方百云
寓言故事赏读 ···················· 曹艳华
走进名著——《水浒传》 ·············· 曹艳华
多彩的童谣 ······················ 陈　峰
漫画拾趣 ························ 陈　峰

六年级

现代爱国诗赏读 ·················· 吴京艳
走近民族英雄 ···················· 吴京艳
在孤独中绝望　在绝望中坚强 ·········· 王　罡
"喵"趣横生 ······················ 王　罡
边塞诗赏读 ······················ 范绍梅
杨柳诗赏读 ······················ 范绍梅
民间故事赏读 ···················· 陈　敏
探险小说赏读 ···················· 陈　敏

(3) 再次细化

有了系统的编排,我们的读·述活动开展得就更有内容、更有序。我们并不满足,仍在不断细化。每一周做什么,可以给孩子们带来些什么,老师们都在积极思考。力图让读述活动生动有趣、扎实有效。

以王罡老师编写的一课为例:

"喵"趣横生

【设计理念】

以"猫"为主题,精选写猫的古今美文。以"趣"为引导,促进学生的语言欣赏能力。对于文言文的学习,也能促使学生加深对中华民族优秀传统文化的了解,充实其文化底蕴,吸收其语言精华,提高书面语表达能力。另一方面,为了帮助学生适应中学要学习大量的古文,在小学高年级进行适当的小古文教学很有必要。

【设计目的】

选取古今描写猫的精彩文章,通过朗读、表演,感受文字,培养孩

子的想象理解能力。激发大家对小动物的喜爱,并学会仔细地对它们进行观察。

【实施时间】

7、8、9周周二"迷你读·述"时间段

(晨诵10分钟、课前3分钟、午阅10分钟、夕述5分钟)

【实施内容】(具体内容附后)

老舍　　　　　　　　　《猫》

《民国老课本》　　　　《猫斗》

课外推荐阅读——沈石溪的动物系列小说

【实施过程】

实施时段	周次	主要环节	反思与评价
晨诵 10分钟	7	读《猫》,了解内容,读出文中猫的特点	
	8	读读王冕描写猫的小诗	
	9	和同伴分享自己收集的描写猫的优美语段	
课前 3分钟	7	聊聊关于猫的趣闻	
	8	从小诗中任选一首,聊聊作者的情感	
	9	养过猫的孩子说说自家的猫的样子	
午阅 10分钟	7	读《民国老课本》的《猫斗》	
	8	读《民国老课本》的《猫捕鱼》	
	9	同学诵读分享沈石溪动物小说的精彩语段	
夕述 5分钟	7	谈谈关于猫的成语、俗语、歇后语	
	8	谈读了《猫捕鱼》后的感受	
	9	讲述:我和小猫之间的故事	

最是书香能致远。"读述"活动开展以来,校园里洋溢着浓浓的氛围。孩子们不仅爱看书、爱观察、爱思考、爱讲述、爱生活,语文阅读的能力、写作能力也在悄然提升。更主要的,一个好习惯对孩子们终身有益。

我们告诉孩子:"读书是最美的姿态"。

三、诗意童年 快乐成长

从小读诗的孩子,有着善于发现的眼睛;从小读诗的孩子,有着善于想象的头脑;从小读诗的孩子,有着善于体察的心灵;从小读诗的孩子,有着绚丽多姿的灵魂;从小读诗的孩子,有着鲜明灵动的梦境;从小读诗的孩子,有着独属于自己的——诗意童年。

1. 不求甚解地熟读

"熟读唐诗三百首,不会作诗也会吟。"李白、杜甫、秦观、晏殊、汪国真、戴望舒、普希金、雪莱……古今中外,一个个伟大诗人的名字,深深震撼着每一位读者;一句句经典而富有哲理的名言,开启了孩子那懵懂的心智。让他们接触美妙的语言,懂得欣赏并珍惜美好的生活。

学校分别按照低中高年级学生的年龄及教材内容的特点,要求大家熟读《小学生必背古诗70首》,并给每个年级提供了诵读的篇目。

如:一年级吟诵《咏鹅》《悯农》《江上渔者》《宿建德江》……三年级熟读《山行》《枫桥夜泊》《竹石》《梅花》……五年级会背《乌衣巷》《题李凝幽居》《芙蓉楼送辛渐》《题临安邸》……

我们有专门的"经典诵读"课。课前,让学生去搜集诗人及诗作相关的资料。课上带着学生大声地吟诵,诵读出味道。课后,留下问题让学生思考。

对于古诗的诵读,我们每个班也各有特色。有的班级将学校推荐的诗作及孩子们找到的相关诗作抄写在黑板右侧,每天课前三分钟,由轮值的孩子带着全班大声诵读;有的班级组建了学习诗歌的小队,小队成员自己制作PPT,轮流上台,带着大家朗读;有的班级将诗作整理打印出来,每一首诗都配上精美的彩图,打印好了,贴于班级墙壁的"学习栏"上,供孩子们课间、课后观看、抄写、诵读,诗歌每周一换。再定期进行"背诗小达人"的评定,看谁记诗记得牢、记得多……

读诗,不求甚解,但求字字背得。小学阶段的记忆力,是人一生中记忆的"黄金时期",即使长大也很难忘记,让孩子在这段"黄金时期"吟诵诗歌,能使其终身受益。经典诗文的语言都是经过锤炼的艺术语言,是学生学习语言的好材料,大量的诵读和积累能够训练学生的思维能力、记忆能力、表达能力、想象能力、创新精神。因此,学生在诵读中不仅能够开阔视野、增长知识、积淀人文素养,还能发展智力、陶冶情操。不求甚解地熟读诗歌,定会使孩子终身受益。

2. 走近诗人　走进诗人　我是诗人

(1) 走近诗人

走进励园,你会惊喜地发现,学生与诗人的距离并不遥远。从校门口通向教学楼的一路间,楼层与楼层的墙壁上,到"问学轩""书韵阁"的古色古香的藏书柜里,再到每个教室的图书角,学生一眼就能看到"诗",随手就能拿到"诗",张嘴就能念出"诗"。校园里洋溢着浓浓的书香氛围,诗意盎然。

耳濡目染,读了那么多诗,孩子们也认识了不少诗人:王昌龄、孟浩然、李清照、白居易……千年的时光,阻挡不了诗人与我们的"接触"。抬首一望,诗人就在我们的身边。

为了让孩子多读多记,学校还制定了严格的诵读制度,以见缝插针、积少成多的诵读方式,推进诗歌诵读活动。每天十分钟时间,由语文教师组织学生进行解读与背诵。学校定期检查,并表彰背诵好的学生、班级。

日积月累,读的诗越多,我们越能感受诗人的悲欢离合,与诗人的距离也越近。

(2) 走进诗人

我们以《小学生必背古诗70首》为基本内容,再根据各年级的语文教材、学生的特点,相应地补充诵读赠别诗、咏柳诗、边塞诗、爱国诗,等等。我们鼓励孩子课余搜索、整理、提炼诗人的相关资料,了解诗人创作诗歌的背景,再自己制作相应的PPT,在台上展示自己的风采。有时,语文老师也会推荐动人的诗篇,读给孩子听,让孩子也读读品品,再想想:从字里行间,能感受到什么?之后,出示诗人相关的资料,消除了时代的差距,消除了地域的阻隔,走近了诗人,让孩子们更深切地感受到诗人的心声。读诗,没有了固定的腔调,而是用心去感悟,用自己的理解去诠释,也就更动情了。从"只在此山中,云深不知处",学生读懂了作者寻隐者不遇,却又对见到隐者更加的神往;从"遗民泪尽胡尘里,南望王师又一年",再对比到"山外青山楼外楼,西湖歌舞几时休",孩子们既悯于"遗民",又愤于"朝廷";从雪莱的"冬天来了,春天还会远吗?",孩子们觉得生活要有希望;从泰戈尔的"生若夏花之灿烂,死若秋叶之静美",学生们对生命有了新的领悟……每学一首诗歌,就是在触摸一个诗人的灵魂。也许,孩子们谈得不够深入、不够透彻,但孩子们谈得很多,读得很投入。这,就够了。随着人生的积淀磨砺,相信,他们或许在某一天,会对小学时读过的甚或争辩过的某一首诗作,有了更新更深的认识。

一天天地,孩子们从诗中收获快乐。走进诗人,孩子们更从诗中明白诗人"爱"的深沉,渐渐地,从诗中汲取了无穷的正能量。

(3) 我是诗人

汉小的励园娃爱读诗,更会作诗。一开始,大家不会写诗,写了几句,也不好意思读。老师们有着会欣赏的眼睛,鼓励孩子们大胆创造。"阳光照在小溪上。"换了一句"阳光追着小溪跑",这就是诗了。孩子们高兴了:写诗原来这么简单呀。带着自己的想象写:"阳光在小溪上跳跃。""小溪被阳光哈了一下胳肢窝,笑呵呵地往前跑。"再写个几句相关的景物,比比谁写的最有意思,大家笑着说着,最后写成了的,竟然就是诗了。你再来一句:"鱼儿水里游,鱼儿很快活!"她再改一句:"鱼儿水里游,水很快活!"孩子们说着、读着,都乐了。"我是小诗人!"有了"诗人"称号的孩子洋洋自得。孩子们还未来得及羡慕得了这称号的同伴,便又争着作诗了——"我也要当诗人!"大家充满了豪情壮志。

有了作诗的好苗头,我们请来了名师进汉小,给大家做了《感受古诗魅力》《诗的"炼字"艺术》等讲座。诗歌,启迪着一颗颗热忱的童心。张喆老师诵读给大家的儿童散文诗《献给老师的花》,赢来了阵阵掌声……孩子们有了"营养",作起诗来,更显得心应手了。

3.精彩生动地展示

会读诗,会作诗,就要有个展示的机会。无论是诵读诗歌,读出韵味;还是自写诗歌,写出创意,孩子们有对诗的热爱,我们就给予孩子展示的"舞台"。孩子们在集体晨会上诵读过《关雎》,诵读过《蒹葭》,穿着汉服,有模有样;诵读古韵,有板有眼……我们进行过"古诗词欣赏——走近唐诗"诗文电子小报作品的征集,孩子们边搜集边学习,拓宽了视野;我们举办过"我爱我班"诗文诵读大队主题会的大比拼。用诗歌发现生活的美,用诗歌赞美生活,用诗歌来表达自己对班级这个大"家"的热爱。在"六一"欢庆会上,我们多次进行过诗歌的诵读、串烧、吟唱、课本剧表演……一次次生动的体验,一张张幸福的笑脸。是的,"腹有诗书气自华"。学诗、颂诗、作诗,带给孩子们的,不仅仅是成功的喜悦、欢动的掌声,更激励了不少孩子对诗歌无限地追求。

日积月累,不久的将来,汉小的学生出了本诗集,一定很有意思。

也说不定,以后,从汉小人中,有成为大诗人的,也未可知呢!

第三节 民俗文化 落地生根

中国是一个有着悠久历史的文明古国,在这千百年的文化长河中,形成和发展了民俗文化,造就了中华民族的精神传统和人文性格。从广义上说,民俗文化是指民间民众的风俗生活文化的统称,也泛指一个国家、民族、地区中集居的民众所创造、共享、传承的风俗生活习惯,是在普通人民群众(相对于官方)的生产生活过程中所形成的一系列物质的、精神的文化现象。弘扬和发掘中国民俗传统文化,对增强中华民族的凝聚力有着极其重要的意义。民间艺术以其独特的艺术形态占据着重要的地位,如皮影、剪纸、编织、绣花、狮子舞等,都是很著名的民间艺术,是中华民俗文化一大瑰宝。中国民间美术是由人民群众创作的,以美化环境、丰富民间风俗活动为目的,在日常生活中应用、流行的美术,是一切美术形式的源泉。民间艺人的智慧和才华,赋予民间美术以浓郁的民族民间艺术特色和纯真朴拙的风采。民间美术是民族文化中的一座艺术宝库,体现着中华民族的气魄和精神。

在信息科技飞速发展的今天,人们对民间艺术的热爱丝毫不减,新春佳节里人们贴对联和剪纸窗花,元宵节里赏花灯……民俗文化走进千家万户,我们汉口路小学也让这股民俗文化风吹进校园里,让小学德育课堂与民俗文化相结合,依托民间艺术,让民俗文化以民间艺术的形式"落"在这片肥沃的土地上,让学生从精神上渗透"民族"的根,从而培育学生的爱国主义精神。以节日文化为切入点,建设古色古香的民俗工作坊,进行丰富多彩的民俗风社团教学,如火如荼地开展民俗文化节,传承民间艺术,发扬民俗文化。

一、民俗校园工作坊　营造氛围创特色

漫步宁静秀美的园林式校园,就能看见一幢青瓦白墙的民国时期风格的办公楼,这就是民俗工作坊的所在地。一楼是集科技、陶艺、版画等于一体的艺术文化长廊,几间窗明几净富有小班特色的教室。三楼是两间阁楼,一次暑假期间美术组老师从珠海南色美术活动基地学习归来后,启发了她们将阁楼打造成艺术工作室的构想:将这两间阁楼打造成一个学生自由绘画创作的乐园,学生可以自主选择自己喜欢的项目进行体验创作,用自己亲手制作的美术作品布置工作坊。

美丽的校园是儿童的七彩乐园,美术教室是儿童学习美术的快乐之地。我校的民俗工作坊更是民俗展厅、绘画工作坊、美术图书馆等功能的集合之地。从小阁楼的构想设计到民俗工作坊,这些无不印证了汉小老师的智慧与努力,一切为了儿童多彩生活而设计。民国建筑是特定历史时期中外建筑艺术的缩影,各个民国建筑的风格各不相同。民俗工作坊的打造采用木材本色刷以清漆的桌椅、展台、博古架,雅致的吊灯,以中式古典风格突出质朴与自然。著名教育家苏霍姆林斯基说过,"让每一面墙壁都说话"。美术组老师齐心协力,通过量房、做设计图,在设计的时候注意利用

阁楼的各个方位和空间，美术教室尽可能利用阁楼内能进行展示作品的地方：展台博古架、墙壁上、横梁上、立柱与窗中间的横隔处……墙面顶面的边角处也用木条包边，这样既美观，又可以用于作品悬挂，更显层次感与设计感，还彰显了小班环境特色，体现我校"每一个都重要"的教学理念。美术教室是儿童学习创作和生活的环境，环境的清雅与舒适，美术教室布置得文化与艺术气息浓郁，能取得育人的成效。

良好的艺术氛围激发了学生的创作欲望，材料丰富的创作区让学生享受创作过程的乐趣，工作坊里展览的是学生一件又一件精美的作品。工作坊包含了"红泥巴·陶艺"、"红珊瑚·皮影"、"墨印留香·版画"、"面目绘·脸谱"、"快乐DIY·手工制作"等工作区域。陶艺、版画由于工具材料的特殊性，在一楼分别成立专用教室。走进陶艺教室，左侧的展板上有很多关于陶艺的知识介绍和师生制作陶艺的照片，橱柜上陈列了学生拙稚有趣的陶艺作品，墙上展示的是学生用画笔表现的罐和壶作业……版画室的窗台上放着单色或套色底板，墙壁上贴着学生印好的版画作品……皮影间分制作区和展示区，两面玻璃推拉门上贴着学生做好的影偶，门中间有一盏灯，透过灯光欣赏皮影作品别有一番情趣……绘脸谱区域给学生提供了中国京剧脸谱的书籍和外国音乐剧面具图片，一些必备的材料，如丙烯颜料、画笔、调色盘、纸浆脸谱，让学生一看到这些马上就有创作的欲望……手工制作区域也分篮放了切割好的手工材料，让学生动手动脑创意制作大比拼……来我校参观的来宾们都对工作坊的环境赞叹不已。

创建专业特色教室，营造浓郁民俗文化氛围，学校的举措激发了学生学习美术的兴趣，增加了学生对民间艺术的了解，培养了学生的爱国精神和民族自豪感。

二、民俗社团种类多　个性发展有特长

新课程背景下，学校要面向全体学生，以学生为本，培养学生的人文精神、审美能力，促进学生形成健全的人格，为学生形成良好的审美素养和情趣及身心的全面发展奠定良好的基础。民俗社团活动是学校进行美育的

重要途径,是课堂教学的补充和延伸,是义务教育艺术课程的重要组成部分,是培养学生美术特长的重要阵地。社团活动源于校园,源于学生。社团是校园活力和魅力的重要体现,也是培养学生综合素质、促进学生素质拓展的有效载体。开展丰富多彩的学生社团活动,给学生一片属于自己的天空。汉口路小学积极践行小班教育理念,四色社团是学校四色教育的一部分,这是一个让孩子可以放飞理想的地方,孩子们根据自己的兴趣选择社团进行学习。四色社团也是我校民俗校园的一部分,四色社团中的红珊瑚·民俗社团包含了民间艺术——皮影和剪纸课程、陶艺课程等。民间美术种类很多,究竟哪些是深受学生喜爱的呢?根据新课标的精神、新教材的内容,根据调查问卷和学生投票,美术教师归纳总结,这些项目分别是:陶艺、版画、皮影、剪纸、彩绘类(石头画、画脸谱、绘扇面)、贴画类(根据低中高年级设置了树叶贴画、布贴画、综合贴画)、手工类(选取生活中常见媒材,如废纸盒、木棍)、配饰DIY(发夹、发箍、串珠、零钱包、笔袋等生活中常用的小物件)、布艺等项目进行教学与实施。美术教师在民俗工作坊内分成不同区域,提供一些生活中可以搜集到的材料予以加工,便于学生操作。孩子们常常挤出休息时间来到民俗工作坊,用画笔探索自然,用制作展现生活!为了让学生学习更专业的知识与技能,美术组田丽教师在皮影课程的社团教学中做了以下课例研究:

  在执教民俗社团的《皮影人物》一课时,让学生自主发现问题,小组交流探讨,获得新知。

  通过欣赏剪纸形式的皮影作品,了解剪纸的一般常识和中国民间剪纸的特点,用剪纸的简单剪刻技法绘制皮影。通过直观教学法欣赏图片、小组合作探究让学生对皮影人物的外形特征有所了解,尝试剪纸练习发现剪刻技巧中的问题,运用多重演示法启发学生用剪纸的技法绘制一个皮影影偶。了解剪纸与皮影的关系,增强学生审美情趣自主探究的精神,培养学生动手能力,激发学生对民间艺术的热爱之情。教学重、难点是了解剪纸的图案特点,探索剪纸技巧。剪纸在设计和剪刻时要注意线线相连,面面相接。

皮影戏，旧称"影子戏"或"灯影戏"，是一种用灯光照射兽皮或纸板做成的人物剪影以表演故事的民间戏剧。表演时，艺人们在白色幕布后面，一边操纵戏曲人物，一边用当地流行的曲调唱述故事，同时配以打击乐器和弦乐，有浓厚的乡土气息。皮影戏最早诞生在两千年前的西汉，发源于中国陕西，北宋时兴盛，上色时主要使用红、黄、青、绿、黑等五种纯色。在中国，不少的地方戏曲剧种都是从皮影戏中派生出来的，电影初入中国时也被称为影戏，"电影"之名来源于中国影戏。

剪纸是我国传统的民间艺术，民间艺人将皮影和剪纸结合在一起，从而产生了一种新的艺术——剪纸皮影。欣赏皮影影偶作品，仔细观察人物的外形特点，探索皮影人物中剪刻的技巧与图案特点是本课的重点。在欣赏皮影影偶之后，学生初步了解了皮影人物外形特点与民间色彩的风格，小组交流活动中进行交流探讨，结合学生现有知识水平，自己观察发现皮影人物的头部、身体、四肢的特点，制作的方法和图案的花纹。这是在初步感知皮影人物特点基础上深层次地运用观察法引导学生自己观察事物，再将自己发现的知识在小组内交流，从表象到制作方法、图案的特点这些方面进行探讨，对下一步尝试练习和制作皮影起到了关键作用。强调学生的自主性，有效地引导学生进行探究性学习，充分发挥学生的个性，体现小班教学特色。教师创设一种研究环境，通过学生自主、独立地发现问题，进行信息收集与处理、表达与交流等探索活动，使学生获得知识与技能。

有了小组之间的交流探索，让学生试着在上节课画好的皮影人物基础上用阴刻法刻出衣服的纹样。尝试练习中发现学生未能掌握剪刻技巧，尤其是在剪刻圆形、花朵纹复杂图案的时候容易刻断。发现问题后，教师进行多重演示指导，从左往右，从上往下，先小后大等方法进行剪刻。演示学生觉得非常困难的几个民间图案——花朵纹、月牙纹、锯齿纹……再让学生探索剪刻技巧，练习剪刻装饰图案，掌握剪刻技巧，绘制皮影影偶。

第三章 传统文化浸润下的德性生活

我校的民俗风社团中红泥巴·陶艺社团的教学也是一大亮点。陶艺可以发展学生的观察力、想象力,是进行审美教育、创新教育、动手能力的有效途径和方式。新课程改革的推进,陶艺逐步为校园所创导,陶艺教育教学不只是让学生掌握陶艺制作技能,而是使学生的语言、创造力、动手、想象、观察等能力都得到发展,是对学生综合能力的冶炼。随着新课程的实施,陶艺教学活动在课堂中出现,它在推进学校素质教育方面有其独特的地位和作用,越来越得到人们的普遍认识和教育部门的高度重视。很多高校都已经开发了陶艺校本课程,积极开展陶艺教育活动,逐渐形成了陶艺教育特色。陶艺课程也是本校的民间美术特色课程之一。在小学普及陶艺教育课程的尝试,其目的在于提高学生素质,发展学生个性,培养学生能力,让学生通过陶艺的学习来表现自己的情趣,展现自己的个性,在学习过程中获得自我满足,自我实现,从而达成与美术教育的目的相一致。平时的美术教学由于资源受限无法进行,因此我校的美术盛青老师在社团教学中进行研究与探索,总结以下课例:

在执教陶艺社团课《小泥人》这一课时,开始让学生欣赏图片——无锡惠山泥人"大阿福"和天津"泥人张"的陶艺作品,为激发学生兴趣,述说了"大阿福"的传说。传说在无锡地区的山上住着一对人形巨兽"沙孩儿",他们力大无比,山中各种猛兽只要见到他们微微一笑,便会伏俯投入怀中,被他们吞噬,山下山上的老百姓均可安居乐业。为了怀念"沙孩儿"的功绩,人们用泥土捏制了笑盈盈、胖墩墩的"大阿福",表现人们对美好生活的渴望。学生的好奇心和求知欲被调动起来了,人人都想做一个大阿福,自然而然引出本课的四色过程单的第一过程:感受泥性。在把握教材时,根据教材显现的特点,着眼于技法的迁移,使学生能够联系自己的生活实际,把学习内容、所得举一反三,并根据教材中的陶艺语言、制作方法,进行延伸、创造。

让学生用语言把自己真切的感受表达出来,同时通过各种方式的触摸进一步感受泥性。根据统计,学生能当堂说出几十种感觉来,而且课堂十分活跃,学生都沉浸在语言表述及触摸陶土的喜悦中。通过这种延伸迁移的形式,确实激发了学生的思维,激发了学生的兴趣,激发了学生的情感。

学生在感受泥性之后,通过试捏外形—调整动态—美化装饰的过程,一步一步完善自己的小泥人作品。课后还可以将捏好的小泥人晾干、涂色。提醒彩绘要待泥胚阴干后,用细砂纸砂光,再用白色水粉颜色上底色,然后彩绘。

要想让学生掌握陶艺的基本技法,教材的趣味与整体的设计思路要统一。如:最基本的技法搓泥条、泥团、捏小泥块等,由此理清了技法一条线:让学生一次性体味泥土的柔韧、感受泥土的特性。如:认识各种陶土和陶艺所用工具并取一份陶泥—说出对泥的感知—把泥块变变形—根据教师的要求搓泥条(或泥团、泥块等)—欣赏各种相关资料—把泥条(或泥团、泥块等)堆积成立体的形状—感受作品的立体感—感受作品整体的美。自始至终给予学生关注,予以指导,有利于丰富学生的想象。我们的泥板制作一课就是在这样的状况下丰富教材内容的。不同的造型的泥板,用大家学过的泥条、泥团、泥块等装饰泥板,展开想象……在此过程中,学生创生出了极为有趣的形象:有凸起的线形,有凹进去的碎点,有块面的造型,也有综合各种技法的惊人表现……

在陶艺社团教学中,主要让学生掌握泥条盘筑法和捏塑成型法。通过视频和教师的演示讲解,让学生掌握泥条盘筑成型法的具体操作方法步骤。有的孩子特别细致,在盘筑的时候泥条搓得齐、盘得牢,作品细腻秀气,让人由衷赞叹孩子的耐心品质;有的孩子粗犷大胆,作品别有古朴风格,也让人感觉酣畅淋漓;还有的孩子在制作中别有用心,加入了自己的小创意:一个精巧细致的小贴花,一个幽默搞怪的面部表情,或是一个用特殊工具制作的质感与肌理效果……

民俗风社团其他创作区也深受学生喜爱,丰富了学生的学习生活。他们在欣赏学习中体会到民间艺术家创作的艰辛,在创作过程中迸发出智慧的火花,在展示作品中收获了成功的喜悦!学生的作品装饰教室、馈赠来宾……看着自己亲手绘制的作品成为实用的生活用品、别具一格的装饰品,给生活带来美感,给人们带来欢乐,他们的心情无比喜悦!

民俗风社团以民间美术为基本线索,使学生了解更多的民间美术知识,进行个性化、创造性的学习,更好地培养了学生的观察能力和创新思维能力,提高了学生的审美观。以学生发展为本,注重学生的个性发展和全面发展。

三、文化节里乐趣多　童趣盎然展风采

"民俗文化节"是励园盛大的节日,也是励园娃们最喜爱的节日之一。因为在"多彩的民俗　飞扬的童年"文化节活动里,学校会邀请民间艺人来校给老师做民俗文化讲座,专家领航,促进教师对民俗文化的了解与技能的学习。学校组织学生进行有意义的社会实践活动,请专业团队为孩子倾情奉献一场精彩纷呈的民间文化艺术演出。偶戏表演、民族舞蹈、民俗乐器演奏、变脸等节目让孩子们拍手称赞!为了让学生更加喜爱民俗文化艺术,学校组织形式多样的文化艺术活动。例如,最让孩子们期待的就是和父母、老师、同学一起去陶吧参加"触摸经典　传递真情"陶艺亲子活动。活动的目的是让学生感受并亲手体验经典民间艺术,使学生树立正确的审美观念,提高学生的审美能力,激发学生对美的爱好与追求,塑造学生健全的人格和健康的个性,促进学生全面发展。每次活动中与家长亲密联系、配合,拉近学校与家长、教师与家长、教师与学生之间的关系,让学校不断推进深化教育改革、全面推进素质教育。孩子们连续一个半小时全神贯注于他们心爱的作品,在玩泥中,同学们玩出了自己的智慧、理想以及希望,同时也用自己的双手和心灵去发现美、表现美、感受美!

在丰富多彩的民俗文化节里,学生也有机会参加演出展示自己的才能。如深受启发潜能评审团一致好评的皮影表演《十二生肖的故事》;欢乐的"六一"节上,歌曲表演《说唱脸谱》,脸谱社团展示出一张张五颜六色的脸谱;舞蹈表演《荷塘月色》,小舞蹈演员们手持版画班社团印制的扇面翩

翩起舞……这些节目深受师生喜爱,获得"我最喜爱的节目"票选前列。校园长廊的民俗板块和美术教室里展示的学生精美的作品,引得家长与师生前来驻足欣赏,啧啧称赞!我校的学生还精心完成作品,作为礼品赠送给来我校参观学习的来宾,与友人共同分享自己小小的成果。我校的教师也乐在其中,先后开展了团花剪纸、制作缎带蝴蝶结发夹献礼汉小八十周年校庆等活动。有趣的民俗文化节,多彩的学习生活,让孩子的脸上洋溢着幸福与喜悦!

  民俗文化本身并没有直接影响孩子感情和品德的力量,只有当他们认识并从思想上"触摸"并逐渐深入其中的时候,传统经典文化才能焕发出"诚意正心"的勃勃生机。文化的氛围非常重要,汉口路小学为此付出了巨大的努力,从墙上的《弟子规》到地上的古诗词,从橱窗里陈列的诗歌经典、绘画展到民俗工作坊,从民俗风社团到多彩的民俗文化节……学校在这个有限的空间里,正在为孩子们营造一个合适的氛围、一个艺术的环境,这一切都是为了儿童的多彩学习生活而做的努力。源远流长的经典文化在哪里?也许就在孩子们的眼睛里、画笔下和糊满泥巴的小手心里。别有韵味的民俗工作坊、种类多样的民俗风社团、有趣的民俗文化节,它们单方面不可承载多么深重的内涵,但是如果它们凝聚在一起,形成学校的一种氛围与文化修养,不断发展,日积月累,涓涓细流也会汇聚成巨大而美丽的浪花!在未来的发展道路上,我校将加强家校沟通,举办民俗文化节亲子系列活动,以比赛、表演的形式让家长和孩子一起感受民俗文化的趣味!我校将邀请更多的民间艺人走进励园,让孩子感受民间艺术的魅力!我们正满腔热情地将这些寄托民族希望、饱含爱国之情的种子撒播在教育这块肥沃的田野上,悉心培育、倍加呵护,让这颗种子扎"根"发芽。我们坚信,在阳光和雨露滋润下,这颗嫩芽终将成长为一棵郁郁葱葱的参天大树,叶落归"根",传承民族魂,共筑中国梦!

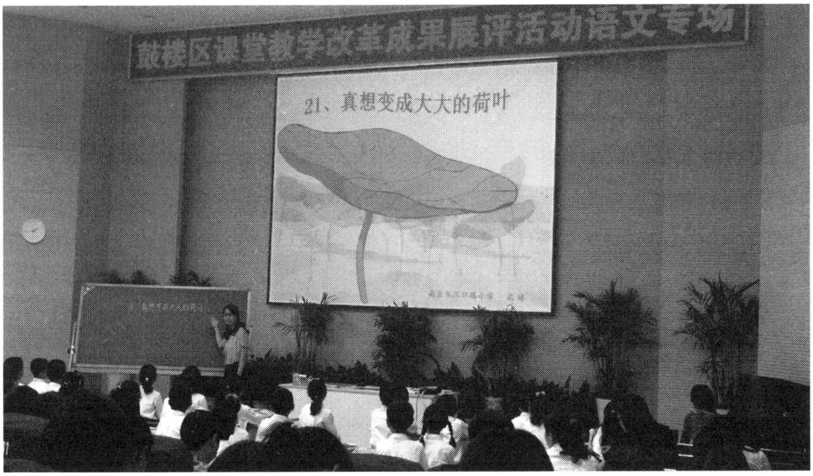
鼓楼区课堂教学改革成果展评活动语文专场
21、真想变成大大的荷叶

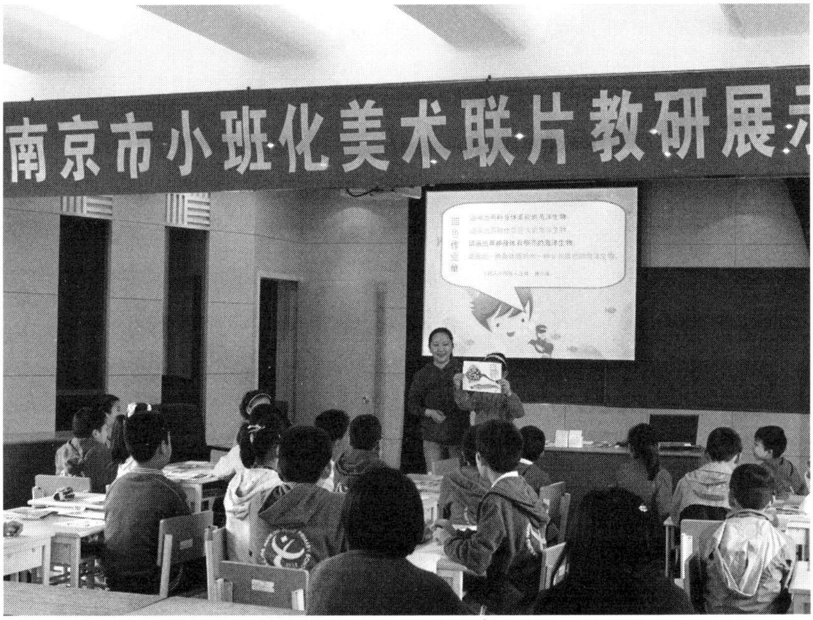
南京市小班化美术联片教研展

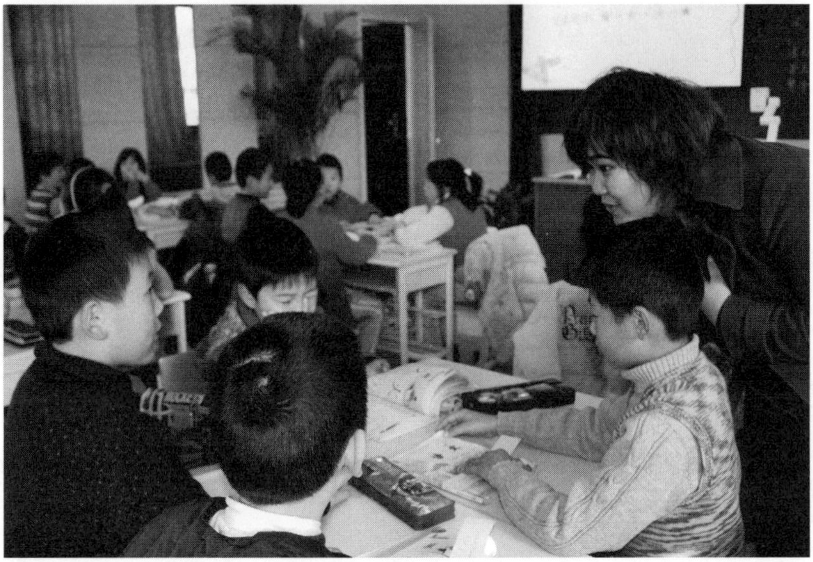

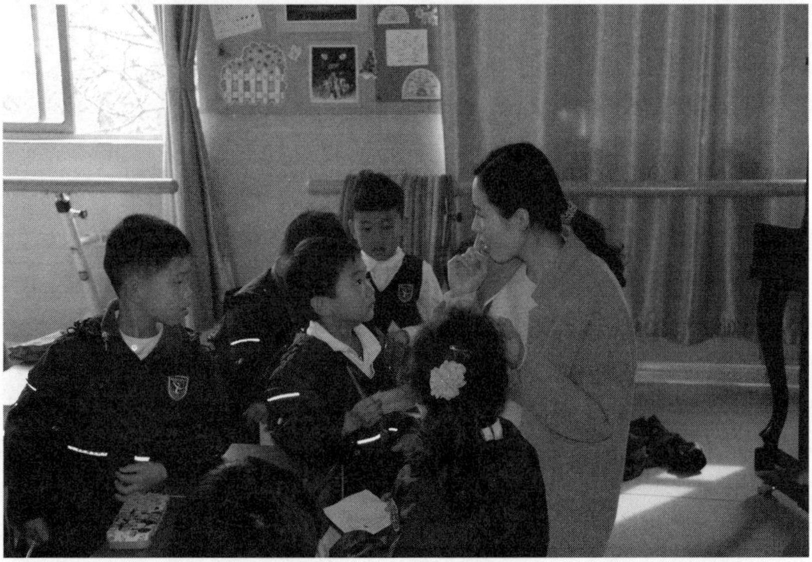

第四章　四色学习单导引的课堂空间

四色学习单的诞生在课堂,同时它也潜移默化地影响着课堂教学,滋养着新的课堂教学文化,导引出新的课堂空间。各门学科都有自己的特质,各个学校的学科教学都有自己的风格。当"四色学习单"融入语文、数学等学科教学,就使汉口路小学的学科教学释放出特有的魅力。这种"魅力"表现在学科教学过程中,每一个学生都有着学科学习的问题与探究、期待与收获,甚至还能与同伴有情趣的分享。

四色学习单,关注儿童的差异性,以个性的学为主;尊重儿童的选择性,以选择性的学为主;激发儿童的创新性,以开放性的学为主。四色学习单导引的课堂空间色彩越来越丰富,课堂学习生活越来越亮丽。

第一节　关注儿童的差异性

世界上没有两片完全相同的叶子。个体的差异性和独特性是人类社会文化多姿多彩的重要源泉,是人类社会文明不断进步的推动力。学生差异作为一种教育资源,具有丰富的教育教学价值和重要意义。

学生个体的差异是与生俱有的生理、心理差异,以及后天环境、学习而形成的学习方式、学习习惯、认知程序、心理感受、价值观念的差异。四色学习单的设计与运用都充分尊重差异,适应差异,开发差异资源,促进学生富有个性、健康活泼地发展。课堂教学中使用四色学习单,要以学生为主体,以学生的个体差异为基础,以"类"的教育理论为指导,建构与形成有效促进教与学方式深层变革,促进教与学品质高位发展的路径、策略,满足了学生个别学习的需要,以促进每个学生在原有基础上得到充分发展。学生是千差万别的,教育的真正魅力在于因势利导,使每一个学生都找到适合自身特点的发展方式,从而得到最大限度的发展。

一、百鸟争鸣　四色课堂显差异
——《鸟岛》课例片段赏析

《鸟岛》这篇课文是苏教版国标本二年级下册第七单元的第二篇课文。鸟儿对于孩子们来说是再熟悉不过的,可是对于栖居着数不胜数的鸟儿的鸟岛来说却很陌生。董毅老师教学本课时使用的"四色探究学习单",关注儿童的差异性,学生的学习任务和目标指向性清楚,让每一个学生都能够自主地去思考、去发现。

【课例内容】

精彩片段:学习课文第三自然段

1. 过渡

鸟儿们在气候温暖、水草丰美的鸟岛上自由快乐地生活着。转眼就到了六月,鸟岛上又是一幅怎样的景象呢?

出示"四色探究学习单"

| □黄:读一读课文第三自然段。 |
| □蓝:第三自然段写了鸟岛上什么多? |
| □绿:你是从哪些词语体会的? |
| □红:你最喜欢谁的发言,为什么? |

在小组内合作学习第三自然段。

2. 班级汇报

(1) 请黄色同学来读一读课文第三自然段,其他同学仔细听。(学生从读准字音方面适当评价)

(2) 请蓝色同学说一说第三自然段写了鸟岛上什么多?(相机板书:鸟儿多　鸟窝多　鸟蛋多)

(3) 班级交流你是从哪些词语体会的?

(4) 这么多的鸟、鸟窝和鸟蛋,深深地吸引了我们。让你想到了第三自然段的哪个词?(热闹)这个自然段是围绕哪句话来写的?(六月是鸟岛最热闹的时候)

(5) 请红色同学说一说你最喜欢谁的发言,为什么?

【课例赏析】

低年级的小朋友由于年纪幼小,上课时注意力不是很集中,容易分散,课堂教学的设计能吸引学生的注意力,激发自主探究的精神,就显得尤为重要。根据课文的特点,在设计四色学习单时,教师要心中有人,关注学生的差异性。

第三自然段是全文的重点所在。由"热闹"一词,引出了鸟岛上"鸟多"、"鸟窝多"、"鸟蛋"多。在设计四色探究学习单时,要关注学生的个体差异性。蓝色和绿色的孩子学习能力较强,就把难一些的任务交给了他们。让他们体会关键词语,学会总结归纳。红色和黄色的孩子学习能力较弱,就交给了相对简单的任务。读一读课文,谈一谈看法。看似简单的问题,其实考察了孩子倾听的能力,也考察了孩子的语言组织能力,看他们能否清楚地表达自己的观点。

孩子们的学习能力是有所不同的,并不是每个孩子都能一下子就领略句子的意思,把句子读优美,也不是每个孩子都能一下子掌握生字的音形义。因此,根据这些特点,教师设计了不同的四色学习单。根据孩子不同的语文水平、学习能力分以不同的任务。层层递进、由浅入深地帮助孩子们理解课文、掌握字词。在小组合作学习的过程中,让孩子们更有自信、更加愉快,合作完成了学习任务。

二、寻找规律　四色学习有个性
——《找规律》课例片段赏析

小班化课堂,学生人数少,但个性鲜明,针对学生个体差异性显著的问题,吴静老师深入研究小组和个人多种学习方式相结合的组织形式。吴老师设计、运用了四色学习单,为学生学习数学提供基础性学习、探究性学习和自主性学习等适合不同层次学生学习需要的指导。

下面从五年级上册教材《找规律》中的四色学习单,可以看出吴老师教学设计的眼光不仅关注学生之间原本存在的学习能力和基础差异,而且注重培养学生个性化自主学习的能力。

【课例内容】

精彩片段:

1. 研究盆花的排列规律

(1) 盆花是几盆一组摆放的?

(2) 照这样的规律,左起第9盆是什么颜色?第10盆呢?第15盆呢?

(3) 你是怎么知道的,有什么好方法推荐给大家?

(4) 请在小组里按照黄—红—蓝—绿的顺序说一说,由绿色组长汇总方法。

2. 全班汇报交流

(1) 画图的策略

●●●●●●●●●●●●●●
蓝 红 蓝 红 蓝 红 蓝 红 蓝 红 蓝 红 蓝 红

(2) 列举的策略

左起,第1、3、5……盆都是蓝花,第2、4、6……盆都是红花。第15盆是蓝花。

小结:奇数都是蓝花,偶数都是红花。

问:第95盆呢?100盆?

(3) 计算的策略:

把每2盆花看作一组,

$15÷2=7$(组)……1(盆),第15盆是蓝花。

教师提问:为什么把2盆花看作一组?算式中的每个数各是什么意思?根据余数是1为什么可以确定第15盆是蓝花呢?

学生一边说，教师一边结合前面学生画的图解释：

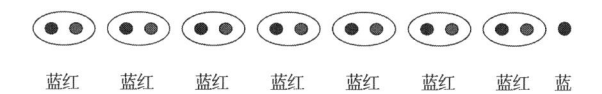

　●● 　●● 　●● 　●● 　●● 　●● 　●● 　●
　蓝红　蓝红　蓝红　蓝红　蓝红　蓝红　蓝红　蓝

强调：第15盆花的颜色和每组中的第几盆花相同？

3. 思考

同学们想出了很多的方法解决问题，比较一下，你最喜欢哪种方法？

【课例赏析】

《找规律》一课是苏教版课程标准本的新增内容，它把常见的、有固定周期规律的现象作为研究对象，通过发现具体现象里的周期规律、对现象的后续发展情况作出判断、解决简单的实际问题等教学活动，激发探索兴趣、培养探索精神。找规律重在引导学生经历个性化的探索过程，在找规律的过程中发展数学思维，形成对规律的自主认识和体验。

数学源于生活，尤其是规律现象在实际生活中更是随处可见。在小组合作的过程中，吴静老师根据学生的学习水平，利用"四色学习单"为不同的学生设计适合他思考的问题，其中的问题均具有较大的思维空间。从图片的欣赏到寻找生活中的规律现象，再到以游戏的形式让学生彰显个性，自主设计一组规律的问题，层层递进地让学生感受、体验生活中处处有数学、处处用到数学，激发学生学习积极性和参与热情，激活了他们的思维。

以往教师在实施小组合作学习时常常会发现难以做到人人真正的参与。而四色学习单实验研究很好地解决了这个问题，既让每一个孩子都淋漓尽致地发表见解，彰显了不同学生的个性，又解决了实际问题，并促进了小组合作的有效性；既让各层次学生能从自己的数学现实出发，去尝试解决问题，又能使不同思维水平的学生得到相应的满足，真正实现了人人都有所得、人人皆获得相应的成功体验，让每个同学的个性在"四色"中流淌。

三、任务分层　差异融入四色中
——"Food"课例片段赏析

学生在英语基础方面存在很大的差异，优秀的学生口齿清楚，英语语音、词汇、语法等的掌握及运用都比较自如，学习兴趣也十分浓厚；后进的学生对基本的英语知识都觉得很陌生，对英语学习无从下手，这些学生严重缺乏学习成就感。分层教学既可以使中等以上的学生"吃得饱"，其潜能得到充分的发挥，又可以使落后的学生"有得吃"，在消除其学习负担和心理负担的同时，提高他们学习英语的兴趣和积极性，从而实现个性化的教育。

在明白了不同学生的需求之后，在明确了分层教学目标之后，教师的教学目标的设计、教学方法的运用、教材的采用、备课、上课、作业布置等便会更具有针对性，进而改进课堂教学策略和评价标准。根据每个学生的个性及水平，创设丰富多彩的课堂教学情境，从而提高英语课堂质效。张璇老师在执教"Food"研究课时，充分利用了"四色学习单"，不仅让学生轻松地实现了教学目标，更让学生分层选择完成表演，关注学生的个体差异性。

【课例内容】

精彩片段：Step1. Free talk

Today, we'll talk about food.

T：What food do you like?

S：I like…

T：Me, too. Recently, the Food Festival was hold in Nanjing University.

And one of my friends, Doug.（出示 PPT）He's from the USA. He studies in Nanjing University. He and his friends went to the Food Festival, too. But they don't know what to eat. Can you introduce some to them?

Step2. Presentation

出示课前调查单

学生展示:用 PPT 展示,其中有 Noodles 的制作视频

Today, Doug's friends also come. They would like to go to the Food Festival with us. Let's welcome them.(让三位学生扮演外国人:一个美国人,一个韩国人,一个阿拉伯人)

T: First, let's listen to their self introduction.

S: Hello, everyone. I'm ... I'm from ... I like Chinese food very much.

T: So, can you show them around and make one day's menu for them?

每组挑选一个时间,早餐、中餐或晚餐为外国朋友推荐菜单。要求注意宗教信仰问题。

☺You can have breakfast/dinner/lunch in ...
　After dinner, you can buy some fruit in ...
☺You can eat ...
● I like ... best.
● It's very...

T: Wow, you've done a very good job. Doug's friends are very interested in our food. Now, they want to go to the restaurant. Can you go and help them?

B. T: Let's go to the Chinese restaurant of Nanjing University. Look, this is the menu. What's on the menu?

读一读菜单。

C. Try to act

T: Please go to the restaurant with Doug's friends.

● Act as a cashier.
☺ Act as a waiter.
● Act as customer A.
☺ Act as customer B.

In Nanjing, there are many other delicious food. Do you know them? Introduce the delicious food in Nanjing.

【课例赏析】

尽管在日常的英语教学中,分层教学有利于提高课堂质效,也最大限度地体现了个性化教育,然而在实施分层教学时教师也要注意以下几方面的问题:(1)要树立正确的教育教学观念;(2)要具备较强的目标设定能力;(3)要充分考虑到学生的差异程度。

从第一轮到第二轮,教师真正明白了根据学生实际情况,深入分析教学内容,对每个层次的学生都有不同的要求。从课的开始就针对每个层次的学生设计了四色课前调查单,每个学生可以根据自己的口语状况任选一条汇报。

相对于优秀学生来说,好多中等的学生就不能根据实际情况进行点餐,只能照着菜单向别人说出菜名,所以只要求每组挑选一个时间,早餐、中餐或晚餐为外国朋友推荐菜单,能表演的可以试着表演。让学生多了一点选择的余地。更没让学生介绍其他的南京美食。因为用英语介绍其他的南京美食,对口语要求非常高。

由此可见,分层教学能提高学生的学习积极性,不同层次的学生收获也非常多。不仅保证每个学生达成一定的共同基础水平,而且更加充分地顾及学生在知识经验、能力基础、兴趣爱好、性格特征等方面的个体差异。

第二节 尊重儿童的选择性[①]

学生,尤其是中小学生,在知识和经验上欠缺、在经济上缺乏独立、在情感上存在依恋,这样的一个群体,其选择性也最易受到破坏。然而,选择对人十分可贵,没有选择的童年是不快乐的,没有选择的人生是不幸的。

---

① 古永忠,《尊重学生选择性的教育学思考》,http://www.edu11.net/space-26377-do-blog-id-592707.html,2015.

在对人的发展具有特殊影响的学校教育活动中,尊重儿童的选择性有着深远的意义。学生愿意进行选择,这至少意味着愿意参与,而参与则意味着一种行为或兴趣取向。有参与就会有交流,有交流才会有沟通,才会有进步、有发展。今天在学生中普遍流行的凡事不来气、凡事不合作的"无兴趣病",让教育工作者头痛不已、施之无计,这其实就是学生对不尊重其选择性的一种消极反抗。我们对孩子们说了太多的"不",却很少聆听他们"要"什么。教师应关注学生,每一位学生都是生动、活泼、发展的人,当他们得到必要的尊重、重视、关心时,才能达到最好的教育效果。

学习的兴趣很重要,孩子们正是因为觉得有趣才会喜学爱学。教师在设计四色学习单时,会考虑到学生的不同特点,让学生自主选择自己最感兴趣的、最适合自己的颜色任务,创设丰富的教学情境,引发学习兴趣。这样孩子们会更加喜欢通过四色学习单来开展学习。

一、且行且选　尊重儿童选择性
——《小松鼠找花生果》课例赏析

四色学习单的设计理念是"以生为本",力求给予学生自主选择、自主发展的权利,注重培养学生自主选择的能力,尊重学生学习与发展的个体差异,体现个别化教育,真正为每个学生的终身发展奠定良好的基础。下面就以董毅老师在语文苏教版一年级下册《小松鼠找花生果》一课中的"四色选择单"设计为例,展示一下在课堂教学中如何能够既尊重儿童的选择性,关注学生学习内容、方式、能力、兴趣等方面的差异,又体现老师实施个别化教育的过程。

【课例内容】

精彩片段:

1. 复习揭题

通过朗读词语的形式让学生以最快的速度进入本课的学习,同时为下面正确、流利地朗读课文做好字词的铺垫。

2. 利用四色选择单感悟、品读课文

第一自然段的教学中,主要通过一张四色选择单带领学生通过朗读感悟花开的美。

四人小组四色选择单

小组内顺序:

红:找出表示颜色的词

黄:说说绿油油、黄灿灿是什么样的

蓝:口头填空　绿油油的(　　　)　黄灿灿的(　　　)

绿:还有哪些像绿油油这样的词,说一说

口头填空　(　　)的天空　(　　)的太阳

3. 安排小组合作学习,自主研读第三自然段。

四人小组四色研读单

小组内顺序:

红:小松鼠是怎么做的,找出句子读一读。用"——"画出句子。

黄:小松鼠看到了吗?用"～～～"画出句子。

蓝:小松鼠找的时候心情怎样?从哪些词看出?

绿:后来的心情又怎样?从哪些词看出?

【课例赏析】

在四色选择单的设计中,将学习任务按照学生的学力水平分层。把找表示颜色的词这个最简单任务交给能力比较弱的红色同学。他们能够顺利完成任务,提高自己的自信心,并能够掌握好最基础的知识。让黄笔说一说绿油油、黄灿灿是什么样的,让小组的成员都能体会到小花的美,能入到情境中去。蓝笔和绿笔的任务比较难,也是拓展性的内容。蓝笔和绿笔在组内能力比较强,把口头填空的拓展性的题目交给他们应该能够很好地完成。红笔和黄笔也能通过蓝笔和绿笔的回答掌握相应的拓展知识。这份学习单是根据学生的能力进行任务的分配,选择不同的任务让学生完成,同时任务难度是逐层递进的。

四色研读单是一个理解课文时的合作式四色学习单。课文第三自然段是本课的重点段落,是小松鼠心情变化的暗线。体会小松鼠的心情是教学重、难点。小松鼠的心情是由新奇、高兴、急切变成失望、疑惑。学生在自己体会时可能领悟不到的,要通过学习讨论才能掌握。但是学生又不知道如何学习第三自然段。为了让学生充分理解小松鼠急于吃到花生果的着急心情,提高学生的自学能力,设计了小组合作式的学习单。在小组内合作学习,共同体会课文第三自然段。在安排任务时,根据学生的学习能力、学习的自主性分配任务。把找句子交给红、黄笔,把体会心情交给蓝、绿笔。学生明确自己的任务,在小组内自主研究学习。在组内讨论学习时要抓住"每天、都、可是、直到、也"这些关键词,充分感知小松鼠找花生果时的急切,以及始终没见一个花生果时的失望、难过之情。通过小组学习研究,能满足学生的表达愿望,同时能帮助学生进一步揣摩人物的内心世界,深入理解课文。在体会到小松鼠心情的基础上指导全班朗读。四色学习单的使用符合低年级儿童的认知和理解的规律。

二、选择探究　自主学习显成效
——《奇妙的图形密铺》课例片段赏析

选择是人的生存方式,选择性是人本质属性的重要体现。尊重学生选择性是学生健康发展的内在要求。目前学校教育所遇到的绝大多数困惑都直接或间接地与有意或无意破坏学生的选择性有关,正确理解和尊重其选择性是走出困惑的必要条件。

选择是培养探索创新精神的土壤,是知识与能力协调发展的桥梁。选择并非简单地做出"Yes or No"的取舍,选择是一项综合能力的展现,意味着分析、比较、协调和决断。在对各种复杂的可能性进行客观、理性的分析,反复权衡利弊的过程中,毫无疑问,个人的思维水平、意志、情感以及社会责任等方面都会受到很好的磨砺,而这些磨砺是形成和发展探索创新能力的必要条件。

【课例内容】

精彩片段:四色探究单

首先呈现生活中图形密铺的场景,让学生感受图形既无空隙又不重叠地铺在平面上,直观地认识图形的密铺。

然后引入今天研究的问题:我们学过的三角形、梯形、圆、平行四边形、正五边形是不是都能密铺呢?请同学们先猜一猜这些图形中哪些可以密铺?

学生猜测后问:"我们的猜测正确吗?用什么方法验证猜测呢?"

学生普遍认为可以动手铺一铺来验证。于是引入了小组合作学习的模式,使用四色探究单。

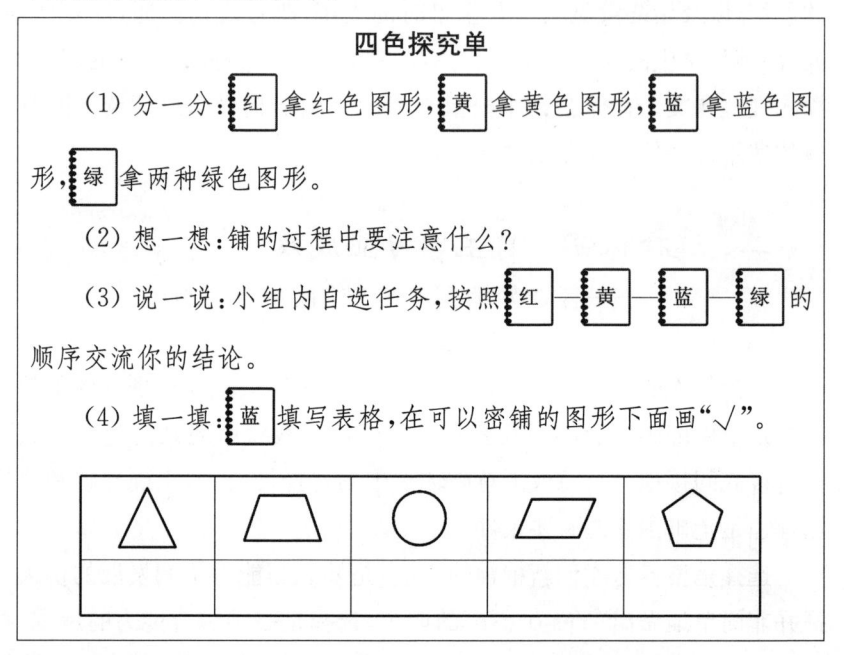

四色探究单

(1)分一分:红 拿红色图形,黄 拿黄色图形,蓝 拿蓝色图形,绿 拿两种绿色图形。

(2)想一想:铺的过程中要注意什么?

(3)说一说:小组内自选任务,按照 红—黄—蓝—绿 的顺序交流你的结论。

(4)填一填:蓝 填写表格,在可以密铺的图形下面画"√"。

△	▱	○	▱	⬠

【课例赏析】

本节课课堂上利用探究单精心创设问题情境,组织适度开放的探究性活动。实践活动时,孩子们有的拼摆,有的记录,有的讨论……每个人都兴高采烈,洋溢着主人翁的自豪感。在这个过程中,培养了学生主动探究的精神,营造了一种自主选择探究的氛围,鼓励学生独立思考、合作讨论、共同探究,使他们知道面对一个数学问题可以先大胆猜测,再想办法验证,最后进行反思回顾,获得较为丰富的探究经验,逐步提升创新意识。

此外,合理选择四色学习单任务,使学生的应用意识和问题意识都有明显的提升,在以后的初中、高中和大学的数学建模学习中会表现出这种优势。

三、选择体验　四色实验我来做
——《认识液体》课例片段赏析

使用四色学习单时,老师给每个孩子设置的学习任务都是用不同颜色来表达的。不同颜色的卡片上代表不同的角色和任务,学生根据自己的兴趣,老师根据学生的水平,双向选择,分组、分角色完成不同难度、不同特色的学习任务。

张喆老师执教的苏教版科学三年级下册《固体和液体》的四色实验设计就充分调动了学生的自主选择性。教师先将学生分为四人一组,全班共六组,组内同学可自由选择颜色任务完成,通过大量的观察、实验活动,全面认识液体的多种性质。知道液体关于颜色、形状、轻重、黏稠度、表面张力、毛细现象的性质;通过大量的亲历活动,让学生能够认识液体的多种性质。

这节课与以往的教材相比,更加尊重儿童的自主选择。在小学科学课堂中设计了大量的观察、实验活动,为全面认识液体的多种性质提供了多种探究的方法。学生对液体已经有了一定的了解,每个孩子可能都带着不同的知识经验来到课堂,有的认识水的无色,有的知道水可以流动,还有的可能对液体的一些性质知道得很清楚。学生自主选择,用各种方法能够了解到想探究的问题,并且做好记录和观察实验现象,交流和分享探究、合作的快乐。

【课例内容】

实验前播放一段南大教授到我校做"南极探险"的讲座视频。让学生了解海洋,了解水。

精彩片段:四色实验单

1. 组织学生讨论

红色和黄色交流,蓝色和绿色交流。
关于液体你都想研究哪些问题?

2. 提问

每个颜色的学生在小组内都提出关于液体自己感兴趣的问题。

3. 记录疑问

学生将自己提出的问题写在小组内的汇报纸上。

4. 教师引导学生

大家提出了很多值得研究的问题,现在请你们小组商量一下,选出你们小组最感兴趣的一两个问题来研究。当然,你若在实验中发现了新的问题,也可以研究。(学生有的跃跃欲试,有的相互私语。)

5. 填表

给每个小组10分钟的时间,按照记录表上的文字说明,绿色同学带领小组成员们看看怎么填。

_____小组记录表

小组成员:红、黄、蓝、绿四位同学

问题	★红:	★黄:	★蓝:	★绿:
需要用具				
方法				
发现				

6. 注意事项

请同学们自己来谈一谈实验的过程中应该注意的问题。

7. 文明选择

到前面的用具超市来选择小组研究所需要的实验用具,实验用具按照颜色分为四类,告诉学生要做到文明选择。

【课例赏析】

本课的四色实验让学生自主选择和设计科学小实验,这种教学设计在近年来的中小学教学一线中比较常见,活动的形式新颖,任务驱动自然,符合小班化学习者的学习认知能力。当然,也有反对者认为自主设计活动流于形式,缺乏内在逻辑联系,浪费课时。本课学生自主设计实验的过程确实出现过不少问题,有的问题使实验无法完成,但课堂教学应是师生共同的精神家园,应该是学生自主的探究活动,不能因噎废食,因为实验一时的困难就剥夺儿童自主选择的权利是目光短浅的偷懒行为。教师在"四色实验单"的操作过程中,安排充足的时间让学生进行独立思考和自主四色探索,克服了教师思维代替学生思维、用少数学生的思维代替全体学生思维的做法,学生能解决的问题教师绝不包办,自主选择实验器材的做法有利于使学生养成善于独立思考、勇于探索、自主研究、不断创新的良好习惯,又增加了实验的趣味性,使学生的学习积极性高涨。在整个活动中,教师的角色应该是引导者、补充者、完善者,更应该是明灯,借助老师的光让学生在科学的宫殿中探索前进。

第三节　激发儿童的创新性

爱因斯坦说过,一个由没有个人独创性和个人志愿的规格统一的个人所组成的社会,是一个没有发展可能的不幸的社会。小学生有好奇心,对新鲜事物感兴趣,但他们思维水平和实践能力有限,往往没有创新的经验和方法。而"四色学习单"则成为汉口路小学各学科老师一个很好的抓手,他们通过设计不同形式的学习单,如探究单、想象单、拓展单、作业单……来激发学生的创造力。设计中遵循教师为主导、学生为主体、训练为主线的指导思想;按照学生的认知规律,密切联系学生生活实际,遵循从直观到抽象的原则;以小组为单位进行合作探究,体现以学生为本的理念,有意识地培养学生的创新精神。

教师在课堂上利用四色学习单精心创设问题情境,组织适度开放的探究性活动,启发学生拓宽思路,全方位、多角度地获取多样化的信息,积累丰富的探究经验。在实践过程中培养了学生主动探究的精神,营造一种探究的氛围,鼓励学生独立思考、合作讨论、共同探究,体验合作学习知识的乐趣。在和谐、宽松、自主、灵活的学习环境中形成开阔的思路、敏锐的思维，进而主动参与到学习活动中，擦出创新的火花。

一、实践中探究 探究中创新
——《认识平行四边形》课例片段赏析

在小班教学中，教师应营造一个热情洋溢、灵活生动的教育氛围，进而帮助学生创建一个自由开放、无拘无束的广阔思维空间，令其始终处于愉悦轻松的心理状态。本节课是苏教版小学数学四年级下册《认识平行四边形》，薛旻老师的"四色探究单"的设计充分尊重每一位学生，合理保护了学生的自主创新思维，启发学生善于独立思考，勇于说出不同见解，进而帮助学生变苦学为快乐地学习，体味获取成功的喜悦感与满足感。

【课例内容】

探究新知，认识平行四边形边的特点：

1. 师：刚才我们欣赏了一些图片，同学们想不想自己动手做一个平行四边形？我们可以利用哪些物品呢？（小组的学具篮里摆放小棒、钉子板、格子纸、直尺等学具）

下面我们就一起按要求开展活动，请看四色探究单：

四色探究单

想办法做一个平行四边形：

（1）小组里同学任选一种物品，用摆一摆、围一围、画一画等方法做一个平行四边形。

（2）按照红→黄→蓝→绿的顺序交流。

（3）猜一猜：根据做平行四边形的体会，小组里猜一猜平行四边形的边有什么特点。（请蓝色同学填写猜测的结果）

请一个小组汇报展示。可以说说操作时要注意什么。

蓝色同学汇报：根据做平行四边形的体会，我们小组猜：平行四边形的边有（ ）这样一些特点。

板书：对边相等，对边平行

大家有什么办法验证验证自己的猜想呢？学生汇报验证的方法和结果。

2. 小结：同学们通过自己动手制作、猜想、验证，知道了平行四边形有2组对边分别平行而且相等，真了不起。

【课例赏析】

心理学研究表明，儿童天生具有好奇心，什么都想亲自试一试，因此教师根据学生的心理特点，放手让学生根据已有的经验尝试创造"平行四边形"，虽然在这一过程中，学生创造的作品并不都是正确的，但对学生来说却是生动有趣和真实的，为教师的教学"指引"方向。同时，正由于偏差、错误的存在，也进一步激发了学生在后续教学中探索平行四边形特征的兴趣。在这一教学环节，学生不再是被动地接受所谓的"真理"，而成为学习的主动参与者，教师引导学生去自学、去研究、去争论、去自己推理归纳、去做探究性实验，从而形成有利于学生主体精神、创新意识、创新能力健康发展的宽松的教学环境。

培养学生的创造精神，教师的作用尤为重要。教师要鼓励学生以创新的态度来对待学习对象，促使学生在学习的过程中想得新、想得多、想得巧。培养学生的创新精神不是单纯地训练学生创造的技巧，而是全方位地改造学生学习的过程。作为一名小学数学老师，我们要善于启发学生动脑筋，积极鼓励学生质疑问题，逐步培养学生思维的敏捷性和灵活性，让学生在创新思维的训练中发现新事物、提示新规律、创造新方法和解决新问题，并养成关于独立思考、勇于突破常规的创新精神，不断增强其创新能力。

二、多彩信息课　创新的乐园
——《画图软件综合运用》课例片段赏析

只有学生成为课堂的主人、学习的主人时，他们才能自由思考，才有可能进行积极创造，他们的创造能力才有可能得到培养。因此，调动学生的创造积极性是培养学生创造能力的先决条件。本节课针对三年级学生而言,是一节内容生动有趣,符合小学生生理特点和心理特征的课程。张喆老师在四色单的设计中,注重启发学生独立提出问题、分析问题和解决问题的能力,鼓励学生大胆质疑,并把自己置身于学生之中,与他们一起参与各种教学活动。也只有这样,才能充分调动生的创造积极性,形成开放型的课堂,为培养学生的创造力铺平道路。

【课例内容】

一、导入

师:同学们,前不久咱们去南大天文馆进行了参观,你都看到了什么呢?

生:我看到了……

师:你们参观到了很多星系图,见到了 UFO 的照片。

师:你能想象出外星人么?是什么样子的?

小组内交流　★【红和黄】　★【蓝和绿】

张老师也想象过外星人,观察观察我都用到了什么图形?

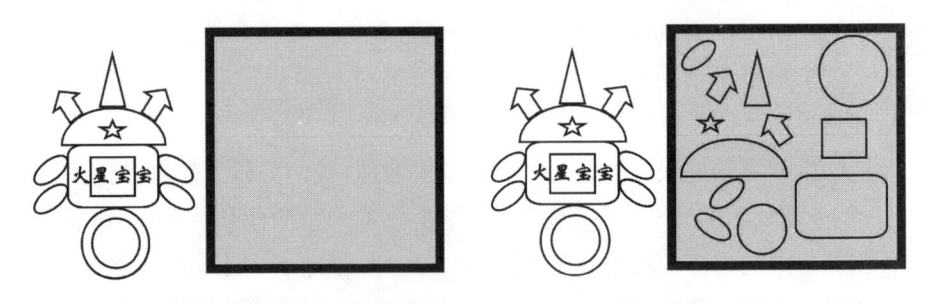

操作前　　　　　　　　　　操作后

生:圆形、正方形、圆角矩形、椭圆形……

师:如果你想创作,能在哪里找到这些图形呢?

生:画图软件。

师:非常好,要想创作可少不了工具,那我们先来回忆一下画图的工具。白板演示

学生小组讨论:选择1~2个工具分享一下有什么作用。

★【红和绿】 ★【黄和蓝】交流讨论并在计算机上相互演示,学生汇报交流。

师:同学们汇报得真不错,大家都摩拳擦掌了,先别急,白板上的外星宝宝请大家观看他们星球的魔术(白板演示拖拉进右边的正方形内再拖拉出第二个组合形象造成瞬间变化的效果)。

师:同样的图形经过不同的组合能变出各种各样的外星人,你能变出更多的外星人么?那现在就开始利用画图软件开始创作吧!

【课例赏析】

教学设计的环节采用的是符合新课标精神的任务驱动教学法和适合小班化的四色学习单。在教学过程中,多次进行各类评价及小组合作的教学方式。该教学设计在实际教学中,学生们普遍反映较好,能够充分完成教学任务,并能在延伸部分留有余地,给学生充分的发展空间和表现机会。在绘制形象的教学中,学生对于想象出的各种复杂形象能够使用简单的各种几何图形进行设计,非常感兴趣,表现出了强烈的求知欲和探索精神。

三、大学进小学 创新孕心田
——《南大的建筑》课例片段赏析

小学生通常会具有很强的求知欲和好奇心,针对此特点研究新的教学模式,在满足学生好奇心的同时,激发学生的学习欲望。王蕾老师在《南大的建筑》校本课程中,为学生创造一个有趣的学习环境,使课堂具有趣味性、挑战性和实践性,极大地提升了学生的学习兴趣,同时培养了学生的自主性和创造性。

【课例内容】

1. 汉小美术课堂进南大

陶行知先生说：培养创造力就是要把孩子的头脑、双手、嘴、空间、时间都解放出来。那就让我们和孩子一道走进南大这个空间，给孩子们充足的时间，用眼睛去看，用双手去接触，用小嘴去提问，用头脑去思考，培养孩子的创造力，感受大学精神。

课例一：走进南大去"发现"

"发现"是一切创新的开始，让我们的孩子走进南大去"发现"。课前，孩子们都有了四色学习任务单：看、摸、找、想。

看：观察南大的建筑，你发现了哪些造型不同的建筑，看谁发现的多。

摸：体验，感受一下这个建筑的材质、触摸的感觉，等等。

找：找到有关建筑的介绍说明。

想：对于这些建筑你还有什么想问的？

瞧！孩子们在校园里快乐地体验着"发现"。

孩子们在不断的发现中提问了：

老师：这个叫什么名字啊？

老师：我知道这个叫孺子牛，可为什么叫孺子牛啊？

老师：我摸出来这个是青铜做的不是铁的。

老师：这个青铜为什么发黑啊，用水洗洗它是不是会变色呢？

老师：这上面还有凹凸不平的花纹，这花纹有名字吗？

老师：这个雕像是谁啊？

老师：为什么在这里放这个雕塑啊？

……

当我们离开南大校园的时候，孩子们还意犹未尽，脑海里增添了很多的小问号。这些小问号正是我们走进南大的最大收获，在南大的校园里孩子主动地去发现、去思考了。这些小问号就是下一步探索学习研究的目标。给孩子一点空间、一点时间，用孩子自己的眼睛、小手去探索，用孩子的脑海去思考，用孩子的小嘴去提问。这就是创造力培养所必须提供的条件。

2. 南大走进汉小美术课堂

发现是创造的第一步,思考和探索研究是创造性思维的好品质。带着孩子们的问号,在课堂上一起去思考、去探索,研究、体悟大学精神。

课例二:探索研究,南大建筑背后的故事

(1)课前孩子们根据自己的小问号去收集了关于南大建筑的各种资料,并且进行了课前小组交流。

(2)课上四色交流单:

让孩子们自己选择彩色数字标注的南大建筑进行介绍交流。

通过这段的交流学习,孩子们了解了纪念性建筑的大致种类和材质。

纪念性建筑 名称 造型 材质 来历 说一说

1 钟亭 2 鼎 4 孺子牛 3 纪念碑

(3)欣赏交流众多大学中不同的建筑。从南大的建筑开始,走向更多的大学校园,从有创造性的艺术造型开始了解,深入到它们的背后故事,开启孩子们的创新思维。

通过这段的学习,孩子们了解了中外大学里都有著名的纪念性建筑,不仅仅是造型的创意独特,更有背后的深刻含义与故事。

复旦大学——书雕塑　　清华大学——闻亭

中山大学——牌坊　　耶鲁大学——钟楼

认一认

3. 汉小与南大创造性教育融合

孩子们在对纪念性建筑有所认识的情况下,更了解了大学校园的纪念性建筑的深远意义,提供给孩子一个展示自己才能的空间,让他们放手去创造的同时,也要考虑到他们是孩子,用孩子喜欢的方式,用孩子们喜欢的材料去创造,才是最适合的教学。

课例三:为汉小八十年校庆设计纪念性建筑

一种新的益智玩具"拼拼豆豆",经过自己的尝试研究发现这些小颗粒需要学生们根据自己的想象,然后用小手拼出造型,烫制成形,形成小的画面造型。不仅锻炼了学生造型能力、想象能力,更培养了学生动手能力、协调能力、细小动作的配合能力。这些五彩的豆子在学生们的操作中千变万化,能让学生们在充分的动手实践中体验创造的乐趣。在校长的大力支持下，孩子们用玩具拼出自己为学校八十年校庆设计的纪念性建筑。

教师提供素材四色设计选择单：

通过这段的学习，孩子们开始有意识地进行有目的创作，将所了解的纪念性建筑的含义与造型特点融入作业中。为自己的学校设计一座纪念性建筑使孩子们的作业更富有了使命感和责任感。创新意识开始萌芽。

孩子们的作业：

有个孩子设计一座桥,寓意学校是一座通往知识的桥梁。有个孩子设计一张可爱五彩太阳笑脸,寓意每个孩子的生活都能像太阳的光线一样五彩斑斓……这些设计创意无不透出孩子们的奇思妙想。创新精神在悄悄地萌发着。

【课例赏析】

教学是一门艺术,而且是综合艺术。教学是灵动的,教学设计也是需要不断创新的。教师应该鼓励学生去认识生活、体验生活,引导学生去挖掘自身的情感,捕捉生活中的每一个难忘瞬间,关注身边的人和事,从中发现美并创造美。小学生具备独特的内心世界,有着极为强烈的好奇心和丰富的想象力,具有极强的探索精神和求知欲望。在小学阶段这个非常关键的时期,教师应该不断地引导学生去感受外部世界、体验生活,借助审美知觉来充分强化学生对美的认识及欣赏,帮助学生走向生活,融入大自然中,为感性生活的经验向表象的转化奠定良好的基础。世界著名的哈佛大学之所以能培养众多杰出人才,就是其"永远创新、永远改革、永远追求"的精神所决定的。这节综合实践课的教学设计构建了教师和学生共同民主学习的平台,为师生创造精神的培养提供了有利条件,也让大学精神在小班的课堂开出了灿烂绚丽的四色花。

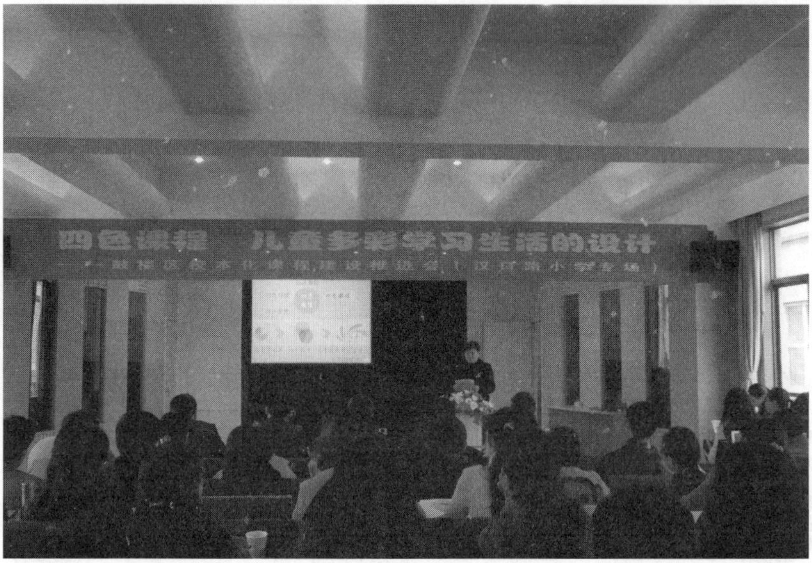
四色课程 儿童多彩学习生活的设计

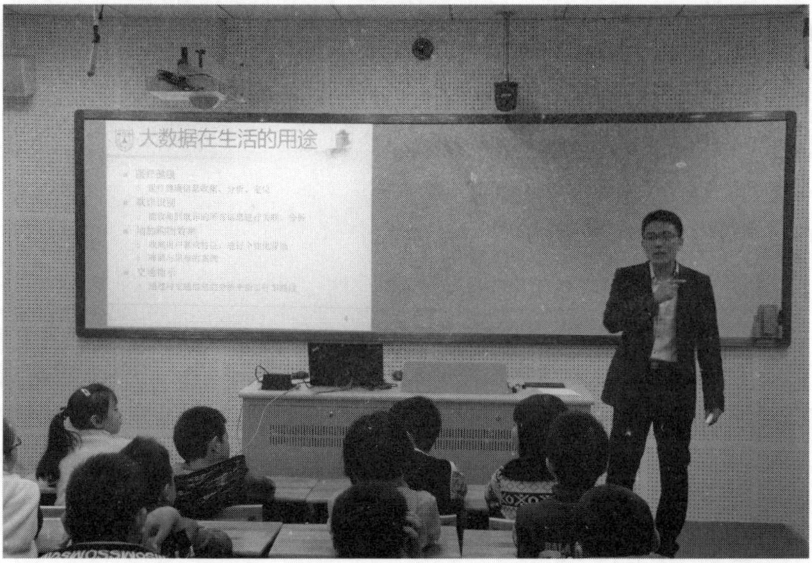
大数据在生活的用途

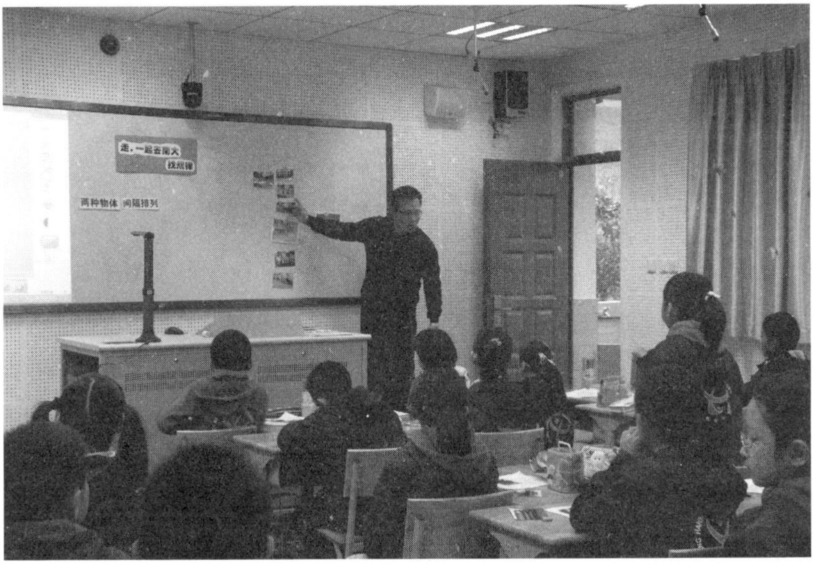

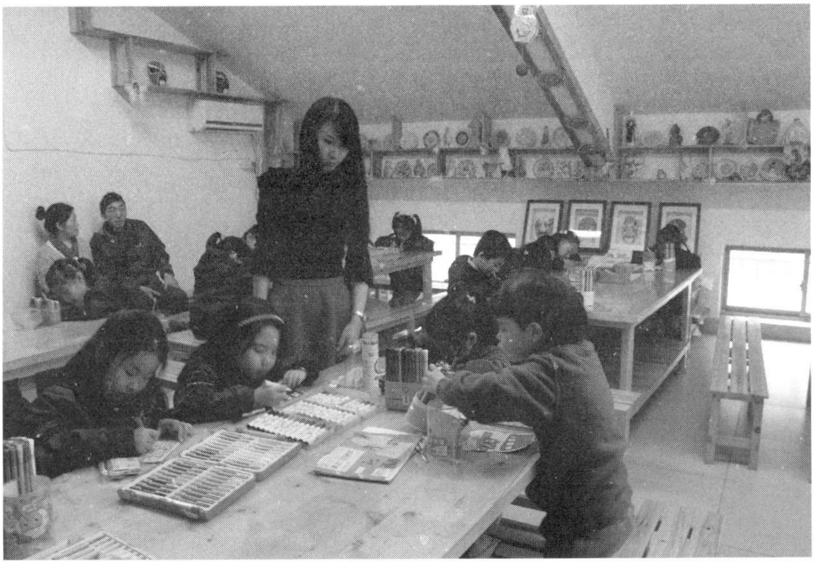

第五章　自主选择的多样化校本课程

近年来,课程多样化的趋势进一步加快,国家根据教育目标规划课程计划,按照这一计划制定必修课的课程标准,把选修课的决策权交给地方和学校,并颁发了与之相配套的《地方和学校课程开发指南》,旨在建立自上而下和自下而上相结合的管理政策。基础教育课程改革纲要明确提出:实行国家、地方、学校三级课程管理。这就意味着学校课程将由国家课程、地方课程和学校课程三部分组成。这一决策的实施,将会改变"校校同课程、师师同教案、生生同书本"的局面。

校本课程的开发是教育迎接新世纪挑战的一种回应,实施素质教育对学校提出的必然要求,是学校充分发展办学优势和特色,积极参与国家创新工程,贯彻落实国家的教育方针,促使学生和谐发展继而推动社会的发展,培养和造就"创造新世纪的人"的一项基本建设。

第一节　校本课程的整体架构

汉口路小学一直注重内涵的发展,坚定不移地进行课程和课堂教学改革,持之以恒地进行校本课程的开发。从四色学习单到四色课堂,再到四色社团,又从四色课堂走向四色课程,由此再提出"四色教育"的构想。多样化的四色课程在此基础上形成,它是汉口路小学具有特色的校本课程,也是"四色教育"的主体板块。四色课程是四色学习单的提升与超越,它给予学生更多的自主选择权,为儿童设计了多彩的学习生活,融入了汉小人对学校的归属与热忱、对学生的爱心与关怀,更倾注了汉小人的教育真情与教育智慧,展现了汉小人的教育视野与教育气度。

第五章　自主选择的多样化校本课程

一、理念架构

新课程改革特别强调"以人为本",强调儿童本位。新课程所依据的建构主义理论要求我们教育教学要以儿童为本,要以儿童的学习为本,以学定教,从教的视角转向学的视角。"课程是由学习者的需要和个性特征发展而来的经验组成的",课程开发必须基于本校学生差异性、独特性的需要。儿童是多样的,每一个孩子都有独特的个性,我们要对个性迥异的儿童实施不同的教育。每一个儿童自身也是多彩的,他们各自的素质、特性、能力、知识结构、发展可能性都非常丰富,这也决定我们的教育必须是多样的、多元的。在汉小,我们一直遵循儿童身心发展的特有规律,给他们提供不同的资源、平台、机会、渠道,希望儿童发展得更精彩。在建构多样化的校本课程时,汉小有两条原则一直贯穿其中:一是尊重学生的差异,为学生提供符合其个性特征的适应性教育;二是全面、和谐发展学生的个性。在保证全体学生都达到国家规定的培养目标的基础上,既根据学生个人的潜质特点,发展其独特的具有"特长"的个性,也根据学生的需要,发展其"需要发展"的个性。

汉口路小学的四色课程理念是:在课程里,每一个都重要。其理念和学校办学理念紧密对接,一切从儿童的发展需要出发,努力尊重每一个孩子的差异,发掘每一个孩子的潜能,给予每一个孩子自主的选择,以满足每一个孩子的不同需要为本,以每一个孩子的全面发展为本,以为儿童的一生幸福成长为本。在80多年来南大文化的滋养下,在校训"励行"精神的激励下,在"在这里,每一个都重要"的核心理念的牵引下,汉小对四色课程特质的定位是:生动、多彩、适性、交融。提炼出:有童趣、有意义、有选择、有个性,以此来彰显儿童多彩的、能自主选择的、多样化的学习生活。

学校及教师是校本课程开发的主体,这是校本课程开发内在的规定性要求,也是校本课程开发中必须坚持的基本理念。[①] 因为学校最了解自身

[①] 吴永军:《再论校本课程开发的内涵及核心理念》,《教育发展研究》2004年第3期。

发展需要、学生发展需求、教师状况、社区特征以及家长需要,所以学校作为课程开发的主体机构,可以集中一切有利于学生发展的教育资源,开发适合发展学生个性特长的、多样的、可供学生选择的课程,从而形成特定的校本课程。广大教师最了解学生实际,他们开发出的课程最贴近现实,最能满足不同学生的差异性需求。另外,教师作为校本课程开发的主体也是教师"教育自由权"的回归。所以在汉小,大多数的课程是由任教老师研究和开发的,如由教师群体开发的"花样可乐·健身足球"等,教师个体开发的"迷你读·述"课程等;还有南大和汉小联合开发的课程,如"小学·大学"微型图本课程等。在开发"小学·大学"微型图本课程时,老师们根据学生的年龄特征、心理水平和学习习惯的需要,共同确定了编制校本课程的几个要素:① 强调四色学习特色,突出大学元素,拉近小学生与大学的心理距离;② 图文并茂,语言浅显明白,具有良好的可读性;③ 科学性、知识性、趣味性、开放性有机结合;④ 留给学生思考、质疑探究的实践空间。在这些原则的基础上,确定编纂课程的体例、风格以及内容呈现方式。团队老师们几易其稿,上下两册校本课程覆盖到了语文、数学、英语、美术、科学、体育这六个学科,《一起去南大找图形》、《我向往的南大院系》、《童画北大楼》、《到南大去踢足球》、"What Do You Want To Be"等生动有趣的内容跃然于纸上。小学、大学这两个看似相距很远的词语,在这里,却变成了有机的融合。但是从国内外校本课程开发的成功实践来看,理论的引领和专家的指导不仅是十分必要而且是不可缺少的。汉小比邻南京大学,80年来南大文化一直是滋养汉小的源泉,南大除了"物"的濡染,还有"人"的熏陶。南大每年都有很多教师子女就读汉小,于是汉小充分调动南大"人"的力量,也来为励园儿童多彩学习生活设计。大师课程和大学生课程就这样诞生了。汉小将此资源整合成校本课程,固定化、常态化,每个班每学期联系一位南大教授和大学生,也拓展到其他大学,确立一个专题,分别形成大师课程和大学生课程的总纲目。不仅以班级、年级为单位按计划定期让教授或大学生来讲课,还把授课内容传至校园网,让学生在家就能自由选择感兴趣的内容点击、学习。这样受益的是更多学生,甚至还有家长和老师。大师课程和大学生课程内容涉及不同的领域,形式生动活泼,深受学生喜爱。大师们渊博的知识、优雅的谈吐、认真严谨的治学态度、寻求突破的探究品质，无疑能帮助孩子们逐步达成我校"五育"目标，丰富儿童的知识世界，充实儿童的精神生活，孕育儿童的国际视野，增强儿童拼搏向上与自我完善的能力。

校本课程开发必须作为基础教育课程体系中的重要组成部分才能具有强大的生命力。从校本课程开发活动的产生来看，它是针对国家及地方课程难以照顾到不同学校、不同学生的差异性需求而产生的。因此，就其定位而言，它不应该是孤立的、与国家及地方课程毫不相干的，而应当是国家及地方课程的重要的独特的补充，与国家及地方课程一起共同构成完整的基础教育课程体系，三者缺一不可。所以在国家课程和地方课程的基础上开发的多样化的校本课程既能照顾到"共性素质"的培养，也兼顾了学生"个性素质"的发展需求，给学生更多的选择空间。汉小四色课程培养的目标可以用五个关键词来描绘：崇德、敏智、健体、尚美、创新。即培养德正的人，培养智慧的人，培养健康的人，培养尚美的人，培养创新的人。在汉小称作培养"五育"学子。汉小的多样化的四色课程不仅是学生学习内容及其进程的总和，更是对学生学习经验和个性品质的改造；不仅展现的是学生学习的"跑道"，更是学生"奔跑"的过程。汉小的课程是开放的、动态的、民主的、科学的，而不是封闭的、静态的、独裁的、经验的。它尽可能地给予孩子更多的选择权，发挥每个学生的个性和特长，重视学生自身独立的生命价值，让学生在励园健康快乐地成长。

二、课程关系

在义务教育阶段要以国家教育为主。强调义务教育阶段的国家课程，并不意味着排斥或否定地方课程和校本课程。我国地区之间、城乡之间存在较大的差异性，部分课程能力较强的地区和学校应加大对地方课程与校本课程的开发力度，进一步探索并总结地方和学校管理课程、开发课程的经验。三级课程管理政策的落实和完善必将对我国基础教育课程发展起到较大的推动作用。

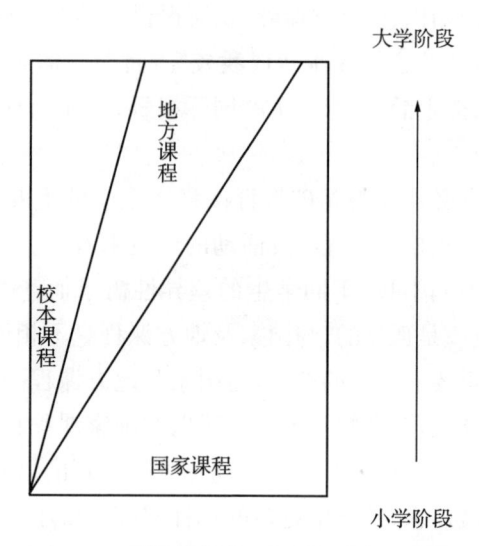

图 5-1 学校课程中三级课程比例示意图

汉小开发的多样化的校本课程之间不是独立的,而是互相融合的。因为很多知识和技能不是孤立地规定在某个学科之中,而是同时与几个学科相互渗透、相互交融的,汉小在开发课程资源的时候,就是充分利用学科中的有利资源。在其他课程中有资源为之提供了开发的前景,也留有很大的空间,比如"劳技"课,一项劳动的过程,可能要涉及很多自然科学和社会科学方面的知识、技巧,这就决定人类的一些社会活动,不是靠一种知识可能完成的。所以多样化的校本课程之间的关系是相互融合的。各课程之间不是孤立的存在而是互相渗透和关联的。如"迷你读·述课程"属于学科拓展类,"多彩社团课程"属于艺体特长类,而"综合网络课程"既属于综合实践类,又兼有学科拓展、艺体特长的内容。校本课程体系的重构,凸显了汉小人对四色教育的理解,促进了校本课程的系统建设、有序推进和持续发展,期望通过多样化四色课程的实践行动,达到"多彩学习每一天",实现"幸福成长每一个"。

三、课程框架

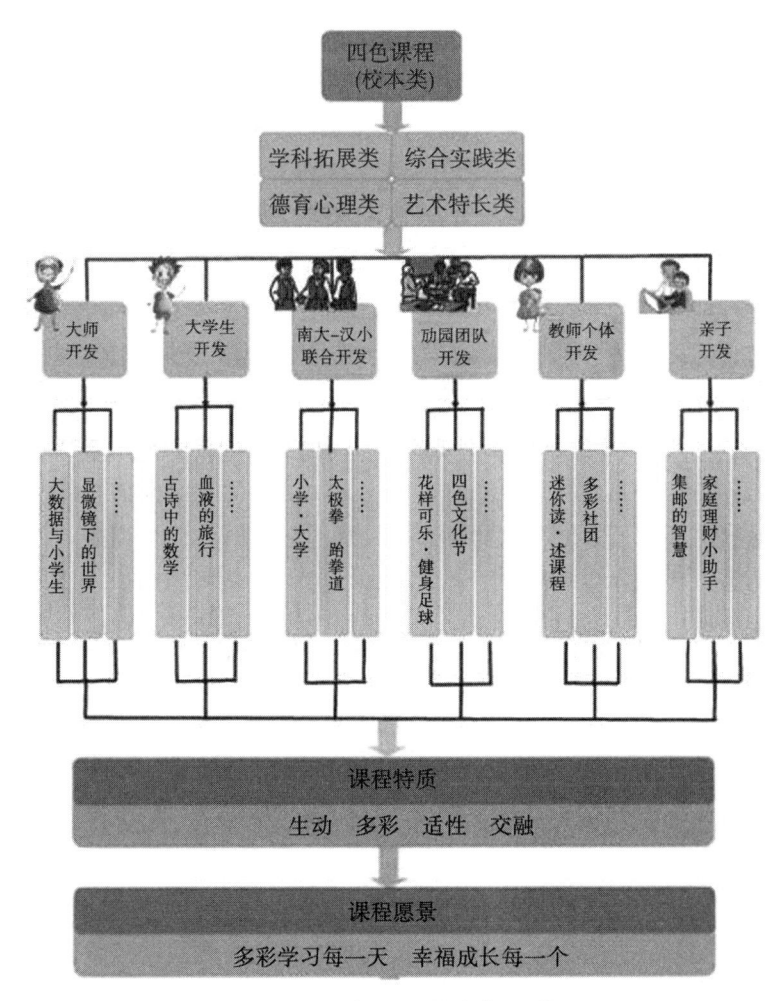

图 5-2　四色课程(校本类)架构图

学校搭建了"四色课程儿童多彩学习生活设计"的总体架构，从框架看，校本类四色课程体系主要由学科拓展类、综合实践类、德育心理类、艺体特长类四大板块构成。

根据四色课程开发主体可分为大师开发的课程、大学生开发的课程;南大汉小联合开发的课程;励园教师团队开发的课程;教师个体开发的课程;家长、学生共同开发的亲子课程。

汉小的校本课程是生动多彩的。在充分了解学生的基础上,利用多方资源,为孩子构建多样化的校本课程,给予孩子更多的选择权。尊重每一个孩子个性化的需求,搭建更多的平台,给每一个孩子展示的机会,希望每一个孩子在励园里都有一个多彩的童年。大师开发的课程有"大数据与小学生"、"显微镜下的世界"等;大学生开发的课程有"古诗中的数学"、"血液的旅行"等;南大、汉小联合开发的课程有"小学·大学"微型图本课程、"太极拳"等;励园教师团队开发的课程有"花样可乐·健身足球"等;教师个体开发的"迷你读·述"课程等;家长、学生共同开发的亲子课程有"理财小助手"、"集邮的智慧"等。

汉小的校本课程不仅适应学生的个性发展需求,也是国家课程和地方课程的有力补充,而且各课程之间是相互交融的。就拿由南大和汉小联合开发的课程"小学·大学"微型图本课程来说,它里面设计了很多的综合实践活动,有一些课程活动综合了语文、数学、美术等学科的知识。比如说讲到"南大的建筑"这一课时,汉小在校本课程教材的基础上进行了二次研发升格。语文小组通过寻访、调查、交流等形式探寻了南大建筑中的文化;美术组尝试用多种形式表现南京大学的建筑;数学组采用实地研究的方式绘制了南京大学的平面图。这一课分别培养了学生的综合实践能力、计算能力和绘画能力,陶冶了学生的情操,提高了学生的审美情趣,激发了学生对文化的探索兴趣。该课程设置不拘泥于课堂,不拘泥于校园,突破原有学科教学的封闭状态,为儿童多彩学习生活的空间环境赋予更多的社会性,使课程形态更灵活、内容更开放、呈现更精彩。还有大学生开发的课程之一"古诗中的数学"就是结合了数学和语文两门学科的内容。

四、价值追求

四色学习单是汉小教学改革的重要方式,它的诞生引发了汉小课堂教学的悄然变化。多样化的四色课程从四色学习单走来,由原先的教学意识走向课程意识,走向文化意识,并且注意其间相互交融、相互发展、相互服务,现在的汉小,正行走在课堂、课程等文化共生共融的路上,努力实现"四色课程"的价值追求。

追求一:通过四色课程的研发和运作,促进国家课程的有效实施。校本课程是对国家课程、地方课程的丰富和补充,其开发的目的是满足学生和社区的发展需要。汉小根据江苏省课程计划的有关规定,从当地社区、学校的实际出发,制定实施方案,同时结合学校的传统和优势,开发了适合本校实际情况的校本课程,提供给不同需求的学生选择,充分发挥国家课程、地方课程和校本课程对学生发展的不同价值。四色校本课程是在汉小多年来实施活动课、选修课、兴趣小组活动的基础上继承和发展而来的课程,目的是为了更好地满足学生的实际发展需要。汉小充分利用当地社区和学校的课程资源,根据学校的办学思想开发了多样性的、可供学生选择的四色课程。希望通过多样化的校本课程发掘每一个孩子的潜能,满足每一个孩子的不同需要,以每一个孩子的全面发展为本,以为儿童的一生幸福成长为本。四色课程的研发和运作旨在满足学生个性发展的需要,体现学校办学的独特性,创造良好的条件,促进国家课程的有效实施。

追求二:通过四色课程的研发和运作,建构我校儿童丰富多彩的学习生活。这是我校四色教育内涵发展的最新课题,即江苏省"十二五"重点资助课题"小班环境下儿童多彩学习生活的课例研究"的主攻方向。四色课程的研发以期促进儿童个性发展,真正彰显"在这里每一个都重要"的核心文化理念。因而,在学校文化内涵关照下,在核心课题引领下,四色课程同样是为儿童建构多彩的学习生活而设计。期望每一个汉小的孩子在励园里度过一个快乐多彩的童年。

追求三:通过四色课程的研发和运作,锤炼教师设计儿童多彩学习生活的智慧。教师是儿童多彩生活设计的重要主体,光改变教师的行为,不改变教师的思维,课程改革是肤浅的。四色课程的研发和实施,能真实再现教师设计课程的行动,形成类型多样的课程,帮助教师认识自己所教学科与学校整体培养目标的关系,与学校文化发展的关系,与儿童全面素养提升的关系,形成大课程观,进一步促进教师设计儿童多彩生活的专业智慧。这对促进教师的专业发展具有十分重要的意义,是实现教师持续性的专业发展的有效途径。期望四色课程不仅给学生提供发展需求,也能促进教师专业能力的持续发展。

追求四:通过四色课程的研发和运作,创生儿童多彩学习生活设计的可操作路径。形成具有汉口路小学特色的教育文化、课程文化、学习文化,逐步提升学校的品牌价值,为学校的可持续发展注入活力,扩展学校生存和发展的空间,从真正意义上达成为儿童多彩学习生活设计的目的。

追求五:通过四色课程的研发和运作,提升儿童多彩学习生活的幸福指数。汉小借鉴国外课程开发的成功经验,积聚家长和社会的多方资源与力量,为课程的研发和运作提供更多资源的同时,培塑新的家庭教育观、社会教育观,让课程更多彩,让教育更多元,让儿童更生动。

虽然汉小的校本化课程建设才刚刚起步,但在多样化的四色课程实践中,已经真实感受到励园儿童在多彩学习生活中的阳光灿烂。从励园教师奋进团结的步履中,能感受到教师们努力坚持真实的课程研究,踏实走在课程改革之路上。他们一直在付出智慧和汗水,精心收集整理的大师课程、大学生课程已经常态化。汉小教师团队历时两年尽心创意的"小学·大学"微型图本课程、"花样可乐·健康足球"校本课程均已由南京大学出版社出版并开始实施。课程研究成果《四色学习单的文化生长》由南京大学出版社出版,《边玩边学语文》由安徽师范大学出版社出版,不断打造的多彩社团也被中央电视台等多家媒体报道。励园教师们又用综合网路课程、"迷你读·述"课程、亲子课程迈向四色课程研究新的征程……

世界著名课程专家、国际课程研究促进协会副主席、美国路易斯安那州立大学小威廉·多尔教授认为:课程不是跑道,而是在"跑道上跑"的动态过程。几年来,从茫然困惑的摸索到对梦想的守望,汉小的老师们一路奔跑、坚持不懈。在课程实践中,正因为他们斗胆行动、小心求证、持续探索,四色课程才能以崭新的姿态更丰富、更深远地发展,汉小才能在课程改革的路上勇往直前,将儿童多彩学习生活进行到底,他们永远追求在"跑道上跑"的动感美,还因为——"在这里,每一个都重要"。

第二节　四色课程的实施列举

《基础教育课程改革纲要(试行)》明确指出:"学校应视当地社会、经济发展的具体情况,结合本校的传统和优势、学生的兴趣和需要,开发或选用适合本校的课程。"[①]

汉口路小学力求走出一条能与学校资源、学生兴趣和需要相适应的路子,四色课程在汉口路小学经过几年的课程实践和方法探索,在专家同仁的指导下,初步积累了儿童多彩学习生活的教学经验。

汉口路小学校本化课程的研究和实践不是孤立的,它不仅深深植根于学校日常教育教学行为之中,而且源于社会生活实践,必须依赖教师群体和多方资源。学校鼓励老师自主研发、集体研发、分学科研发、根据自身潜能和特长个人研发、多方寻求合作伙伴研发,并将校本化课程的研究和实践与课题研究、校本教研、校园文化有机结合。同时鼓励学生关注生活中的各种细节,有利于培养学生对自然科学、人文礼仪等各方面的兴趣。从小开始提高学生自身素质,将来为祖国输送合格的各方面人才。"四色课程"就是本着这个宗旨,让学生在轻松快乐的环境中学习文化知识,让孩子们的学习生活更加丰富多彩。

下面通过举四个例子来例证"四色课程　儿童多彩学习生活设计"的创意实践。

一、大师课程实施列举
——《大数据与小学生》

南京大学信息管理系石进副教授来我校做了《大数据在小学生中的运

[①] 钟启泉等主编:《基础教育课程改革纲要试行解读》,华东师范大学出版社2001年版,第8页。

用》讲座,围绕什么是数据、什么是大数据、大数据特点、大数据在生活中的用途、祺祺的一天,介绍了大数据在小学生生活中的运用。孩子们在讲座中感受着交通、购物、旅游、医疗、学习、科研、生产等几乎生活的方方面面都能借力于大数据的巨大帮助。

【教学设计】

1. 什么是数据

数据就是数值,也就是我们通过观察、实验或计算得出的结果。数据有很多种,最简单的就是数字。

如:1,-1,18927874,3.14159265 等

数据也可以是文字、图像、声音等。

数据可以用于科学研究、设计、查证、分析,等等。

2. 什么是大数据

大数据技术,英文叫 big data。

又称巨量资料,指的是所涉及的资料量规模巨大到无法通过目前主流软件工具,在合理时间内处理的信息。

大数据的特点:

(1) 数据体量巨大。大型数据集,从 TB 级别,跃升到 PB 级别乃至 ZB 级。

1 ZB(泽)=1024 EB;1 EB(艾)=1024 PB,1 PB(拍)=1024 TB;1 TB(太)=1024 GB,1 GB(吉)=1024 MB;1 MB(兆)=1024 KB,

1 KB(千)=1024 B;

1 ZB=十万亿亿字节,约可存储1千万亿照片。

一个英文字母=1 B(字节),一个汉字=2 B。

(2) 数据类别繁多。数据来自多种数据源,数据种类和格式也不一样。

(3) 价值密度低。

以视频为例,连续不间断监控过程中,可能有用的数据仅仅一两秒钟。

(4) 处理速度要求高。大数据要求在线或实时数据分析处理的需求,1秒定律。

3. 大数据在生活的用途

(1) 医疗健康——医疗健康信息收集、分析、定位

(2) 欺诈识别——能收集到欺诈的所有信息进行关联、分析

(3) 增加购物效率——收集用户喜欢特征,进行个性化营销　啤酒与尿布的案例

(4) 交通指示——通过对交通信息的分析来指引行车路线　祺祺的一天

早上7:00,祺祺的爸爸开车送祺祺去上学。

对许多人来说,路上的堵车经常让人抓狂,但祺祺的上学之路却轻松了不少,因为他懂得利用大数据技术给爸爸指路:

按照手机地图的指示,祺祺让爸爸避开了用红线标记的交通拥堵路段,按照规划的绿色行车路线往学校前进,虽然绕了不少路,但因为避开了拥堵路段,用的时间更少了。

地图软件是怎么知道哪个路段出现拥堵的呢?主要有三种途径:

(1) 大家随身携带的手机,会每隔几秒钟与基站联系一次,当大量手机在某个路段停止或缓慢移动时,基本可以判断该路段出现拥堵。

(2) 遍布大街小巷的监控摄像头可以直接看到路段的拥堵情况,很多城市的交通管理部门会即时在拥堵路段进行标记。

(3) 在很多城市的交通管理中应用越来越普遍的小型无人驾驶飞机,也会在因事故等造成的大型拥堵事件中派上用场。

上午,祺祺要将作业交给美术老师,祺祺就用U盘将作业从自己电脑上拷下来,然后拷贝到老师的电脑上。

班上的"电脑达人"小明见状马上给祺祺支招:"祺祺,你有点落伍了呀,现在都用云存储了,你把资料上传到云盘上,到时候再从自己的账号上下载下来就可以了,方便又不容易丢!"这是一项已被普遍应用的大数据技术——云存储。通俗点讲,人们俗称的把资料放到"网上",这里的"网上"指的就是"云",即大型数据存储中心。

比如360云盘容量可达40 TB,可存照片几千万张。

回到家中,老师布置作业让大家解词,其中有一个词是"姹紫嫣红"。

祺祺在百度中键入"姹紫嫣红",不到1秒钟的时间里,立马跳出了10300000条包含这些关键词的网页链接。

祺祺用妈妈的手机查资料的时候,突然手机响了,祺祺拿起手机一看,是一个来自福建的陌生号码,手机上的软件显示该号码被标记为"诈骗电话",祺祺按下了拒接键。

安全厂家收集全球手机用户所做的标记,记录在数据存储中心,当某一部手机接到已被标记的号码来电时,手机软件可以在大量数据中找到这个号码。

晚上,祺祺登录淘宝网,想为自己买双鞋。由于之前浏览过类似的商品,祺祺一打开电脑,网页上自动跳出了此类商品的广告。

4. 大数据技术

根据你买过的商品的价格,分析你的消费水平

根据你最近的浏览和搜索,分析你当下的需求

二者结合,进行针对性非常强的推销。

只要个人账户不变,每个人的数据都会被积累,形成隐形的"消费水平变化曲线图",并据此自动调整广告内容。

大数据时代已经到来

转变思维,拥抱大数据!学习大数据,改变生活!

【教后反思】

1. 用联系的眼光,拓宽学生视野

在讲座现场,能发现小学生对这个科技话题很感兴趣,又是同学家长来做讲座,其轰动效应可想而知。听课的孩子在听后感中写到,由于对讲座兴趣较浓,课后还去查资料,做进一步的了解。大师课程,作为一个平台,唤醒了孩子们的思想,让孩子们从课内走向了课外,从校内走向了校外,从眼前走向了未来。

2. 用严谨的治学态度,启迪学生心智

石教授是汉小五(1)班石亦珠同学的爸爸,他在来学校讲之前,先在家给自己的孩子试讲,孩子有听不懂或不感兴趣的,他就去掉或调整,用适应儿童的方式来讲解。同时他对我校做大师课程非常赞赏,说国外学校都是这样,学校没有资源开设的课程儿童又十分需求的,就请家长来做这个课程。这次石教授的讲授传授给孩子的不仅仅是生活中有大数据存在的事实,更重要的是教会儿童对生活中的平常小事,学会用科学研究的眼光看待,并学以致用,一定会让生活更有品质、更有创意、更加幸福。下面分享一篇学生对此活动的感想,你会发现学生满满的收获。

【学生感言】

《大数据》课后感

商訾文　汉口路小学六(1)班

小学生最喜欢听到、见到、学到的就是那些既有用,又有趣的新知识,而能把大学里的教授请进课堂,来一场生动有趣的科技讲座,可真是我们想都没想过的大好事,何况这位教授还是同班同学石亦珠的爸爸,其轰动效应可谓空前绝后。

石教授讲授的主题是大数据与我们日常生活的关系。这个听起来很深奥的话题,在石教授那妙趣横生的讲座里变得有意思极了。

其实,大数据离我们很近很近,大数据已经渐渐成为人们生活中的一部分,并且在潜移默化中改变和影响着人们的生活。大数据下的智慧交通,就是融合传感器、监控视频和GPS等设备产生的海量数据,甚至与气象监测设备产生的天气状况等数据相结合,经过分析,提取出我们真正需要的信息,直接提供最佳的出行方式和路线,简直太神奇了。

不只是交通,还有购物、旅游、医疗、学习、科研、生产等等几乎生活的方方面面都能借力于大数据的巨大帮助。人们的各种信息都会以数据的形式输入电脑,以备随时调用。大数据对繁杂的信息进行有

效的存储、处理、查询和分析,无疑具有无尽的潜力。

我是服了,石教授的学问真是博大精深,不愧是大数据方面的专家,最关键的是,他让我们明白了:今天不好好学习,未来想舒舒服服生活是不可能的——额头上的汗都下来了,怎么办?——加油!

二、"小学·大学"微型图本课程实施列举
——《南大的建筑》

汉口路小学与南大一墙之隔,南大是汉口路小学学生的精神富矿。大学的人文素养,大学的自由与创新精神,值得每一个人细细品悟。通过怎样的方式手段利用好这一地域优势,让学生亲近大学,汲取更多的养分?

学校的老师和南京大学的老师、研究生组成了联合校本课程研发团队。最初的团队在2011年9月开始了关于南大的校本课程的研发。为了能够更好更全面地挖掘大学资源,团队的老师主要做了以下工作:一是广泛调查,通过对学生家长及南大的教授广泛征询与书面调查,获得基本素材;二是通过查阅文献,网上检索上获得信息,收集有关资料;三是实地调查,先后考察了校史馆以及地质系、物理系、新闻系等相关院系。通过一系列准备,使编纂主题更加明确,工作更为缜密,增强了老师们的体验性。

但是,正如面对富有的宝石矿,哪一颗宝石才是真正适合自己的?如何打磨才是最最美丽的?这对于团队的老师们来说是一个非常大的挑战。校本课程的使用对象是小学生,他们需要什么?想了解什么?什么对他们是最重要的?唯有站在学习者的立场上来思考。老师们根据学生的年龄特征、心理水平和学习习惯的需要,共同确定了编制校本课程的几个要素:① 强调四色学习特色,突出大学元素,拉近小学生与大学的心理距离;② 图文并茂,语言浅显明白,具有良好的可读性;③ 科学性、知识性、趣味性、开放性有机结合;④ 留给学生思考、质疑探究的实践空间。在这些原则的基础上,确定编纂课程的体例、风格以及内容呈现方式。团队老师们几易其稿,上下两册校本课程覆盖了语文、数学、英语、美术、科学、体育这六个学科,《一起去南大找图形》《我向往的南大院系》《童画北大楼》《到南

大去踢足球》、"What Do You Want To Be"等生动有趣的内容跃然纸上。小学、大学这两个看似相距很远的词语,在这里,变成了有机的融合。在具体课程的实施中,老师们也做了许多有趣的尝试。比如张臻、许红、王蕾三位老师共同完成的《南大的建筑》这一课的教学,就是一种探索。

【课例片段】

1.《南大的建筑·数学篇》学习单

找:在南大的建筑中找一找,看看你有哪些与数学知识有关的发现。

疑:自己对南大的建筑有什么和疑问与大家分享一下!

探:选择其中一个问题,先自己探究,再在小组内交流。

做:用自己喜欢的表现方式,向大家展示你从南大发现的数学知识。

(本课学习单设计了前测、提问、探究、反思等活动,每一次活动都由孩子自主选择决定。本课的教学更重视学生的自由度,课程中的一大半都是自主选择,学生可以尽量多地选择自己感兴趣的内容,使学生的思维最大限度地进入学习任务之中。)

2.师:从最近几次在南大的实践活动中,你有哪些关于数学知识的有关发现?

生1:以汉口路为分界线,南大分为北园和南苑。

生2:北园是教学区,它有好几个门。

生3:我发现南大校园里的建筑有很多对称图形。

生4:南大标志性建筑北大楼位于北园的东北角。

……

(从南大建筑中找数学元素比较容易,但找到这些数学元素背后蕴含的知识比较难。新课程下的数学教学是创设适合的问题情景,在问题情景之下发挥学生自主参与、积极探究的主体意识,引导学生发现问题,提出问题,解决问题,再提出新问题,再解决新问题的过程。这个过程是学生以问题为主线进行数学的学习,掌握必要的数学知识,这样让学生带着数学的眼光走进生活,走进自己的已有知识经验。通过自我的发现,有初步的了解,并顺着学生已有的知识经验设计学习单,展开教学活动。)

3. 师:在南大的建筑观察发现的过程中遇到哪些问题?
生1:从南大的大门到教学楼有多远?
生2:为什么南大的建筑是轴对称图形?
生3:什么是中轴线?
生4:从不同的方向怎样到同一个建筑?
生5:怎样制作南大校园的平面图?

师:我们可以自由分组,根据自己的能力和感兴趣的话题选择合适的小组,然后分组讨论确定主要研究的问题,确定研究的方式,互相帮助、分工合作,把结果记录在学习单上。

(学生在自我探索的时候,可能已经产生了一些问题,所以把自己的疑问写下来,带着问题走进课堂,促进学生自主有效地学习。学生在进一步探究南大的建筑时,都在选择适合自己的探究方法来研究自己的问题,并且把自己的成果记录在学习单上。这一过程不是简单地告诉、简单地暗示、简单地引诱,而是孩子自己去经历知识的发现过程和方法的形成过程。)

4. 师:请大家用自己喜欢的方式,将你研究的成果和大家一起来分享。
生1:我想绘制一幅南大的手绘地图。
生2:我想将南大的中轴线及周边的建筑制成沙盘。
生3:我准备将南大的各建筑之间的距离写下来。
……

(让学生选择自己喜欢的方式呈现探究到的数学知识,很好地实现了学生在做数学的过程中经历从实物到模型的知识建构,并且在做的过程中对所学知识进行反思。学习单要实现多次使用,在其他环节中让学生课后通过上网查阅一些课堂上没有及时解决的问题,比如城市为什么有中轴线?比如学生用沙盘图表示板书,在课后有时间完善,并且进行小组内充分交流,取长补短。

四色学习单就是儿童多彩学习的"菜单"。它有助于引导学习的全过程,帮助孩子合理地选择并规划自己的学习;它恰到好处地创设各种氛围,引导孩子们突破"传统"限制;它让孩子们走进多彩的数学课堂,碰撞了思维,放飞了思想,分享了快乐。)

【教后反思】

1. 四色学习单,创设情景化的课堂,使学生在选择中丰富情感

《课标》指出:数学课程"不仅要考虑数学自身的特点,更应遵循学生学习数学的心理规律,强调从学生已有的知识、生活经验出发……数学教学活动必须建立在学生的认知发展水平和已有的知识经验基础之上"。这就是说,数学教学活动要以学生的发展为本,要把学生的个人知识、直接经验和现实世界作为数学教学的重要资源。

《南大的建筑·数学篇》四色综合性学习单,通过创设良好的人际关系和学习氛围,激励各个智力层学生学习潜能的释放。课堂不是无情物,有情有趣才是教学。这种情趣是一种情境,一种氛围,一种能使师生忘我地投入到那种愉快的体验和探索之中的,你中有我、我中有你,浑然一体的课堂氛围。

2. 四色学习单,创设生活化的课堂,让学生在选择中认知

数学来源于生活,生活中处处有数学。《数学课程标准》指出:"教学中,要创设与学生生活环境、知识背景密切相关的,又是学生感兴趣的学习情景,让学生在观察、操作、猜测、交流、反思等活动中逐步体会数学知识的产生、形成和发展的过程,获取积极的情感体验,感受数学的力量,同时掌握必要的基础知识和基本技能。"

在南大微课教学中,四色学习单把社会生活中孩子们感兴趣的南大建筑题材引入数学课堂教学中,让学生在发现问题、解决问题、实践活动的过程中,建立"用数学"的意识,培养"用数学"的能力,体验"用数学"的乐趣。

四色学习单,它不仅仅是作业形式,也不只是学习结果的呈现,它直接

指向学习的过程,是学习过程的"全息影像"。经由它,可以洞见学习的整体面貌。"问、玩、悟、用"是本课程探究过程中,孩子们经历的四个过程。"问"是学习的起点和主线,"玩"是探寻主线的活动方式,"悟"不仅是一个过程,也是数学学习的重要结果。当学生有所"悟"的时候,才是真的有所收获。而"悟"不能由别人说出或代替,而必须是在主观努力之下的自身的一种体验和顿悟。"用"是数学学习的首要目标,学生只有回到生活中去用数学,才能真正实现"人人学有价值的数学"。

3. 四色学习单,创设趣味化的课堂,让学生在选择中自主感悟

四色学习单,与教学活动紧密相连,直指教学目标,把学习的目的与要求表述得简洁扼要,给人一种教学活动的现场感,妙趣横生。在设计的过程中,为孩子"留白",让孩子主动参与设计,进一步引导学生参与到学习活动中来,使得过程更丰富,学习的效果更显著。

四色学习单作为一种积极的学习方式,推动了学生的自主学习活动,帮助学生成为乐于学习、善于学习的主动学习者;唤起了儿童的快乐体验,这种快乐来自于他对学习单所展现的学习的好奇心、求知欲,来自于学习的挑战和成功之后的喜悦。孩子们在这种看似寻常的"经历"中丰富情感、提升认识、超越自我。

三、"花样可乐·健身足球"课程实施列举
——《原地双脚正脚背连续踢球》

足球是世界上最普及的一项体育运动,号称世界第一运动,也是最受孩子们喜爱的体育运动。当孩子们步履蹒跚地迈出他人生的第一步时,就意味着他潜在的踢球意识开始萌动。无论男孩还是女孩,当他们在前进道路上遇到微小的障碍物时,第一反应就是用他们幼小的脚将其踢开,然后大步向前进,从这一刻起,足球运动的奇妙之处就在不经意间融入了他们的日常生活,也成为许多人生活的一部分。

足球要从娃娃抓起,汉小从 50 年代就开发了足球特色,曾被评为"南

第五章　自主选择的多样化校本课程

京市足球重点学校"、"南京市体育传统项目学校"、"南京市阳光体育学校"等,足球传统有几十年的历史积淀。在此基础上,学校将足球作为体育校本课程,并编写了《花样可乐·健身足球》特色校本教材。该课程以足球技术技能的分解、组合练习为主要内容,巧妙穿插可乐球作为技术学习辅助及身体素质趣味训练的常规手段,以实践强化为载体,尽心为提高儿童身体素质服务。在国家规定总课程不变的前提下,把足球学习、训练的特点和作用以课程形式相机渗透于平时教学之中。本教材由课程纲要、课程建设、教材体系、单元教学等部分组成,和学校的阳光体育一小时、社团活动、校园节日、体育竞赛、课外练习有机相融,以每个学期18课时作为校本特色课,第一学期以可乐球学练为主,第二学期以足球学练为主,并且学校每节体育课采用"30+10"模式,即每节课分为30分钟的常规体育课和10分钟的校本特色学练课,在平时就不断地给学生尝试,达到继承、弘扬学校传统特色的目的。

下面以"原地双脚正脚背连续踢球"为例,简单分析可乐球对足球学练的铺垫和辅助作用。

第一,本课的学练重点是脚背直立,脚尖指向地面,找准部位连续踢球中后部。由于可乐球是用调节绳拴住的,所以教师在讲解的时候很方便也很直观,拎着绳子踢能够短时间内重复多次练习,对于技术动作的巩固很有帮助,也避免了足球踢跑去捡、单位时间内练习次数少的问题。另外,用绳子拎起来踢,可以让学生把部位吃得很准,踢球很正。一旦不准,球的运行轨迹立马就会改变,如不规律的旋转等,此时也便于教师的指正提高,也更有针对性。

第二,本课的学练难点是双脚正脚背踢球时机适宜,根据球速调节好踢球力度,协调好节奏。也就是在技术动作准确、会踢球的基础之上要求学生踢好球。踢球时机在将球踢出以后返回至身体一步以内再将球踢出。此练习锻炼孩子身体部位感觉,增强其判断、决策和行动能力。不同球速的踢球练习要求学生手脚协调并用,快速准确并能够学会调整,改变不同速率来练习。比如听哨音慢速两拍一踢、一拍一踢到更快速度的再到慢速的,根据信号随机做出相应速度的踢球练习节奏。这个要求有点高,教师主要要求学生技术动作准确,踢球整齐。老师教给学生评价小技巧:用耳朵听踢球的声音判断踢得是否整齐,同时注意脚踢时有没有手拉配合等。双脚正脚背连续踢球能够对学生足球技术左右脚均衡方面起到铺垫和辅助的作用,也会使学生技术更全面、更协调。

　　第三,本课学练的趣味性。兴趣是最好的老师,枯燥机械的练习反而学习效果不好。在练习组织形式上利用小组练习,学生分组合作。在合作的环境中能观察同伴的动作技术并与自己做对比,说出不同。在练习内容形式上多点变化,如原地正面的双脚正脚背踢球、原地转圈双脚正脚背踢球、小组原地转圈双脚正脚背踢球接力。在评价方面多利用师生互评、生生互评,如先学生评价再教师总结评价、男生、女生交互评价等。最后一点也是常用的非常有效的一点——竞赛。双脚正脚背踢球可以组织同学踢球比多、比稳、小组踢球比齐等。

　　以上简单分析列举了三点,这就是汉小的《花样可乐·健身足球》特色校本教材里一个常规课的缩影。希望这本教材能够作为一份献给孩子们的礼物,成为孩子们的良师益友,陪伴着他们茁壮成长。

四、"迷你读·述"课程实施列举
——《"喵"趣横生》

　　六年级的晨读,他们读经典,读名家大作,读异趣散文,不拘一格。让学生爱上早上知识大餐的分享。午阅又走进《上下五千年》,和历史人物重回沙场。同叹英雄悲歌,共品儿女情长。六年级的王罡老师执教的《"喵"趣横生》就是选自他自己研发的专题。

【教学片段】

晨读(10分钟)

导入

　　孩子们,最近,我们和老舍先生一阵欣赏过《草原》的风光,其实,老舍先生还写过这么一篇非常有意思的美文——《猫》,这也是人教版

第五章 自主选择的多样化校本课程

的一篇课文呢。

大家一定也很喜欢小猫吧。今天,我们就围绕"猫"的话题,把早读、午阅、夕述等这一天的活动放到一块儿,来向老师们做一个展示。

今天该轮到哪两个班委带早读了?

过程(晨读读读说说,一定要谈出语文味儿,抓住其中一点欣赏:语言描写、感觉、怎么有趣、眼前仿佛看见……)

1. 自由读。

2. 指名分小节读。(评价)

3. 你觉得哪个片段写得最有意思,能读给我们听听,并简要说说你的想法吗?主持人也可以邀请喜欢同样语段的孩子们一阵读这一段话。

(点击相应的课件)

你还喜欢哪个段落?(要安排一定量的全班齐读)

4. 主持人总结[(1) 老舍对猫的喜爱。(2) 仔细观察。]

课前三分钟(3分钟) 响铃

晨读课上,我们看到的这只猫,真是一只可爱的小猫,这洋溢着淘气与生气的小猫。

经过上午的学习,又到了中午阅读的时间啦!

咱们利用课前三分钟的时间,边玩边说。

我这儿有三个小游戏。你们想先玩哪个?谁来当主持人?

提醒一下主持人:你只有一分多钟的主持时间,要带着大家答完所有题目喔。答对有奖哦!都答出来了,我这儿还有大礼包赠送!期待大家的精彩表现!

1. 歇后语连连看。

2. 成语填空。

3. 聊聊俗语。

玩游戏填空、连线;

将正确的读一读,记一记。

"大礼包"的内容,全班齐读。

看时间,能玩儿几组是几组。

总结:

希望大家多留心观察生活,日积月累,一定会收获到更多的乐趣。

午阅(20分钟)

你看,有位老前辈,就发现了这么一件好玩的事。出示:猫斗

看到"猫斗"这个词,你立马会想到些什么呢?(3~5人想到的画面或提问)

同学们真爱思考!这还是一篇小古文呢。现在,就请大家带着这些问题,放开声音,自由读一读,看看自己能不能解决这些问题。

谁来读?或者你想推荐谁来读?

评价。

这篇小古文讲了什么呢?(指名,用自己的话说说。)

1. 几只猫在"斗"?在哪儿"斗"?

古时候的人说话和我们不一样,有的时候就要倒过来理解。比如这句——斗于屋上,按我们现在的说法,就可说成——(于屋上斗)

我们也可以用它来说:睡于…… 立于…… 坐于……

过渡:它们怎么个斗法呢?

知名答。(你找得真准!)

2. 出示:呼呼而鸣,耸毛竖尾,四目相对,两不相下。

请同学们自由读一读这几句,读着读着,你听到了什么?又看到了什么?

指导读"呼呼而鸣"。(有点儿意思;这种感觉够不够?谁再来?齐读。)

过渡:那它们除了用声音来展示实力之外,还怎么做了?

"耸毛竖尾,四目对射"。

(哎呀~我都害怕了!你好厉害呀!)

小猫为什么要这样做呢?

看来同学们把这些词都读到心里去了。

看着这两只猫怒目相对、耸毛竖尾相斗的场面,你能想到一个什

么样的词来形容它么?

(剑拔弩张、怒目而视、针锋相对、互不相让)

此情此景,小猫啊!你愿意让让你的对手么?

引读:——(两不相下)

让我们再来读读这句话,看谁读得最有味道!(多读)

3. 黄白二猫这样两不相下,斗了多久呢?

出示:"久之"谁来读?你觉得有多久你就读多久!指名读。

4. 出示:白猫稍退缩,黄猫奋起逐之,白猫走入室,不敢复出。

结果怎样?

既然如此害怕,为什么不跑而走?引出"走","走"在古代表示"跑"。

积累:远走高飞　三十六计,走为上计

5. 大家学得真好!让我们再一起把这有趣的故事读一读吧,会表演的同学可以加上动作。

6. 这么有趣的故事能背下来吗?谁来试试!

7. 这个故事,让老师想起小时院中邻家养过一群公鸡,那公鸡也是个好斗的主,所以我也照着这篇古文仿写了一篇,想看吗?

出示:红黑二鸡,斗于院中,喔喔而鸣,耸毛拍翅,四目对射,两不相下。久之,红鸡稍退缩,黑鸡奋起逐之,红鸡走入窝,不敢复出。

谁能大胆想想,来仿照着说一篇小古文吗?

你们见过谁和谁斗过的?(狗,雀……)

我就见过班上的某某和某某斗过的。

四色超市练说单:(谁说得好,说得有意思,组长就给谁评三颗星)

红、黄:黑白二狗,斗于_____,_____,_____,_____,_____。久之,_____稍退缩,_____奋起逐之,_____走入_____,不敢复出。

蓝、绿:

小组推荐汇报。小结。

8. 今天我们学了这篇关于猫的故事,你觉得这篇小古文有什么特点?

(短小,有趣……)

9.总结

相对于现代文,古文的文字精简却很实用,没有废话却给人无穷的妙想,读起来颇有情趣。在今后的日子中,老师将继续带着同学们在小古文间嬉游,感受古典文化的魅力。

夕述(5分钟)

又到了下午2:20,咱们夕述的时间啦,在这个美好时光里,咱们来聊一聊有关猫的趣闻。

课前老师布置了大家留心收集,你们找到了吗?谁来说给大家听听。

把你的趣闻贴到我这儿的卡片上吧!

欸~哪些孩子家中养过猫的?谁愿意给我们说说关于你们家小猫的趣事?

(真好玩!回去记到你的日记本里,也让家人乐一乐。)

总结:真有意思!不说不知道,一听真奇妙。

带早读的小主持人也说过,仔细观察很重要。生活中,咱们不妨也做个有心人,说不定,你还能发现更多的秘密。

【教后反思】

"听说读写",是语文课堂上要训练学生的基本功。"迷你读·述"课应该是灵动的,让孩子说,大胆地说,说出真实的见闻感想,就算有的孩子家中没养过猫,但总见过,听着觉得是这么回事儿,甚至突然想到在哪本书上看到过的关于猫的趣闻,也来说说。我们都欢迎。

课前三分钟,一晃即过。我们能干些什么,才能给学生最大的实惠?设计和主课堂相关的内容,再大胆将之变成"游戏",采取竞赛奖励的形式,这就大大调动了每一个孩子学习的积极性。本课课前三分钟的"歇后语"、"成语"、"俗语",都是关于"猫"的,有难有易。题目全都是由孩子们提供。但是约定:提供这题的人,知道答案了,就不答这题,挑战别的题目。所有的题目,无论是答对了,或是难住了别人,还是自己被难住了,都是乐趣。最关键的,大家说说读读,也就积累了不少东西呢!

　　小古文,对于六年级的孩子,仍接触不多,但是到了初中,却又会大量地学习古文。这就会造成小学与中学学习的脱节。故此,适当地补充一些浅显有趣的小古文,进行学习,就非常有必要了。课上,看了题目,让学生进行想象。带着疑问,在通读文章后,再去品析。利用多媒体音频呈现打斗中的猫凶狠的叫声,让学生听后再说,甚至根据文中的文字,再张牙舞爪地演一演。读、说、演、想……立体化地学习,每一个孩子都调动自己的天赋,读得形象,说得精彩,演得逼真,整个课堂情趣盎然。我们抓住课堂上的语文味儿,利用四色学习单再进行仿写,难度不同,可皆有趣。教师范例引入,师生互补;孩子们自主选择,小组合作,生生互动,将小古文学扎实了,语感也在学习过程中渐渐形成。

　　课堂本就是孩子们的。充分利用每一段时间,通过创设的情境,激发孩子们的兴趣,让每一个孩子在集体中成长,尊重他们的个性,他们的自主选择,让他们主动地进行多形式的学习。在笑声中进行了扎实的训练,进行大量的积累,教学目标水到渠成。学生在多彩学习中快乐成长!

　　我们热爱校园生活,我们坚持读·述活动。相信,给孩子们带来的,不仅仅是知识,更是,终身的受益!因为"播下一个行动,收获一种习惯;播下一种习惯,收获一种性格;播下一种性格,收获一种人生"。

第三节　四色课程的家常管理

　　有效的管理是课程推进的必由之路。为规范校本课程教师教学行为,提升校本课程教师课程素质;为学生能够充分自由地选课,在校本课程学习中发展自己;为汉口路小学发现和打造精品校本课程,建设特色学校,结合我校实际制定校本课程管理制度。学校确立了四个方面的管理机制。

一、时间管理

校本课程安排既有在固定时段的,如"小学·大学"微型图本课程安排在每周三下午,"迷你读·述"课程时间固定在:晨读 10 分钟;课前 3 分钟;午阅 10 分钟;夕述 5 分钟。"多彩社团"每天下午放学后开展。有机动时段自主安排的,如"网络课程"是学生自己利用网络进行综合性的远程学习,不受时间约束。这样的安排,发挥其对学生发展的不同价值,彰显了儿童课程生活安排的多样性。

图5-3 四色社团海报

二、质量管理

1. 对课程设计实施者质量管理

首先，由开发者进行自主申报，再由学校审核，评估课程价值，进行遴选。实施中十分关注质量，例如大师课程，针对课堂配备老师任助教，协助进行教学和管理。再如“迷你读·述”课程，要求先认真设计课程方案，然后研讨，形成统一的模板，再各自挑选课程内容，对课程教学经常抽查教案，针对实施中出现的困难，及时多元支持。学校还大胆地变革课程教学方式，努力提升课程实施质量。做到多方结合：固定班级和走班制、选修与必修，小组和个人学习、校内和校外学习等相结合。如打破学科界限三人同上一节课，将不同学科的学习交融在一起。学校始终把“四色学习单”的教学方式渗透在课程实施中，体现了儿童课程生活的生动、多彩、适性、交融。

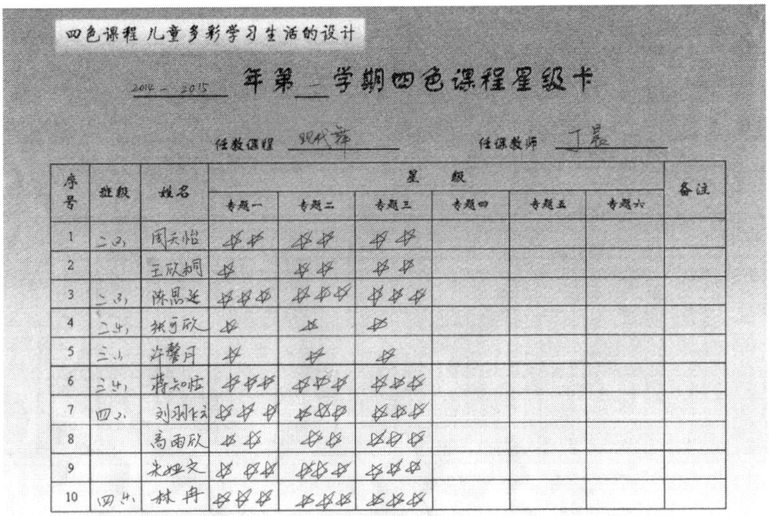

四色课程 儿童多彩学习生活的设计

2014－2015 年第 一 学期四色课程星级卡

任教课程 现代舞　　　任课教师 丁晨

序号	班级	姓名	星级						备注
			专题一	专题二	专题三	专题四	专题五	专题六	
1	二(3)	周天怡	☆☆	☆☆	☆☆				
2		王欣桐	☆	☆☆	☆☆				
3	二(3)	陈思廷	☆☆☆	☆☆☆	☆☆☆				
4	二(4)	张可欣	☆	☆	☆				
5	三(1)	许馨月	☆	☆	☆				
6	三(4)	蒋知恬	☆☆☆	☆☆☆	☆☆☆				
7	四(2)	刘羽佳	☆☆☆	☆☆☆	☆☆☆				
8		高雨欣	☆☆	☆☆	☆☆☆				
9		宋姬文	☆☆☆	☆☆☆	☆☆☆				
10	四(4)	林冉	☆☆☆	☆☆☆	☆☆☆				

南京市汉口路小学

图 5－4　四色课程星级卡(班级)

2. 对学习者的质量管理

比如我校的多彩社团每学年有近30个向全校学生开放,每个学生可以自主选择一个或两个社团。对多彩社团的质量评价不同于学科教学,学校通过什么来进行质量监控呢?

一是通过"星级卡"评价。这是任教社团现代舞课程的丁晨老师平时对学生的评价,选修现代舞的有二、三、四年级学生,丁老师对学生本学期现代舞已学过的三个专题,学生的综合表现进行评价,表现一般的一颗星,表现较好的两颗星,表现优秀的三颗星。

星级卡除老师使用外,一学期结束时,每一个学生都会有一张个人参加各种课程学习的综合星级卡。比如五(1)班柴方馨同学的综合星级卡,

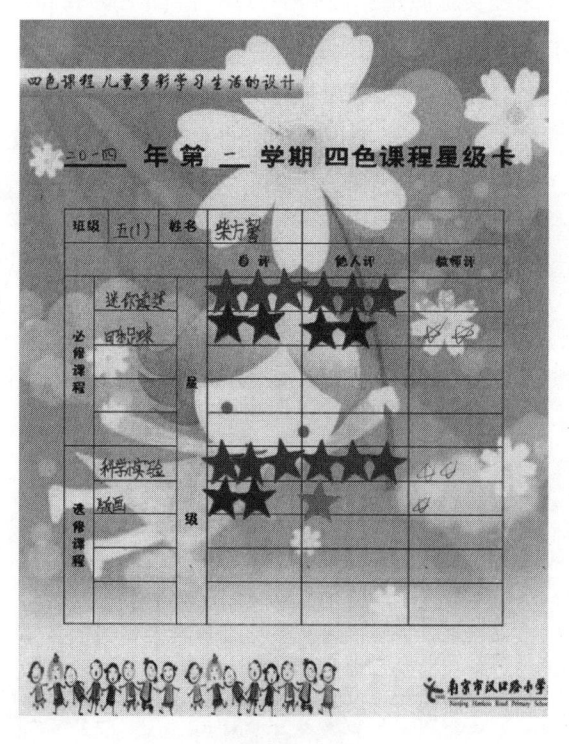

图5-5 四色课程星级卡(个人)

她本学期参加的必修校本课程有"迷你读·述"和"花样可乐·健身足球"两门课程；选修课程为科学小实验和版画，上面记录着每一门课程自评、他人评和教师评价情况。

除星级卡外，学校还通过展示汇报来进行质量推进。如每半月一次的"我型我秀"特长展示和每年的大型节庆活动社团的群体展演。如果说"我型我秀"特别注意社团学生个体的优长展示，每年大型的节庆展演则不刻意挖掘节目精致，而侧重于社团成员的团体展示，希望每一个孩子都能参与其中，每一个孩子都能表现自己，每一个孩子都能感受快乐。

图 5-6　汉口路小学第五届"希望之星"颁奖暨庆"六·一"四色社团展示活动

第三是通过评选活动。"四色评价"就是要以人为本，以"人"的差异化、个性化发展为基础，通过特色鲜明、相对统一、不断生成的评价体系，实现绿色的办学目标，培育理想的教育生态。

"五育学子"章每学期评选两次。评选项目可以是学生某一方面特长的展示，也可以是多方面综合发展的展示。为此，德育处特别设计了"崇德章、育美章、健体章、敏智章、勤劳章"。学校的争章活动直接与校"三好生""优秀少先队员"和"希望之星"评优挂钩。让学生重视平时的表现，重视学习的过程，重视全方位的发展。比如每个孩子学期结束前可以凭综合星级卡和参与展示活动的证书,参加学校"五育学子"、社团"优秀学员"和"希望之星"评选。

质量管理关注学生参与课程的过程性评价,记录学生课程生活的成长轨迹,激发学生内在发展动力,促进对学生多彩学习生活意义的追寻。

3. 对学校的质量管理

(1) 学校负责构思并制定校本课程开发工作的实施方案,教导处做好指导、研究、实施、评估等工作;学校制定校本课程管理的有关规章制度并组织实施和考核。

(2) 学校组织教师进行校本课程的理论学习,规范教学行为,提高教育教学能力;教导处注意积累课改资料,及时提供教改信息;教导处做好校本课程实施的经验的推广和应用。

(3) 学校领导要经常深入校本课程课堂,指导听课、评课工作,和实施教师一起研究教学,保证该课程的顺利实施。

(4) 施教教师每学期根据教学内容制订教学计划、教学进度,撰写教案。做到认真备课,认真上课,认真考核,充分发挥校本课程的育人功能。教师配备方面,选择有特长、有事业心、有创新精神的教师,担任校本课程的教学工作。

(5) 重视教师培训。采取集中培训和个别学习相结合、走出去与请进来相结合的多种方式,对实施本课程的教师进行上岗培训,定期组织理论学习,集体教研,以提高校本课程施教能力。

(6) 重视校本课程的评价。校本课程的评价将以激励性评价为主,重视教师和学生的过程评价。重视校本课程的指导。在校本课程实施过程中,将邀请有关专家和上级领导及时指导、帮助,以使课程开发更具实效性。

三、资源管理

学校整合教师、家长、社会人士资源力量,使之共同成为学生活动的指导者。除人力资源外,物力、环境资源也很重要,如带着孩子走进拉贝纪念馆进行爱国教育,如进行"南京大屠杀死难者国家公祭日"主题教育活动;走进南京大学多个场馆进行科技教育,参观南大地质馆、南大实验室、南大天文馆;走进爱德基金会进行感恩教育,如"爱德e万行动缤纷夏令营"等。

四、档案管理

档案是课程实施的真实记录和历史反映。学校注意收集教师研发课程过程材料,如每一门课程的实施方案、课时安排、教案、教学过程及"课程星级卡";学生的"个人星级卡"作为课程最终的评价材料放入各自的成长档案袋中。课程活动涉及的相关文字、图片、影像资料均由相关部门联合信息处存档。

建设课程,立足课堂,成就儿童多彩学习生活。汉口路小学通过这些特色课程和其他校本类课程,成为培养汉小"五育"学子的重要平台,成为儿童多彩学习生活的健康元素,成为儿童获取生存能力、幸福成长的美好回忆。我们期望,通过四色课程的实践行动,达到多彩学习每一天,实现幸福成长每一个。

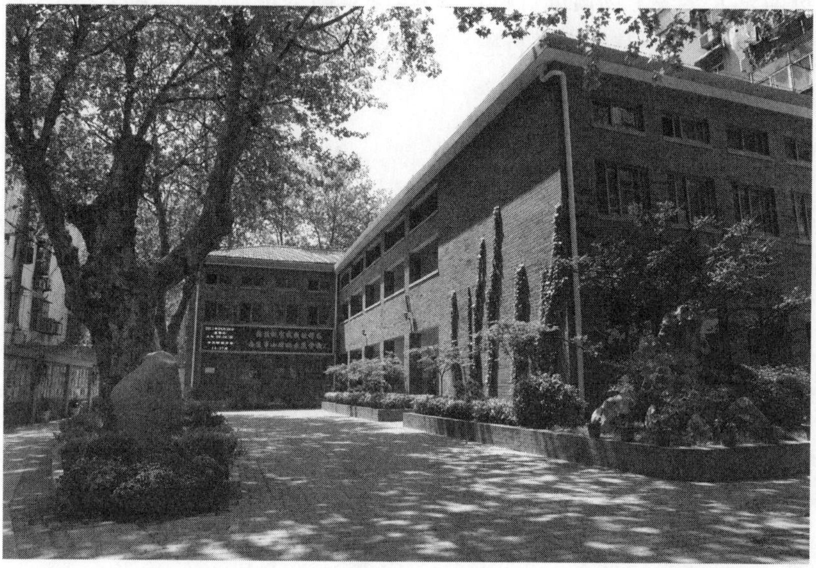

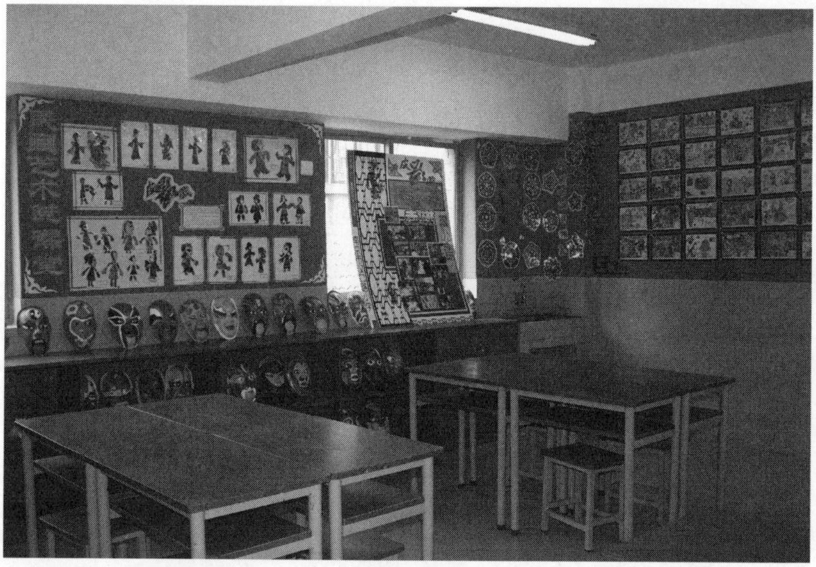

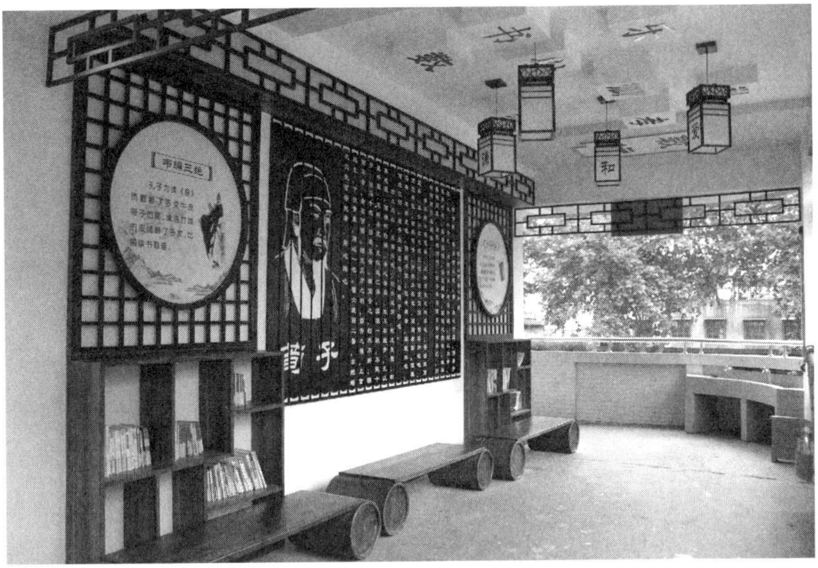
韦编三绝
荀子
和

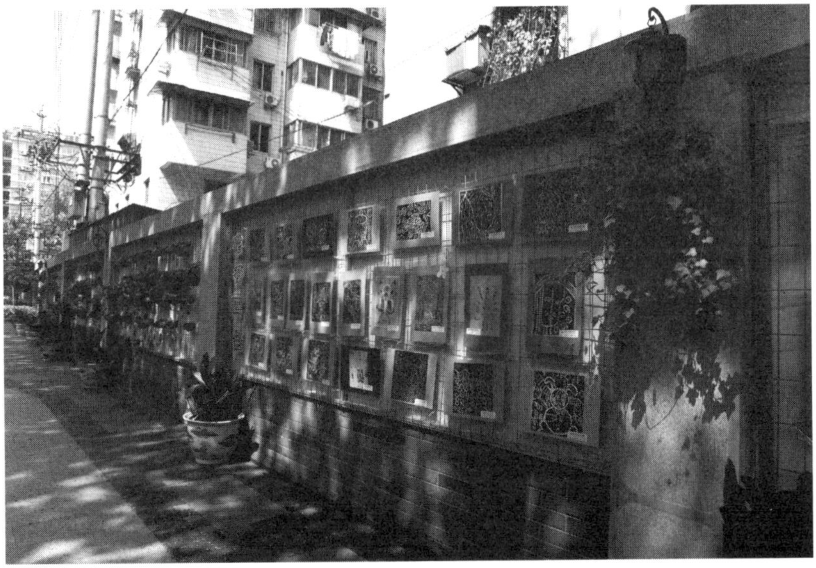

第六章 润物无声的童趣校园

巍巍紫金山,峨峨鼓楼岗。建于1933年,已有80多年办学历史的汉口路小学历史悠久、古朴秀美。学校紧邻南京大学,长期深受南大文化的浸润与滋养。漫步校园,风景如画,清新怡人,文化气息浓郁,人文底蕴厚重。校园内,有独具特色的"校园十景",梧桐林荫蔽空,紫藤枝叶婆娑,桂树满园溢香,一片生机盎然;又有翠竹假山、远航池水、善思长廊,学子们或促膝研讨,或默读静思,更平添了几分诗意与灵性。绿树掩映中,古朴典雅的民国小楼与翰墨飘香的教学大楼巍然耸立,交相辉映;还有彰显对儿童人文关怀的读书生态吧、足球绿茵场、科技畅想园、民俗工作坊……汉小的学生在轻松、适性、充满童趣的校园学习生活中,不断发展特长、陶冶情操、提升自我、幸福成长。

第一节 徜徉其中的民国情韵

"巍巍紫金山,峨峨鼓楼岗,我们的乐园在汉口路旁……"一首悠悠老校歌,从与南京大学一墙之隔的汉口路59号,南京市汉口路小学传出。稚嫩童音,穿行历史长河,把我们带到20世纪30年代初期的汉口路小学。

一、拾级而上:承载记忆的民国小楼

穿过一座精致的校门,走进去一眼看到的是一座青灰色的L形两层小楼。小楼年纪可不小,早在1935年1月,学校的毕业合影上就有了它的倩影。合影摄于小楼前的空地上,第一排坐着的是老师,男老师穿厚厚的中

第六章　润物无声的童趣校园

式长棉袄,女老师穿旗袍外加大衣;学生们个个垂手挺胸,仰着稚气的小脸,规规矩矩在老师身后站成三排;二楼的走廊上,不经意探出几个看热闹的脑袋,图片充满了童趣。

拾级而上,小楼墙上挂着的旧照片,校史馆里陈列的资料,为我们打开了尘封的记忆:

20世纪30年代初,在当时的汉口路8号—10号,诞生了一座新学校——南京市汉口路中心国民学校。由于年代久远,学校建校之初的资料今天已经很难寻觅。不过,几年前,经过学校多方努力,还是找到了一些老资料,断断续续勾勒出一所民国小学的模样。

1933年,这所学校的校长名叫黄汝昌,那时共有14个教学班,30名教员,600多名学生,是南京为数较少的成立早、规模大的公立学校之一。校长黄汝昌是位什么样的人,我们不得而知,不过他为学校选定的校歌,即使在今天看来,歌词也算得上时髦:"巍巍紫金山,峨峨鼓楼岗,我们的乐园在汉口路旁。同学相亲爱,老师多慈祥,桃李春风聚一堂,新文化我们要开展,新技术我们要培养,旧道德我们要发扬,要把体格锻炼坚强。"

1935年1月,学校迎来了它的第一届高初级毕业生。学校特地选天气晴好的日子,通知学生和老师们穿上最好的衣服,留下了一张珍贵的合影。此后,学校每年冬夏两季都有学生毕业,从1935年1月的第一届,到1937年7月共六届。每届学生都在L形两层小楼前留下了他们的影像。

这些陈旧的照片,也见证了学校那几年的发展:最初,小楼前几乎是光秃秃一片;后来,同样的位置种上了植物,为了防止孩子们踩踏,植物四周还搭起了木栅栏;再后来,植物长高了,比第一排的孩子还要高些。

植物在长高,学生们的数量也在增多,一张张朝气蓬勃的小脸上绽放着光芒,一切都是欣欣向荣的样子。然而,宁静和美好,在送走第六届毕业生的那个夏天戛然而止。

1937年,拉贝日记中的汉口路小学成为1500名难民的避风港。

1937年9月起,日军的轰炸机频繁活动在南京上空。12月13日南京沦陷。南京沦陷前夕,汉口路中心国民学校的师生被遣散。与此同时,在南京的外国人组成了南京安全区国际委员会,并划定了一个安全区,以备外国人和难民避难。汉口路小学所在的位置,正位于安全区内。南京沦陷后,闯入城内的日军烧杀掳掠,无恶不作。为了求生,大批手无寸铁的难民涌入安全区。安全区内设置了多所难民收容所,汉口路中心国民学校就是其中的一所。然而,根据《拉贝日记》的记载,所谓的安全区,其实并不安全。12月22日,4名带着刺刀的日本士兵闯进了学校难民收容所索要香烟。面对蛮横的日本兵,难民只好进行了一次小型捐款,买了7听香烟给他们。难民之所以这样做,是因为日本士兵威胁要焚烧这栋房子。后来又来了3名带枪的日本士兵索要酒,有人给他们买了两大壶酒,4名难民按照士兵们的命令把酒抬走了,还有3名日本士兵偷了3辆自行车并让3名难民把它们运走,最终只有一名难民返回……

尽管如此,相对于其他地方,难民还是更愿意选择安全区内的难民收容所。汉口路小学内的难民,一度达到1500人。一位叫郑大成的人,担任这里的难民收容所所长。在他的悉心管理和照料下,这处难民所里的人过得相对安全。

学校原先的范围"东面与金大为界,南邻赵家花园,东北面为宋姓池塘,西面与李姓地界接壤",然而,历经八年沦陷,学校周围西侧的界墙早已荡然无存,与周围的民居混为一体,学校东北面由于池塘坍塌失去界限,也已被人侵占。学校不仅要整修校园,还格外注重提高学生们的成绩。

掀开沉重的一页,继续沿着楼梯向上行进,楼梯两边的照片为我们打开了新的篇章:改革开放后,学校抓住机遇,加快发展。在上级的关心与支持下,重新规划校园布局,翻建校舍,添置现代化教学设备。先后建起电脑房、科学实验室、多功能教室等功能室。教师人人配备电脑,教室全部装配多媒体投影,大幅提升了教育教学的硬件条件和学校的教育信息化水平。学校还改建扩建了足球场、篮球场、乒乓球活动区、综合器械活动区等活动场地,为学生的全面发展和健康成长提供有利条件。法制教育和科普教育作为当时学校鲜明显著的办学特色多次受到表彰,学校的"红领巾法学院"和"诺贝尔科学院"蜚声省内外。作为学校的传统体育项目,女子足球队更是在历届市运动会上屡获佳绩,名列前茅。

民国小楼见证了80多年的办学历程,学校形成的丰厚的文化传承与办学积淀。如今,民国小楼体现了学校在充分尊重学生天性和差异的前提下,通过丰富多彩、不断生成的教育教学实践,促进学生全面健康发展的教育。

民国小楼里的陶艺室,是四色社团中"红泥巴"陶艺社团的活动基地。在这里,陶艺老师通过讲解、示范、指导、总结等教学方法和手段,使学生们能够发现美、鉴赏美和创造美,既锻炼了他们的动手能力,也锻炼了他们的小组合作水平,在他们灵巧双手的摆捏下,一个个活灵活现的陶器就这样诞生了,仿佛一个个生命,学生在这里领略到了陶艺世界的精彩、多姿。

陶艺室边是版画室,版画是从早期印刷术派生出来的艺术形式,是一种印痕艺术。孩子们利用各种不同质地版材,制版材料和工具,采用不同方式制作出变化万千的印痕效果。学校的版画社团,鼓励孩子们创新精神和个性发展,在教学中不仅注重传统技法的学习和研究,同样重视向其他视觉艺术的延伸。近年来,学校的版画社团成果日益凸现,学生通过版画社团,增长了见识,提高了能力,陶冶了情操。

同样在一楼的航模室里也经常是热闹非凡,航模社团从创立至今一直受到家长与学生的好评。航模社团从最初同学们对模型感到好玩到参与模型的制作和不断探索、创新,在社团活动中一点点进步,科技能力一步步提高。在航模老师的带领下,同学们在每周一下午学习航模知识,学习如何组装航模,还到户外参加训练,让航模展翅飞向天空。热爱航模的同学日益增加,社团队伍在不断扩大。同学们的动手能力、创造能力、学习能力、合作能力、竞争能力都有较大提高,得到了广大家长的一致好评。他们的航空梦想也越来越远大,现在他们正在紧张地训练,计划参加各级比赛,在美好的童年放飞自己的航空梦。

小楼的三楼还设有民俗工作坊,孩子们在这里学习儿童国画。儿童国画是很简单的国画,它不太讲究形式,强调通过训练用毛笔、宣纸、墨汁进行创作,培养孩子们的想象力。儿童对客观事物有其独特的观察方式,有着强烈的主观感受和独特的表达方式。他们笔下的世界简练概括、单纯质朴,极富装饰趣味,天真烂漫。从娃娃时期学习国画,能够有效提高孩子对于国画的认知和理解水平,了解并掌握一定的笔墨技巧,能提高孩子的艺术欣赏能力,丰富孩子的想象力与创造力,并在一定程度上运用笔墨语言传情达意,为日后进一步的学习打下坚实的基础。不论日后是否从事与之相关的行业,孩子每多一项兴趣爱好,也就多了一项生活的技能,也会为孩子的生活增色添彩。

孩子们还在这里学习剪纸,剪纸社团活动课上,孩子们学习剪纸传统技法。社团课程来源于教师的剪纸教学实践,具有鲜活的生命力和极强的针对性,可以充分关注儿童的个体差异和兴趣特长,满足儿童的学习需求。剪纸社团的学习,孩子们从折纸、构思到镂空剪纸符号的方法和布局,一步一步在老师的指导下完成作品,体验成功的快乐。

不仅仅是孩子们在这里得到了发展,学校还注重教师队伍的培养,设身处地地为教师着想,为老师们搭建学习的平台,提供各种交流和学习的机会。学校关注教师专业成长与自主发展的合理需求,努力为教师的自主发展搭建平台,提供专业支持,促进教师的自主专业成长,以教师自主发展来实现学生的自主发展。

二、漫步驻足:随处可见的校史印记

漫步校园,风景如画,清新怡人,文化气息浓郁,人文底蕴厚重。学校校园环境优雅秀美、清新宜人。近年来,学校通过改建校门样式、装饰围墙风格、翻新教学楼外立面等措施,使其与校园内留存下来的民国小楼浑然一体,形成了具有民国风格的整体建筑环境,同时,在校门处安放刻有《弟子规》全文的巨幅木雕。《弟子规》内容采用《论语》"学而篇"第六条的文义,列述弟子在家、出外、待人、接物与学习上应该恪守的守则规范。《弟子规》集孔孟等圣贤的道德教育之大成,提传统道德教育著作之纲领。在校门处镌刻《弟子规》,正是希望学生们恪守在家、在外、待人接物、为人处世、求学等方面应具备的礼仪与规范。

校门处还刻有先贤们的良言善诫,在校园道路两侧嵌置刻有经典古诗词的石板,使传统文化时时陪伴在孩子们周围,成为无言的师长。校园环境的细部设计也处处体现出学校重视传统文化教育的理念,中式纹饰的橱窗、书法题刻的景石、粗朴敦厚的壁雕、木石材质的椅凳,让校园环境与学校的历史传承契合统一，使学校成为一座精致宜人的园林。

学校的民国小楼三楼的教师发展中心里，还有一处校史陈列墙，里面分列介绍着在校的每一位教师与历任校长，这是尊重每一个，还介绍了历届优秀学子，这正是发展每一个。

步入长廊，两边悬挂着学校因为抗战时期时局动乱，一度停办的历史记忆。南京失陷后，学校被迫停办，在拉贝先生为主席的"南京安全区国际委员会"努力下，学校成为当时南京25个"难民收容所"之一，在日寇屠城的腥风血雨中，艰难地庇护了1000多个难民家庭，《拉贝日记》中对此有专门介绍。

进入校园，梧桐林荫蔽空，紫藤枝叶婆娑，桂树满园溢香，一片生机盎然。在门口处的花坛里，有一巨石，上面刻着"励行"二字，这里深受南大文化的浸润与滋养，凝练出以"励行"为内核的校训精神。学校遵从励行精神，坚持尊重每一个，发展每一个，幸福每一个，实现幸福校园、幸福孩子、幸福每一个的梦想。

绿树掩映中，古朴典雅的民国小楼与翰墨飘香的教学大楼交相辉映。在花坛的一侧，刻着创校初期学校的校歌。

创校八十多载，汉口路小学让儿童在幸福的氛围和过程中生长，学会体会幸福、理解幸福、创造幸福、传递幸福，让儿童成为幸福的享有者与创造者；同样，儿童本身也是鲜活的、生动的，他们会推动"四色教育"的不断深化，推动对幸福的深度理解与创造。

三、沉浸其中：意韵悠扬的阅读长廊

南大是汉口路小学学生的精神富矿，大学文化一直是滋养汉小的源泉。我们利用好这一地域优势，让我们的学生亲近大学，汲取更多的养分。汉小的老师和南京大学的老师、研究生组成了联合校本课程研发团队。我们将校本课程与课题研究相结合，与校园文化紧相融，打造了学校的阅读长廊，这里是孩子们徜徉书海的最佳去处之一。

长廊上书"励学""敦行"四字，这来源于南大校训"诚朴雄伟，励学敦行"。励学,勉励勤学;敦行,敦促实行。这是告诫学生在励学敦行中屡践诚朴雄伟。学生徜徉这里,时刻受到南大精神和校训的浸润与启迪。

课间,低年级的学生在一楼的长廊活动,他们会发现长廊上分别挂着《菜根谭》《老子》《增广贤文》的三幅选段,学生在阅读这三部作品的同时也领略了人生的真谛,书籍教育学生团结、律己、踏实、努力,教会学生惜时、勤奋、刻苦、专心,还教会学生结交良友,珍惜友情。二楼是中年级学生活动的场所,学生若是有些困惑,可以抬头阅读荀子的《劝学》片段的刻卷,希望这位睿智的思想家、教育家能给学生指明一条前行的路。三楼是高年级学生的活动区域,这里的主题是《国学经典——与名家对话》,前言是一阕词,这首词是希望即将毕业的学生能再续汉口路小学80多年的辉煌。

国学寄兴

荡宇乾坤,学孔孟,华夏八方仰慕。经史子集,诗词歌赋,字字如金注。追忆圣贤当年,写文词秀丽,思深渊谕。　　今时节,励娃悦读,群彦风骚独具。倡导国学,汉口临风启,万卷书海。挥毫四色,畅快再读八十载。

书香溢满校园,汉口路小学从小培养孩子们愿读书、会读书、爱读书的兴趣。每一层的阅读长廊的开放式书架上都摆放了各类书籍,涵盖了天文、地理、人文等方面。这里,没有过多的约束,只要爱惜书,阅读完后归还原位,孩子们都可以随便挑、随便看;这里,只要喜欢读书、只要有时间,孩子们都可以随手拿起一本书,和着室外的清风,与墙角的桂花一起阅读;孩子们还常常在此与老师、同学畅谈读书后的心得体会。孩子们在这里走进经典,在耳濡目染中,不知不觉地受到影响,沉浸于书的海洋之中。

第二节　可感可亲的大学文化

一、源于南京大学的校训

南大是汉口路小学学生的精神富矿,大学文化一直是滋养汉小的源泉。我们利用好这一地域优势,让我们的学生亲近大学,汲取更多的养分。南京大学的校训是"诚朴雄伟,励学敦行"。"诚"寓意"大哉一诚天下动";诚心向学,诚真勤仁之德,"成己成物,尤贵持有恒德";"对于学问事业应当一本诚心去做,至于人与人之间应当以诚相见"。"朴"是朴茂,朴真,朴实。"常保持一种'朴茂'的精神,不要有铜臭,不可有官气";"须知一切学问之中皆无王者之路,崇实而用笨功,才能树立起朴厚的学术气象"。"雄",含体魄和精神两方面,雄浑之体,王者之气。如"大江之雄毅";"以养成坚强之体魄,充实之精神为标准";"大雄无畏……善养吾浩然之气"。"伟",告诫人们"嚼得菜根,做得大事";"总要集中精力,放开眼光,努力做出几件伟大的事业,或是完成几件伟大的作品……凡事总须从伟大的方向做去,民族方有成功"。励学,勉励勤学;敦行,敦促实行事。愿每一个学子在励学敦行中屡践诚朴雄伟。

细细品来,得益颇多,学校凝练出以"励行"为内核的校训精神,激励每一个孩子"勉励而行";提出了"在这里,每一个都重要"的办学理念,明确了"尊重每一个,发展每一个,幸福每一个"的行动与追求。

二、彰显"每一个"的墙壁文化

学校汲取南大营养,以励行为校训,并提出了"在这里,每一个都重要"的办学核心理念,以多彩校园为特色,把幸福儿童、发展教师作为我校多彩教育的理想与愿景,培植老师们对小班教育的归宿感和自豪感,进一步丰厚学校核心文化理念,打出汉小亮丽的文化名片。

墙壁文化也是丰富汉小核心文化理念最好的阵地,育人离不开环境,清新优美的校园环境,如诗如画的校园风光,风格各异、错落有致的校园建筑,鸟语花香的校园小景,宽敞明洁的校园道路,万紫千红的绿化景观,明亮宽敞的教室、功能室,这些共同组成了优雅校园文化的环境。学校的文化长廊在建设上关注了整体的和谐,让每一个细节、每一处角落都给人以经典、大气的感觉,也照顾到儿童的特点,符合儿童的独特的认知水平和心理特点,最终形成了独具特色的校园文化。

学校给每个班级安置了精美的班牌,每个班级都有自己独特的名字,它承载着孩子们和老师共同的希望。任课老师的靓影、帅姿,孩子们彰显自我的集体照,让步入教室的孩子、家长都为之鼓舞。

走廊上是四色社团的孩子们展示的作品,看着自己的作品挂在了校园的墙壁上,孩子们的自信心得到了提升。这正是做到尊重不同学生的学习差异,提供不同层次的学习资源,实现不同层次的个性发展,进而实现不同学生的共同进步与成长。

每一个班级的板报设计也是墙壁文化的一部分。班级是学校教育的基本单位,是学生学习和活动的主要环境,建设良好的班集体,为学生创造良好的成长环境是学校的一项重要任务。因此,班级文化建设积极地影响着班级的凝聚力,也具有实践意义。板报每个班都有,充分挖掘和利用班级后墙蕴涵的文化,让墙壁"说话",活起来,充分发挥板报潜移默化的作用,能有效地促进学校德育工作。板报对学生的影响虽然不是立竿见影的,却是稳定渐进的,其潜在的教育功能将是长远的、全面的。在现代班集体建设中,必须树立每个学生都是班集体建设的主人的观念,实行班级民主化管理,唤醒和激励学生的参与意识,充分调动和发挥学生的主体性,力争不让一个学生成为旁观者,使学生个个成为班集体的主人,在班集体这个舞台上锻炼自己的能力,增长自己的才干,挖掘自己的潜能,发现新的自我。认真地开发和利用好班级的"后墙文化",让它彰显鲜明的班集体,汇集班集体的智慧,营造一片催人奋进的氛围,那么它就会成为建设优质班级和教育学生的一个法宝。板报作为一种隐性资源,可以天天与学生一同生活,渗透着对学生的思想道德教育的作用,这个教育就像是一位隐形的老师时时刻刻在学生身边存在着,影响着学生的日常行为规范。那么好的一个"后花园"我们怎能忽略呢?如果能够突破板报自身特点的限制,在思想上引起重视,转换工作方法,让班级板报能"说话",活起来,调动学生的参与意识,充分发挥教室的隐性力量,达到环境育人的目的,那么,板报将是一个好的无言导师。

每个班级以"法制教育"、"常规记心间"、"节庆庆祝"、"书画展览"、"进步评比"、"好文刊登"等主题板块进行布置,板块的设计由孩子与老师共同完成,孩子们的一幅幅绘画,一份份手工,一张张小报,一篇篇文章,乃至自己上网搜索到的相关资料,都分门别类地安置在不同的板块中。虽然,每个班级的版块主题大致相同,和而不同,每个班级都是在展示活生生的作品,活灵活现的孩子们的创作。

精美的墙壁文化渲染了浓厚的教育氛围,给学生健康向上且文化气息浓郁的精神环境,让学生在校园的每一处都受到教育、启迪和陶冶。

三、绽放童年的多彩校园活动

遵"励行"校训,学校为了儿童的发展,建构丰富多彩的校园文化活动,全面提升我校教育教学质量和儿童幸福指数,尽心打造足球校园、民俗校园、书香校园、科技校园。

汉小的校园生活是丰富多彩的,有读书节、科技节、艺术节、运动会、亲子活动等,有航模、海模、围棋、舞蹈、轮滑、篮球、足球等兴趣小组,有剪纸、泥塑、面塑、皮影、葫芦画等多个民间艺术社团,因深受南大氛围感染,学校还有每周的南大武术课、英语口语课等。

1. 国学启蒙　明辨是非

南京大学哲学系的青年师生借助南京大学暑期社会实践平台,组织开展了第一届暑期青少年国学启蒙班。汉口路的孩子迎来了大学老师和研究生的国学暑期课程,他们将在这里学习中华优秀传统文化并将之发扬光大。小学员们在经典诵读中学做人、长知识,在礼仪研习中明是非、懂道理,在国术体验中受启迪、开智慧。青少年国学启蒙项目的运行受到南京大学青年师生的关注和支持,来自哲学系等相关学科的青年师生经常展开教学研讨和备课,一方面,结合当前热点设计有针对性的教学主题;另一方面,针对青少年这一教育对象的心理特点和成长规律,专门设计了学员喜闻乐见的、容易接受的教学互动方式;与此同时,小导师、小学员和家长们之间也在教学之余持续展开互动,跟踪意见,接受建议,调整教学。在这个过程中促进了教师、同学、家庭的合作学习,推动专业理论知识与实践教学的紧密结合。范赟博士说道:"我们的国学启蒙从实物到知识,从日用体验到文化感悟,再到文化自觉,让中华优秀传统文化的种子在青少年中孕育成长,不断生根发芽。"

2. 可乐太极　强身健体

"收脚、侧步、转腰、穿掌……"在南京大学的操场上,来自汉口路小学的学生们全神贯注地打着太极拳。看,他们一招一式松柔慢匀、开合有序、刚柔相济,如行云流水,连绵不断。原来,这是一套24式简化太极拳,去掉了太极拳中特别缓慢的动作。学生很喜欢太极拳,因为能活动筋骨,促进人体阴阳调和,强身健体。太极拳是一种有氧运动,可以按摩五脏六腑,促进血液循环。它是中华传统武术的精华,练习者不仅可以强身健体,还能修身养性。太极拳自2007年开展到现在,已经成为我们学校三到六年级体育课的教学重点。为了巩固和调动学生积极性,学校还要定期举行太极拳比赛。孩子们走进南大,在每周固定的南大武术课上,在南大教师的指导下,尽心尽力地学习,习得了"24式太极拳",他们时而蹲蹦跳跃、腾挪闪展、震足蹬地,时而掌运八卦、旋腰转脊、节节贯穿,尽显太极神韵和风采。太极拳使体育课增加色彩,改变了学生的精神面貌。青少年正处在长身体、学知识的重要阶段,每天的文化课学习任务很重,容易浮躁、好动,太极拳有"以柔克刚"的特点,能使学生变得沉稳、心静,更有利于他们的身心健康、学习和生活。

每日课间操除了常规的武术操外还增添了可乐球操,营造了朝气蓬勃、活泼向上的校园文化氛围,形成汉口路小学的独有特色。学生身体健康、心理阳光,全校学生体质健康合格率高达97.6%。

3. 知法懂法　带法回家

我校是南京市法制校园。学校向学生、向家长、向社会郑重承诺:让每个学生得到发展,使每位家长感到放心。学校把"培养健康的人,能干的人,会自我完善的人"作为培养目标。注重体验,完善细节,是我校教育特色;注重过程,培养品质,是我校教学特色。全省首创的"红领巾法学院"和

"诺贝尔小小科学院",是我校学生创新实践两大品牌。学校先后获得"江苏省青少年法制教育先进集体"、"江苏省青少年科技教育基地"、"南京市德育先进学校"、"南京市红旗大队"等荣誉称号。

学校会利用一些节日的契机,如"3·15"消费者权益日带领学生走上街头,走进商店,引导他们学会合理地维护自己的合法权益。不仅如此,"红领巾法学院"已成为让学生学习法制的基地,多年来一直坚持发挥好它的教育阵地的作用,邀请南京大学青年志愿者协会的会员对学生上法制辅导课。每学期开学不久,双方就开始规划一学期的法制教育的内容及形式,力争让孩子们在了解规范的法律条文的同时,能对照生活中的人和事,积极参与讨论,共同找出协调、解决的办法。例如,生活中最密切相关的是交通法。大学生们通过介绍交通法的内容到举生活中的常见事例说明,到制作交通安全标志,到有关交通知识竞赛,再到走上大马路进行实地观察、了解,让孩子们明白遵守交通规则在日常生活中有多么的重要!通过模拟法庭让孩子们亲身感受法律的威严,体验法官执法的严肃性。学校的几任法制副校长也经常到校走访,或为学校出谋划策,或解决学校出现的各种棘手问题,或对学生进行各种安全教育、各类突发事件的应急办法等多方位的指导,具有很好的实用性。学校在教育学生遵纪守法的同时,也教育学生学会运用法律武器来维护自身的合法权益。组织学生参观禁毒展览,举办模拟法庭,排演法制教育小品,积极开展"现身说法"、"带法回家"等法制实践活动。学生通过班队会,雏鹰假日小队等多种形式开展法制教育和宣传活动,学生在亲自参与的实践中,思想上得到净化,行动上得到规范。

4. 心理健康 专业护航

我校十分注重学生的心理健康,为此专门建成了心理咨询室,配备了专业的心理咨询教师,并开展了丰富多彩的心理教育活动。例如,我们特地邀请了南京大学的心理教育专家专门给六年级的家长作心理讲座,请家长理解孩子,注意教育的方式方法。这样就能从根本上解决问题,化解心理忧虑,使家长能愉快地工作,孩子能轻松地学习。

5. 消防安全，普及知识

为创建平安学校，打造和谐校园，进一步普及全校师生应对突发火灾的紧急避险安全知识，增强避险安全意识，营造更加安全舒适的校园学习环境，汉口路小学全校师生与鼓楼消防大队联合行动，每年组织全校师生紧急疏散和消防演练的观摩活动，让每一个学生、每一位老师认识到火灾的危害，提高对意外火灾的应对能力，提高自救和他救的本领，为构建和谐校园贡献一分力量。

6. 丰富多彩　雏鹰起飞

每年暑假，三年级至六年级都开展了各种特色的雏鹰假日小队。四年级的彩虹小队来到了南京六朝博物馆，在讲解员罗建老师的带领之下，一下子穿越到了六朝时期的南京。五年级的阳光小队寻访了身边最美的人，采访了沈旋教授。通过这次与工业大学化学系沈教授的零距离接触，了解到化学和生活是紧密联系的。六年级的希望小队在队长李方涵的带领下寻找了最美青奥场馆，六年级的虹之队来到了绿博园，捡起地上的纸屑保护环境，金色阳光小队则在南京大学集合开展了"寻找最美江苏人"的采访活动。同学们在这一个个活动中锻炼了能力，更为城市的建设尽到了自己的绵薄之力。

7. 节约资源　变废为宝

汉口路小学一年一次的科技节也是丰富多彩，2015年科技节的活动主题是"变废为宝我能行"。科学李老师在星期一的集体晨会上对全校师生进行了动员宣传。地球是人类共同的家园，地球上的资源是有限的，所以节约资源，保护环境，坚持可持续发展的环保理念是青少年义不容辞的责任。为此，学校以保护环境，节约能源，废物利用为背景开展了"变废为宝我能行"的科技节活动。六个年级每个班级的学生都参与其中。同学们把自己家里不用的废纸盒、废塑料瓶、一次性纸杯、光盘等废旧物品巧妙地构思起来，制作成一件件有用的物品。在全校学生交来的多件作品中，评选了最佳创意奖、最佳模型奖、最佳工艺品奖和最佳实用奖。官婷同学用废光盘和纽扣蜡光纸制作了一条可爱的小金鱼装饰品;陈芃亦用废纸盒做了一艘大轮船;石亦珠用喝过的饮料瓶和修正带、废纸盒做了一辆超级战斗车;顾夏一用吃过的开心果壳子粘连在一次性纸杯上,做了一个简洁实用的笔筒;赛娜用吃过小菜的玻璃瓶进行装饰,做了一个漂亮的工艺品礼物。这些同学的想法都很新颖,作品制作得非常优秀,科学李老师给他们进行了颁奖,并请他们上台展示和介绍了自己的获奖作品。"变废为宝我能行"活动具有积极的环保意义。全校同学共同参与,打造真正意义上的环保校园。活动不但增加了同学们对环保的了解,也激发了他们的环保意识。在认识环境保护中,知道资源的可重复利用性,同时,也向同学们开放了一个动手动脑展现自我的创想舞台。通过低碳节能的教育,学生的环保意识增强了,节约能源的好习惯渐渐养成了。

8. 想唱就唱 魅力励园

每年10月,汉口路小学开展"想唱就唱 魅力励园"校园卡拉OK大赛。从二年级到六年级都有学生参加,其中有不少学生来自励园好声音合唱社团。经过第一轮的海选、第二轮的PK和第三轮有学生评委参与的终极赛后,最终有近30人分别获得了最美声音奖、最佳表现奖、最具潜力奖、最佳形象奖。通过比赛,让音乐组的老师发现了很多喜爱唱歌并且愿意展现的孩子们,他们大胆地站上了比赛的舞台,让更多的同学认识了他们。

9. 吟诵诗词 传承文化

汉小不仅有歌声,还有吟诵声,阳春三月,汉口路小学"古诗词中的金陵——爱我南京文化主题活动"正式启动了。所有师生欣赏了《乌衣巷》等脍炙人口的诗歌朗诵,通过爱心教师团志愿者辛红阿姨的介绍,也知道了在学校展出的这些展板是南京爱心教师团联合南京艺术学院文化遗产与保护专业的学生们历经半年时间,通过翻阅资料,然后寻找遗址,拍摄照片,制作而成的。这些诗词上至东晋,下至清朝,勾勒出了南京两千多年的历史文化脉络。通过这次活动,每个同学都能继承传统文化,去了解古代文人是怎样表现他们的独有风姿的。同时龙校长还提出了具体要求：一、二年级的同学每人从中选出自己喜欢的2首熟读成诵；三、四年级的同学每人从中选出自己喜欢的4首熟读成诵，并了解这个地方的特点；五、六年级的同学每人从中选出自己喜欢的5首熟读成诵，在认真阅读介绍、了解地方特色的同时，还能和家人利用休息时间去探访，看看如今有哪些变化。我们希望通过这个展览，可以让更多的人了解到诗词中的南京，让更多南京人体味家乡博大文化，从而了解到南京历史，传承金陵文化。让诗歌在汉小的校园里回荡。

10. 铭记历史 珍爱和平

时值抗战胜利纪念日的到来，汉口路小学全体五年级学生来到小粉桥1号拉贝故居参观纪念，缅怀拉贝先生，表达对他的崇高敬意，这项活动自2008年以来已经坚持了7年，成为学校的一项品牌活动。参观纪念活动之前，同学们早早做好了各种准备：品社课上，同学们通过《南京大屠杀死难者国家公祭读本》的学习以及读《拉贝日记》节选，了解拉贝其人和他在南京大屠杀期间竭尽全力保护难民的感人事例；美术课上，同学们学做小白花；班会课上，个个书写祈福卡……纪念活动当天，同学们身着黑色或深色衣服，安静、整齐地排队步行来到拉贝故居。纪念仪式在拉贝故居的庭院里举行。纪念仪式上，两名少先队员庄重地主持，龙校长发表讲话，简要地介绍了拉贝先生的生平事迹，号召同学们：牢记历史，珍爱和平，感谢拉贝先生的大爱、善举，接着全体肃立，默哀一分钟。之后，同学们向拉贝先生敬献鲜花，送上每位同学亲笔书写的祈福卡，全体同学依次将自己制作的小白花献给拉贝先生，表达自己的敬意。整个仪式庄严肃穆。仪式结束后，同学们有秩序地参观拉贝纪念馆，了解拉贝先生的善举；观看了介绍拉贝先生的录像，更多地了解他的事迹。这一活动不仅让学生们感受了拉贝先生伟大的国际主义精神，也让学生进一步了解南京大屠杀这一历史，从而从小树立"铭记历史、勿忘国耻、珍爱和平"的观念。

第六章 润物无声的童趣校园

第三节 扑面而来的自然气息

　　缓缓步入汉口路小学的大门,迎面而来的,不是高大而华丽的教学楼,而是看似貌不惊人的两堵墙,夹着一条长长的小道,静静地通向前方的一片绿荫。酒香不怕巷子深。汉口路小学的精彩故事与丰富的历史沉淀正如一坛浓烈的老酒,虽越过近百年的时空,穿过悠长悠长的巷道,不必张扬,仍能散发出馥郁又沁人心脾的香气。

一、优雅:校园十景真迷人

　　"园林式校园"的称号当之无愧,在这小小的汉口路校园里,"花园、校园、乐园"融为一体,自然美、艺术美、人文美得到完美的整合。每一处景观都别出心裁,而尤其以由"子曰墙"、"校史墙"、"民国小楼"、"敦行园"、"百阅廊"、"晨读林"、"桃李园"、"远航池"、"沙趣池"和"善思长廊"所组成的"校园十景"最受好评。

1. 历史的印记:子曰墙与校史墙

　　刚踏入汉口路小学的大门,目光就被右手边墙上一大块竹简形制的《弟子规》所吸引。再行步上前,老子、孔子、孟子、荀子的名言警句也被整整齐齐地装订在这堵墙上,这堵墙因此得名"子曰墙"。在子曰墙的对面,是校史墙。1933年创校以来的风风雨雨,艰辛历程,辛酸血泪与荣耀辉煌并存。一代又一代的汉小师生,挥洒青春与汗水,一步一个脚印地努力,才经营出汉小如今的模样。他们的身影,他们的成绩,他们的足迹没有被遗忘。一幅幅照片,一句句介绍,无不承载着汉小一路走来的峥嵘岁月。

　　子曰墙与校史墙之间的小路,是每天学生上学放学的必经之处。中华文化拥有博大精深的内涵,即使经过千年的悠久历史,仍能给现在的莘莘学子以鼓舞与启迪。子曰墙上的名言,仿佛化身成一位位富有智慧的老人家,默默地看着满载着银铃般欢笑声的孩童,时不时叮嘱几声,讲几句教诲的话。孩子们懵懵懂懂地接受了,有些孩子似乎懂了意思,有些孩子还未能理解其中的深意,子曰墙也不喜不怒,仿佛在心里默默地说:"记住吧,孩子,总有一天,你会真正地明白其中的意义。"凝神驻足看着校史墙的孩子们,对于他们所在的校园的过往充满了好奇。前辈先人们的身姿与经历,无时无刻不在给予每一位学子精神上的鼓舞,令他们有勇气在一张张小小的课桌上,创造着属于他们的历史,为他们自己的人生而拼搏。而他们的荣耀,终有一天,也会被这校史墙所记载。

2. 教学的环境:民国小楼与敦行园

民国小楼是汉口路小学最初的教学楼,历史悠远,历经沧桑。而如今的汉小民国小楼经过翻修和改造,已然成为真正属于孩子们的民国小楼。"民国建筑风格,现代教育理念"就是汉口路小学的一处办学特色。民国小楼的外墙面是青灰色的砖块,那砖块不平整的凹凸感和砖块间的色差造成的斑驳感,保留着富有历史感的风韵。除此之外,这幢民国小楼其实处处透露出现代教育的气息。一楼便有提供给学生做手工作品的陶艺室以及供学生借阅书籍的阅览室。楼梯旁的墙面上,则是历年的学生毕业合影,那一张张青春洋溢的笑脸,已经成为民国小楼里不可或缺的一部分。在陶艺室里,诞生了一批又一批充满童趣、精致细腻的小作品,有的还被挂在了墙上接受所有人赞许的目光。每到课间或午休时刻,图书馆便会迎来一批批如饥似渴的小读者。他们有的焦急地等待着自己订阅的期刊,时不时过来询问老师:"老师老师,请问我们班订的杂志到了吗?"有的刚刚读完一本课外书,迫不及待地还掉,又一头扎进书架里,在书海中寻找下一个目标;还有的选中了书,就立刻坐在小桌子前津津有味地看了起来,直到预备铃响起,才依依不舍地收起来,回到教室。

敦行园是主教学楼,分布着六个年级二十四个班级,是师生进行教学生活的主阵地。清晨漫步在敦行园里,学生琅琅读书声更是校园一景。

3.读书的氛围:百阅廊与晨读林

在敦行园的一楼拐角处,有一景古典而别致,名为百阅廊。富有园林情调的门廊上方,高高地挂着匾额"百阅廊"。两侧是一副对联,化用了苏东坡先生在《送安敦秀才失解西归》中的诗句:"好书不厌百回读,熟读深思子自知。"走廊一侧墙上精心摘选了古代优秀学子的故事,比如,"囊萤映雪"就讲述了晋代车胤小时家贫,夏天以囊装萤火虫照明读书;晋代孙康冬天常利用雪的反光来读书的故事。这些古人,在与小同学们年龄相仿的时候,付出了多大的努力,经过了多少辛酸,才创造了不及如今十分之一的学习环境。孩子们每每走过这些故事墙,读过他们的故事,接受他们的感染,知道读书是一件需要付出巨大努力才可以获得成功的事情,而如今的校园,已经为他们创造了良好的环境:我们有灯,不必惧怕黑暗;我们有教室,不再担心风霜雪雨;我们有教师,为读书的路途保驾护航;我们还有同伴,一路风雨同行,不再孤单。走廊的另一侧,是两个书架,书架的下方,就是两条长凳。书架上,摆放着各类书籍:从教辅材料到课外读物,从科学小知识到儿童文学,有的是从图书馆借出的,有的是同学们从自己家带来与大家一同分享的。无论是谁,来到这书架前,都可以取一本书,坐在长凳上,静心享受阅读所带来的乐趣。好的书籍值得分享,百读而不厌。这小小的拐角一隅,被打造成了精致美观又极为实用的"百阅廊",行走间尽览书中百味。

在敦行园主楼的后方,有一条石子铺就的小路。小路两侧是一排荫郁的梧桐,还分布着其他的灌木。在路口处有一块"晨读"石。这便是"晨读林"了。每天早晨,总有一些学生早早就来到了校园。他们或许会在百阅廊选一本书,或是拿上课本,在晨读林里选一个让自己舒适的角落,或独自大声地朗读,或三三两两互相背诵。听,有的在吟诵诗歌,有的在准备上课叙述的小故事,有的捧着英语书在读英文单词呢!

4.课间的童趣:远航池、沙趣池、桃李园与善思长廊

除了优雅的书香氛围,"校园十景"中更有许多适合小朋友课间玩耍的

地方。远航池里嬉戏畅游的金鱼儿,沙趣池里堆叠起的小城堡,桃李园边盛放的各种花朵,善思长廊里紫藤花遮蔽下的一片清凉……爱玩耍是孩童们的天性,在老师们的安全护导下,这几处地方便成了孩子们自由玩耍的天堂。喂金鱼,堆沙子,浇灌花朵,甚至观察地面上斑驳的树影,在这些对世界充满了探索欲望和好奇心的小孩子心里,却也有着无穷的乐趣。在自然之中玩耍的孩童,眼神里有着最干净、最纯真的童趣,他们就可以发现成年人往往会忽略掉的平凡之中的乐趣。

其实,听见这些孩子们的欢声和笑语,才明白,他们健康的体魄和纯洁的灵魂,他们一路走来的成长的脚印,才是汉口路小学校园里最美丽的风景。

二、生态:参天梧桐伴成长

有一种树,是南京人生活的一部分;有一种树,早已经融进了南京的城市文化之中,在南京人的城市记忆里占有举足轻重的意义。位于市中心地区的汉口路小学校园里,也有这样的树。然而在这里,每一棵,都有着专属于汉口路小学独特的意义。这,就是伟岸、挺拔的梧桐树。

高大的梧桐承载了南京所独有的文化烙印,而来到了汉口路小学,它们将自己全部的绿色都献给了校园,承载了梧桐独有的文化内涵,化身成为孩子们忠诚的小伙伴和守护者。

说这法国梧桐粗壮是一点也不夸张的,每一棵都需要至少三个小朋友手拉着手才能合抱起来。"合抱之木,生于毫末",这样的五六层楼高、三四人合抱的参天梧桐,是经历过多少风霜岁月的洗礼才能够长就的啊。但每一年春风吹来,这老树仍散发出勃勃的生机。年复一年,它们的生命力自春雨后苏醒。同学们也经过寒假开学了!树梢上刚刚冒出的嫩绿枝芽也像那刚刚来报道的,有些手足无措的一年级小学生,还怯生生的呢。它们远远地窝在缝隙间,不好意思跟来来往往的小朋友们打招呼哟!

由春入夏,同学们渐渐长高了个子,梧桐的枝叶也悄悄变得繁茂了起

第六章　润物无声的童趣校园

来,不知不觉中前后相连,搭好了一片天然的绿荫走廊。任凭烈日高照、暑气逼人,起码在树荫下,还有一方能抵住日晒,感到少许清凉的地方。这里,就成了同学们夏日玩耍的首选之地。他们围着梧桐树跑啊,跳啊,嬉戏,玩闹,也有人会静静地坐在树荫下,捧一本童话故事,任由自己的思绪恣意地驰骋。无言的梧桐树,就算只是默默地站在那里,就已经是孩子们夏日最好的"保护伞"了。

一场秋雨一场凉,随着秋天的步步逼近,气温渐渐凉了下来,梧桐树的叶子也开始慢慢变黄了。慢慢地,慢慢地,枝头发黄的叶子越来越多了,它们颤颤巍巍地挂在枝头,摇摇欲坠。某一日的秋风过境过后,一片片枯黄的叶子竟随风飘零,在地面上铺就了一层金黄色的地毯。"自古逢秋悲寂寥,我言秋日胜春朝。"在孩子们的眼里,没有秋风萧瑟,没有万物凋零,在他们纯真的眼里,这一片金色的"地毯"正是大自然慷慨的礼赠。有的小同学是不折不扣的"收集控"。枯叶飘落之后,他们会三五成群来到梧桐树脚下,细心挑拣品相完美、没有破损又颜色均匀的梧桐树叶,收起放在书里夹着。他们拿着这些树叶去开展那些天马行空的创造:去拼贴图案,去做成书签,去留作标本,去装饰自己的房间……

冬天的法国梧桐树,虽没有了夏天一树的碧绿,也失去了秋天"黄金"打造的闪亮舞衣,但是一朵雪花带来冬天的信号,那纷飞的雪花轻轻柔柔地飘落下来,选择了在法国梧桐的枝丫上暂时停留。一夜风雪过去,一个个平日里威武刚硬的"梧桐汉子",立刻变成了银装素裹、不施粉黛的高挑"梧桐妹"。南京的雪总是留得不长,往往刚落在地上铺成白色的雪层,一经清扫,人们再来来往往走一走,不一会儿就融化了大半。而这梧桐树因为生得高大,雪落在较高处的枝丫间,总能多留那么个两三日,将这美景默默地延续了下去。孩子们便开始盼了呀,盼着放假,盼着过春节,这冬天来了,春天还会远吗?可总得像这梧桐一样,要忍耐得住眼下冬天的阴寒,才能迎来春天新的生机啊;要经受得住每一年的风霜雪雨,才能长成参天大树啊!成人,成材,是一样的道理。

汉口路小学八十余年的历史,风云变幻,人事更迭,也许只有这长寿的树木才是校园最为忠诚的守护者,陪伴学生们成长的见证者,是这么多年来一批又一批的学子,一代又一代汉小人脑海深处共同拥有的童年记忆啊!

三、和谐:植物标牌亲手做

2015年5月的一个下午,阳光明媚。日光透过校园内树枝的缝隙,在塑胶地面上留下了斑驳的树影。2015届的毕业班六(1)班同学在老师的带领下来到了操场。原来,在此之前他们每人都认领了一株校园内的植物,要在正式毕业之前,送给学校,送给这些植物,送给学弟学妹们一个小礼物。他们手上,都拿着一张小纸片,纸片还被细心地压上了塑封膜,这样,就不需要害怕风吹日晒雨淋了。他们需要做的,就是互相配合,将纸片挂到对应的树上。

这是一份什么神秘的礼物呢?仔细瞧去,原来是同学们亲手设计并制作的植物标牌。每一个标牌都可谓独一无二,别出心裁。有的被裁剪成星形,有的被裁剪成树叶的模样,在每一份植物标牌上,六年级的同学都运用自己所学的知识,为植物进行了中英文双语的介绍。除了文字的介绍,还有同学们涂出的各种花样的小图形,并郑重地在自己的标牌上标出了"I E"两个字母作为标志。而这"I"&"E"的意义便是"Invitation Education"(启发潜能教育),这套教育理论的要旨是深信所有的人都是有能力、有价值、有责任的,值得挖掘,教育是一种协作的活动,通过合作,可以帮助学生开启他们的潜能,让他们在愉快的环境下有效地学习。

手工制作植物标牌正是汉口路小学在"启发潜能教育"理念指导下开展的活动之一。它的用意不仅仅在于让学生动手做一件有实用性的工艺品,更在于让学生发现他们的价值,意识到自己对于学校的责任,他们在用切切实实的行动为这个学校做出自己力所能及的贡献——他们是这个学校真正的小主人。

相比植物园、绿博园那里的植物标牌对于每个植物非常正式严谨的介绍,同学们的介绍虽然简短,却相当生动而有童趣,他们笔触间不经意流露出的才华,让人不禁啧啧称赞。有一位同学是这样介绍红枫的:"Red

第六章　润物无声的童趣校园

Maple:Chinese is my hometown, my branches high straight, wide crown. I'm the South famous autumn leaf trees!"（红枫：中国是我的故乡，我的枝干高直，树冠宽阔。我可是南方著名的秋色叶树种哦！）另一位同学在介绍桂花树的时候则在第一句就写道："You have smelled the fragrance."（你已经闻到了这香味。）没错，待到金秋十月，丹桂飘香的季节，桂花香甜的芬芳弥散在整个校园的空气中。这一句肯定句，给了所有看到标牌者的心头会心一击：它提醒着你，这味道，就是桂花自己的名片。汉口路小学的校园里有着多样的植物，除了红枫、桂花之外，还有梧桐树、月季、龙爪槐、爬山虎，等等，都在这次活动中获得了小朋友们自己亲手所做的"名片"，看看它们挺拔的身姿显得格外的有精神，那生机盎然、精神抖擞的模样，想必心里也是乐呵呵的吧！

　　让学生自己动手来制作植物标牌，让同学们亲自去认识校园里的植物，了解这些植物的特性，亲手去呵护它们，无疑会比直接上一堂纸上谈兵的植物课更加有效果。在这一过程中，同学们丰富了自己的知识，自己主动去寻找信息，整合信息，能够获得更为深刻的印象。纯手工制作，综合了剪裁、绘图、书写等，最后还要亲手悬挂，这对学生的动手能力是一次有效的锻炼。一枚枚特别的小标签飘荡在树梢指头，为校园环境也增添了一抹别样的色彩。制作过程中，同学之间会互相交流，增进友谊，同时高年级同学带头呵护校园内的植株，也起到示范的作用与传承精神的效果。爱护自然，不仅是一个口头上的口号、一个标语，更是每一个人的一举一动、一言一行，互相影响，从而达到整体的统一与和谐。这一切的努力，使得汉口路小学的校园环境更加美丽，人与自然的关系更为和谐。

　　在汉口路小学里，同学们还有许多类似于这样的实践活动，以亲身实践来分享知识分享经历，而不同年龄段的同学面临的活动内容也有所不同。例如为植物制作双语版的标牌就需要考虑由高年级的同学来完成，他们有了一定的英语基础，有能力胜任这样的任务。我们每年都会举办废旧物品回收再利用的手工创作大赛，将关注生态，提倡环保的理念，与培养学生能力，锻炼他们的技能相结合，落实成为具体的行动。同学们会在家长的协助下，自己寻找制作材料，自己动手来赋予一些废旧物品新的活力。

春游和秋游也是孩子们亲近自然的一种绝佳的方式。玄武湖、紫金山、明故宫、灵谷寺，都留下了汉口路小学的学子们快乐的身影。对植物的爱护不仅要体现在校园内，更要懂得爱护我们这座城市的生态。南京这座历史文化名城具有浓浓的历史厚重感，在游玩的过程中，自然美景与人文景观的完美协调，相互衬托，给了学生们强烈的震撼。在老师的讲解和带领下，他们明白生态环境的重要性，他们明白随手捡起地上的垃圾就是"和谐"，公共场合不大声喧哗就是"和谐"，不随意践踏草坪，不随意掰折树枝、摧残花朵就是"和谐"，不在树林里使用明火等细小而具体的举动，就是我们一直以来所追求的"和谐"。

从校园内出发，从每个班级、每个孩子出发，汉口路小学为学生们营造了良好的环境氛围，培养他们对于环境的爱护意识，了解大自然，尊重大自然。但愿每一个在汉口路小学成长起来的孩子，内心深处都有一颗热爱自然、关爱生态的小小种子。小种子萌芽、抽枝、长成小树苗，长成内心里的参天大树，即便终有一天，他们离开了母校，也可以为自己、为他人，带去一片荫凉。

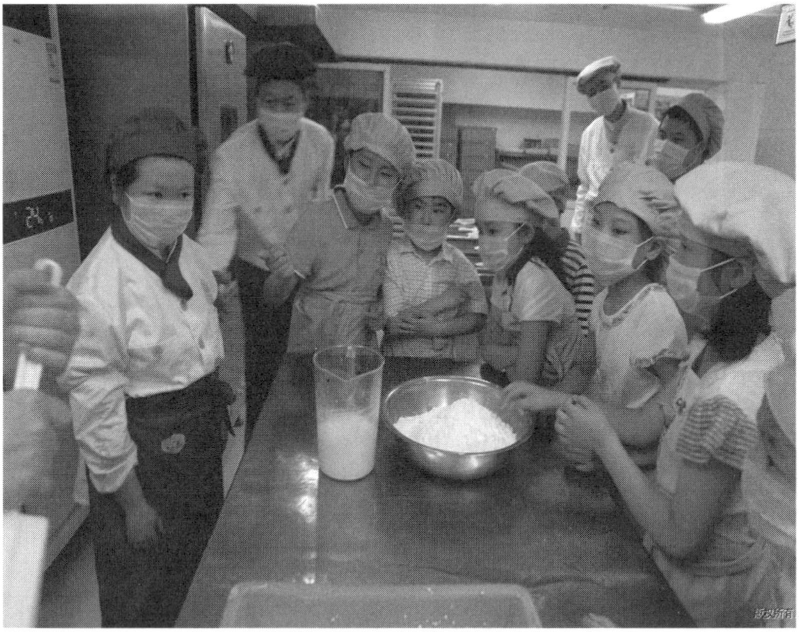

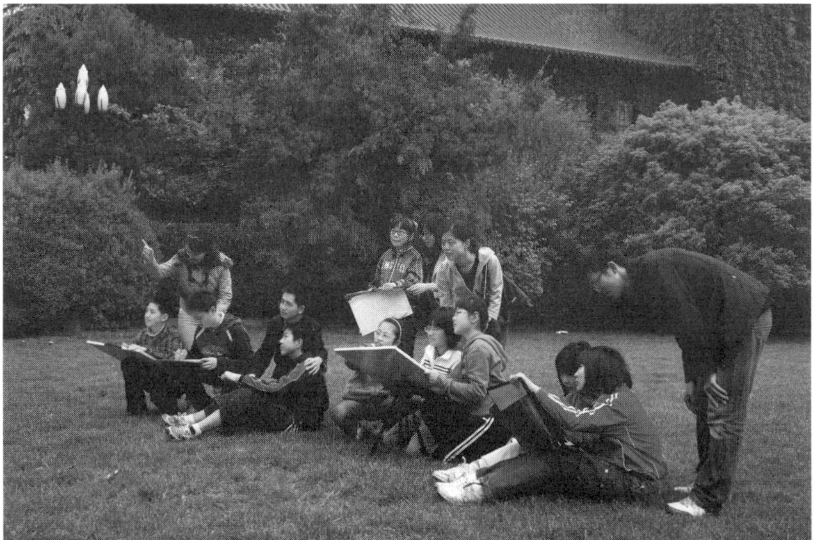

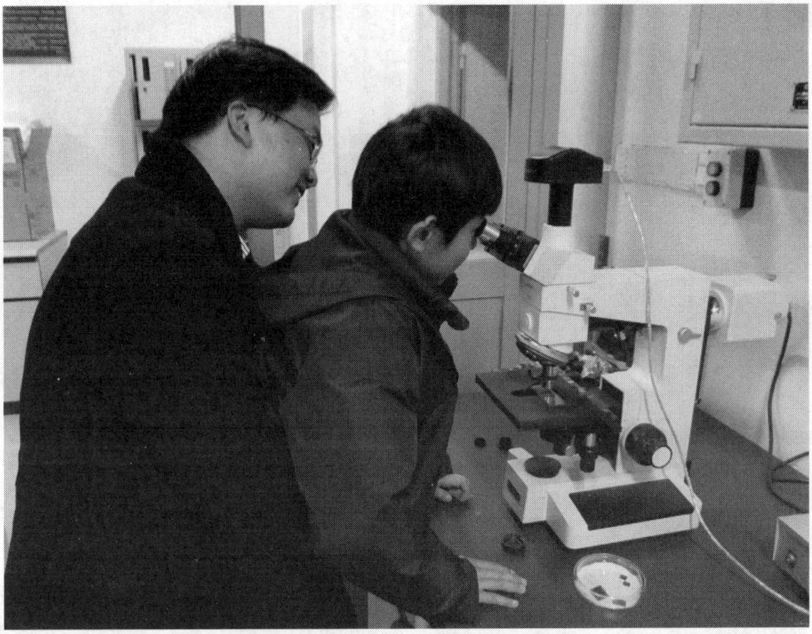

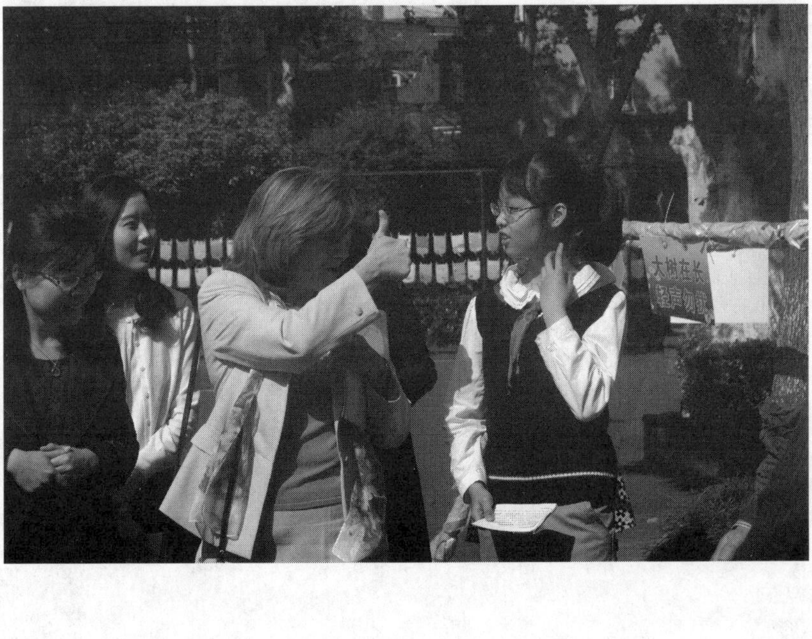
大树在长

第七章 立体交互的学习资源平台

儿童多彩的学习生活场所不仅是在校园里，在老师的课堂里，学习内容也不仅局限于课本内容的学习，只要有好的学习资源的地方都可以成为儿童多彩学习生活的场所。为了丰富学生的多彩学习生活，给学生提供更为丰富的学习资源，我们借助网络平台开发了各学科的数字化教学资源，建构了多样化的网络课程，全校开通家校通平台，每个班建有QQ群，方便资源共享，家校沟通。除此之外，汉口路小学毗邻百年学府南京大学，80多年来深受南大文化的滋养，让学生带着课本去南大，参观拉贝故居，让学生尽情享受南大带来的地域资源优势。除了"物"，还有"人"的熏陶，我们充分调动南大"人"的力量，也来为励园儿童多彩学习生活设计。高端引领，让南大的教授走进小学生的课堂，开设大师课程；与南大留学生合作，带领学生进行沉浸式学习体验；携手大学生，开展各种公益活动。从网络资源到地域资源再到人文资源，我们不仅仅是丰富了学生的多彩学习生活，还为学生架构了一个立体交互的学习资源平台。

第一节 开启网络多元平台

儿童的学习生活场所有许多，学校、家庭、社会都是儿童学习生活的场所。随着互联网的出现和日渐成熟的互联网技术的发展，互联网逐渐成为学生多彩学习生活的另一阵地。互联网上资源丰富，信息量大且类型多样，学习资源可以共享，学习时间不受限制，通过互联网学生可以获取比课堂上更多的信息，享受更多的资源，通过网络可以和老师、同学更自由地交流学习。

一、建构多样化的网络课程

2011年,学校以"服务学生,服务学校,服务社会"为建站宗旨重新规划了学校的网站,希望校园网能成为家长、学生和社会了解学校的一扇窗户。为此我们在重新规划时对网站建设提出了进一步的要求,如:网页风格要清新活泼,网站内容要完整丰富,要突显学校的四色教育理念,功能要强大,能实现资源共享,方便家校沟通。在信息中心的努力下,网站成功地进行了改版。学校网站的点击率节节上升,学校网站成为家长了解学校、学生学习的好地方。正因为校园网的强大功能,老师们在研发具有汉小特色的校本课程的同时,也借助校园网这一平台,在学校网站开辟了网络课程栏目来发布校本课程资源,让学生在家能通过网络进行学习,我们把发布在学校网站上的校本课程称为校本网络课程。这些网络课程是我们充分利用南京大学的地域资源和人文资源及学生家长资源开发出来的课程,从开发者来看有大学的教授,也有学生家长,还有在校的大学生,他们带来了不同行业和专业领域里的知识,这些知识就是丰富的课程资源。基于开发者不同,我们把网络课程版块的内容分成大师课程、大学生课程、家长课程和节日课程四个子栏目。

从2014年初,我们定期将这些网络课程资源发布在学校网站上,从点击率来看,这些网络课深受同学们的喜爱。因为是共享在学校网站上,所以不论是哪个年级的学生,都可以通过互联网不受学习地点、时间的限制,在学校网站网络课程这个栏目里选择自己感兴趣的网络课程来学习,学生从中获得了许多课堂上学不到的知识,有的学生还把它们加以实践应用,一个个小发明、小制作连续不断地产生,学生的个性得到了更好的发展,学习的主动创造性得到了提高。

1. 大学教授面向儿童学习设计的网络课程

南京大学有建筑系、地质系、新闻系、天文系、计算机系等不同专业类别的院系,这些不同院系的教授拥有丰富的专业知识,可以说是这个专业领域的专家,而且由他们还可以辐射到其他大学的教授,他们为儿童学习提供了更为丰富多彩的立体学习资源。比如来自南京大学软件学院陈振宇副教授开发的《生活中的软件》,这是普及计算机知识,教儿童了解生活中有哪些有趣的软件,可以帮助我们解决哪些生活问题;南京大学数学系孙永忠教授开发的《论商场打折的数学问题》,这一课教会了孩子们如何到商场里买到经济实惠的物品;南京市口腔医院的徐蓉蓉主治医师开发的《口腔保健知识》教会了学生如何保护自己的牙齿。2014年,我们联合大学教授开发的诸如此类的大师网络课程就达21篇之多。

2. 在读的大学生面向儿童学习设计的网络课程

南京大学不仅有专业和权威的教授这样的智力资源,还有充满朝气的莘莘学子,他们也是儿童学习的对象,从大学生那里儿童同样能汲取有利于成长的营养。除了南京大学,每年我们都有师范学院的学生来校实习,大学生带来的学业资源也是非常丰富的,涉及数学、语文、科学、美术、音乐等多学科。如适合高年级段的,由来自江苏省第二师范大学数学系学生万云静开发的《黄金分割》,主要介绍了黄金分割的数学知识;适合中年级段的,由来自江苏省第二师范大学中文系学生杨明秀开发的《区分"的地得"》,学生对"的地得"的区分更加清晰;适合低年级段的,由来江苏省第二师范大学学生朱玉婷开发的《成语中的数学》,让学生通过成语来了解数字的魅力。2014年,我们联合大学生开发的诸如此类的大学生网络课程就有16篇。

3. 学生家长面向儿童学习设计的网络课程

我们学校孩子的家长一部分来自南京大学,还有一部分来自不同行业的社会人员,如银行、金融、医生等行业,他们同样为儿童提供了更为广泛的社会资源,学生将从这些社会资源中获得更多的知识。如一(1)班王志坤家长设计的《HALLOWEEN 万圣节》,通过此课的学习,学生对西方万圣节的由来、物品、活动都能娓娓道来。一年级的师生和家长还举办了万圣节的活动,让孩子更加深入地去体会西方的节日。2014年,我们联合家长开发的诸如此类的家长课程也有19篇。

4. 在校老师面向儿童学习设计的网络课程

汉小有着丰富多彩的校园活动,也有着许多属于孩子的节日,如科技节、艺术节、读书节、植树节等形式多样的节日,由这些节日引申出来的资源也是非常丰富的,这些资源被学校充分地挖掘,我们在网络上发布各种节日活动方案,鼓励学生积极参加各种活动,学生在准备活动的过程中,受到了科学、艺术、体育等多方面的熏陶,学生的学习生活体现得更丰富多彩,享受开展活动带来的快乐。

不同开发者开发的网络课程,涉及不同的领域,拓展了知识面,深受学生喜爱,大师们渊博的知识、认真严谨的治学态度、寻求突破的探究品质,无疑能帮助孩子们逐步达成我校"五育"目标,丰富儿童的知识世界,充实儿童的精神生活,孕育儿童的国际视野,使他们习得拼搏向上与自我完善的能力。

当我们把这些网络课程放到学校网站上时,从点击率、网络留言反馈、邮箱交流我们可以看到孩子们的兴趣爱好是非常广泛的,他们渴望了解更多课堂以外的知识。下面让我们来看看学生们是如何评价这样的网络课程的。

镜头一:我们喜欢这样的网络课程

学校从点击率和网络留言来评估网络课程的受欢迎程度,我们在开展"我们喜欢这样的网络课程"网络征文活动时,不少的同学就自己喜爱的课例写下了自己的感想,这是二(3)班管婷同学们给我们发来的网络征文。

我们喜欢这样的网络课堂

今天,二(4)班陈芃亦同学的爸爸来到我们学校,在二(4)班上了一堂生动有趣的课,主题是生活中的软件,听说二(4)班的同学听得非常的开心,学到了很多的知识,可惜我没听到,错过了一次学习的机会。但听老师介绍,学校把这一课的视频和课件放在了学校网站上,晚上我迫不及待地要求爸爸允许我上网学习一下。爸爸打开了学校的网页,在网络课程版块的大师课程栏目里找到了学习视频和课件

《生活中的软件》，我认真地进行了观看和学习。

网络 PPT 上还有个小动画，展示了一个普通的白色小球，当我点击按钮把球的外壳剥下来，清楚地看到里面有陀螺仪、LED 灯、蓝牙发射器和无线感应充电器。通过后面的文字解说，我明白了这不是一个普通的塑料小球，而是一个和手机软件相互感应，由蓝牙操控，可以变色充电的智能玩具球 sphero。网络课件最后介绍了如何使用软件、如何正确对待游戏软件等。

网络课件又给我们出了道题：在地图上指出从家到学校哪条线路短？这下可难倒我了。继续往下学，原来可以用"导航软件"！先利用导航软件搜出三条较近的线路，然后通过图示和线段对比，最终找到一条最便捷的路线。

看完了视频和课件，陈教授精彩的设计给我留下了深刻的印象，我也学到了很多新鲜有趣的知识，我很喜欢这样的网络课堂。

镜头二：

《走进石墨烯太阳能电池》是南京大学电子科学与工程学院马忠原教授专门为汉小的孩子准备的一节网络课程。马教授以图文并茂的解说与视频在网络上为学生们科普了石墨烯太阳能电池这一新型能源电池的由来、特点与应用。

在科学老师的推荐下，不少学生回家后在家庭电脑上下载学习了这部分的内容，不少家长也与孩子共同学习，直呼大开眼界。下面是五年级刘子畅同学自学网络课程之后的观后感：

科学课上，李老师告诉我们学校网站上有关于太阳能电池的内容，让感兴趣的同学在课后上网点击自学。

一放学，我就回家打开了电脑，登录了学校网站，在大师课程目录下找到了这一课《走进石墨烯太阳能电池》。这个标题一下子吸引了我，什么是石墨烯？太阳能与石墨烯有什么关系？这种电池对我们的生活有什么好处？好多问题从我的脑海中蹦跳出来。

我迫不及待地打开了学习课件，一页页地看一页页地学。原来石墨烯是一种拥有超凡坚硬度、柔韧度、透明度和导电性的材料,由英国曼彻斯特大学 André Geim 研制。这种材料的研制还获得了诺贝尔奖呢!石墨烯制成的包装袋可以承受大约两吨的重量。石墨烯比钻石还强硬,它的强度比世界上最好的钢铁还高 100 倍!石墨烯还真是了不起。

学习课件里还有马教授亲自录制的怎么在家里 DIY 太阳能电池的视频,看起来特别有意思,我准备周末请爸爸准备好材料,我也来制作一组太阳能电池。

从学生的感想中,我们知道同学们非常喜欢大师们带来的知识,学生获得了许多课堂以外的知识,学生的知识面在这样的课程中得到了拓展,使儿童的学习生活变得具有大师般风范,变得熠熠生辉。

镜头三:大学生,小朋友们另类老师

大学生开发的网络课程也非常受孩子们喜欢,像江苏省第二师范大学数学系的学生黄皓设计的《古诗词中的数学》:

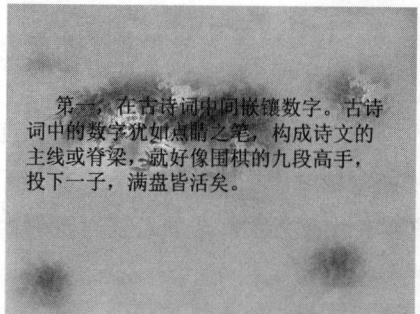

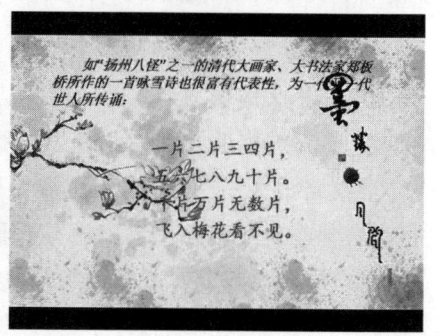

第七章　立体交互的学习资源平台

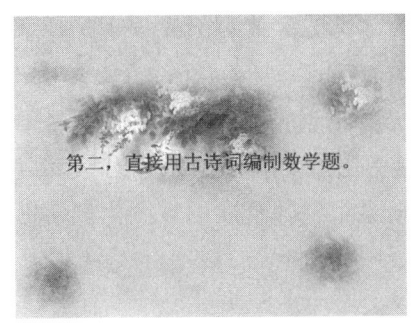

我们把制作好的PPT课件放在网络课程的大学生课程栏目里,学生通过图文并茂的PPT能直观形象地发现数字在语文里的奇思妙用,语文与数学思维的巧妙结合,让学生既欣赏了不少的古诗词,还对数字的运用有了另一种理解。该课件在网络上的点击率也非常的高,小李同学在网上留言说:原来数字还可以和语文学习联系起来呀。小陶同学在网上留言说:我把其中的小例子用在了数学与生活的小论文里,论文还获奖了。

二、开发数字化教学资源

什么是数字化教学资源?它是指经过数字化处理,可以在计算机或网络上运用的教学资源。数字化教学资源包括网络课程、声像资料、电子教案、数字化素材库等。它有四个特点:(1)多样性——多媒体、超文本结构、友好交互界面、虚拟仿真。(2)共享性——在网络环境下可以全球共享并随意获取。(3)扩展性——可以在原有基础上补充、扩展。(4)工具性——可以作为认知工具,探究知识、构建知识。

我校开发数字化教学资源库经历了较长的一段时间,在开发四色课程资源时候我们发现四色课程资源非常丰富,有固定内容的"大学·小学"微型课程,还有类别固定的社团课,也有内容不太固定的大师课程、家长课程、大学生课程。这么多的资源要有效地进行保留不是件容易的事,数学化校园的建设让我们想到要将这些资源进行数字化处理,变成数字化资源我们便可以进行有效的保留和反复的使用,同时为二次开发提供了便利,这也是资源得以共享的最好方式。

1. 成立数字化教学资源领导小组

为了让数字化教学资源的开发得以顺利地进行,学校召开了信息中心成员、课题组成员、教研组长、学科骨干、中层以上干部联席会议,成立以校长为组长,分管教学的校长为副组长,信息组教师组成的数字化教学资源库建设领导小组,研究、讨论、制定适合本校校情的数字化资源库开发方案。

2. 搭建平台 完善基础网络设施建设

网络建设是数字化工程的核心,它的建设分硬件和软件两部分。全校办公室和教室通过校园网已连接互联网,现在学校校园网络运作基本正常。数字化教学资源库的存储需要大的储存空间,为此学校购买了一台大容量的服务器,为了有效管理教学资源,我校还购买了一套校园信息化管理系统,软硬件设施完善,为开发数字化教学资源创造了条件。只是校园信息化管理平台的许多功能还没有被师生充分利用起来,所以在开发数字化教学资源的同时,还要加强对全校师生进行信息技术应用的培训。

3. 进一步充实资源库

(1)建立资源库类别

在原有的资源库的基础上,我们建立了不同类别的学科拓展类资源,有语文的、数学的、美术的、科学的,这类资源是我们在开发四色课程的时候挖掘的新资源,又根据开发者不同,开发了大师课程资源、大学生课程资源;南大、汉小联合开发的微型课程资源;励园教师团队开发的体育特色课程资源;教师个体开发的"迷你读·述"课程;家长、学生共同开发的亲子课程资源。

(2)提出具体要求,充实资源库内容

对于资源开发者我们对其提出具体要求,无论是在哪个年级、班级上课,上课的电子教案、教学课件、教学素材,要分门别类地进行保存,每次上完课就将这些电子资源通过班级QQ群传给班主任,再由班主任传给级部组长,最后由级部组长收齐后上传给资源管理员,资源管理员对这些资源进行了整理后分类上传。

除此之外,我们还对全校老师提出要求:学期结束时,要将各学科教学资源,如电子教案、课件、研究课课例(教案、课件)、各个年级的语数外周周练,都要上传给资源管理员,这些资源也是数字化教学资源库建设的来源。我们要充分利用这些资源,充实我们的数字化教学资源库。

4. 制定制度　有效管理

这么多不同来源的资源,如何进行有效的收集和管理也是需要思考的问题。为了避免资源的丢失和混乱,我们制定了汉小数字化教学资源管理制度。要求全员参与,每位老师都是资源的开发者;分类负责,信息中心的成员分派到各个年级段,负责该年级段的数字化资源的收集、整理、上传。网络管理员负责实现资源共享。通过有效的管理,数字化教学资源库的内容越来越充实,利用率节节上升。

三、搭建家校沟通的桥梁

汉小的校本课程开发集合了许多的社会资源,这些资源借助网络被共享在学习资源平台里,在此过程中,这个学习资源平台不单单是为学生的多彩生活提供了许多的素材,还因为大学教授、家长、大学生参与其中共同开发,家长知道学校为学生的多彩学习生活是如何设计课程的,真心感受到学校为儿童的成长所做的努力,家长也愿意奉献自己的力量,学校提出的要求也愿意积极去配合。在不知不觉中,我们通过校本课程的开发在家长与学校之间搭起一座沟通的桥梁。

南京大学信息管理系石进副教授来我校做的《大数据在小学生中的运用》,属于大师开发的课程之一。石教授是我校石亦珠同学的爸爸,他在来学校讲课之前,先在家给自己的孩子试讲,孩子有听不懂或不感兴趣的,他就去掉或调整,用适应儿童的方式来讲解。同时他对我校做大师课程非常赞赏，说国外学校都是这样，学校没有资源开设但儿童又十分需求的课程，就请家长来做这个课程。这次石教授的讲授传授给孩子的不仅仅是生活中有大数据存在的事实，更重要的是教会儿童面对生活中的平常小事，学会用科学研究的眼光去看待生活，并学以致用，一定会让生活更有品质、更有创意、更加幸福。

沟通有许多的方式，汉小以"四色课程"的开发为载体，挖掘资源，为儿童丰富多彩的学习生活而设计，在家长与学校之间架起了一座桥梁。我们希望通过这座桥梁能让家长、社会来参与我们的课程建设，了解我们的四色教育，为儿童的终身幸福生活而努力。

第二节 利用地域资源优势

一、带着课本去南大

教育家陈鹤琴先生说过："大自然、大社会是活教材。"南京市汉口路小学毗邻南京大学，深受南京大学文化的熏陶。从2012年起，学校开发校本课程"小学·大学"就是以带着孩子们到南京大学中，在学习各学科课本中，拓展相关的学科知识为宗旨，让孩子们在南京大学中学习，在快乐中学习，乐学、会学、善学，把学习当成一种享受。

镜头一：参观南京大学各类博物馆

每一年，各年级的全体同学都会在老师的带领下，到南京大学的地质博物馆、天文系天文台、吴为山雕塑馆、赛珍珠纪念馆、南京大学校史馆等各类博物馆开展"南京大学微课程"的学习。这样的活动是为了丰富孩子们的书本知识的学习，落实汉口路小学"四色教育"的办学理念，推进学校知识和社会生活整合工作的崭新尝试。孩子们在博物馆这一特别的课堂里，实实在在感受到了别样的魅力，它给课堂带来了活力，使学校学习的课本知识活了起来，激发起了孩子们探索的欲望，调动了学习的积极性，让学生在愉悦中走近知识，弥补了课堂教学中的不足。

四(3)班申屠宁远同学在日记中写道：

  一进博物馆的大门,我就被走道两旁形态各异、色彩斑斓的各类岩石深深吸引,老师详细地为我们介绍它们的成因、分类,原来一块小小的岩石竟蕴藏着如此的奥秘！我不禁暗自惊叹。我最喜欢的要数恐龙化石与骨架。它们带着我穿越了时空,来到35亿年前我们的祖先生活的地方,来到距今110亿年前的宇宙星系和地球。其中我最感兴趣的是关于生命演化的部分。我非常好奇最初的鸟儿是如何开始飞行的？我们的祖先是如何生活的？最初的鱼儿是现在这个样子的吗？随着老师的讲解,那一个个谜团都揭开了。鸟儿的祖先是树栖的小型恐龙,是恐龙在奔跑跳跃的过程中逐渐升腾起飞,也有的在树木之间来回滑翔,如此才有了振翅翱翔的本领。大自然的秘密可真多啊！我暗暗下定决心,要好好学习,长大也要去探索大自然的秘密。

镜头二：参观各类南大的国家重点实验室及各类省级实验室

每一年学校还会组织孩子们前往南京大学的固体微结构物理国家重点实验室、现代配位化学国家重点实验室、医药生物技术国家重点实验室、内生金属矿床成矿机制研究国家重点实验室、污染控制与资源化研究国家重点实验室等五个国家级重点实验室及各类省级实验室科普教育基地参观学习,营造浓厚的校园科普氛围,提高孩子们科技创新意识和科学素质。

孩子们走进如此神秘而又"高大上"的南京大学国家重点实验室,对一切都充满了新奇感。在内生金属矿床成矿机制研究国家重点实验室,孩子们迫不及待地围成一圈,专心致志地听科研人员为我们热情地讲解。许多实验仪器的原理并不复杂,却能够测出矿物的结构组成、元素含量,完美地诠释了"大道至简"。孩子们近距离接触我国地质学的前沿科学,亲身感受科学技术的无穷魅力。五(1)班学生李方涵同学说："之前老师所讲的要'带着疑问去发现',自己在枯燥的学习中难以领会这其中的含义,今天参观学习使自己对这句话有了深刻的认识和理解。"

每一次的参观,各重点实验室的教授、专家和科研人员都会用孩子们能够理解的方式,分别对实验室的建设、研究项目、实验仪器、科研成果、应用前景、最新科技研究动态进行详细的讲解和介绍，让孩子们感受分享了实验室和科技带来的无穷魅力及对生产生活的影响，普及了科技知识，开阔了视野，激发了孩子们认识科学、探究科学的兴趣和热情。每次参观结束孩子们都会纷纷表示，能够走进南京大学的重点实验室，让他们感到兴奋不已，特别是有些知识都是他们在课堂中学不到的，受益匪浅。

六(2)班的张子萱在《参观南京大学天文台》中写道：

我们的地球是什么样？天空中到底有什么？陈老师热情、细致、生动地给我们介绍了大气、星云、星座等等天文知识。同学们的求知欲一下子高涨了起来，大家围着陈老师争先恐后地提出自己感兴趣的问题；立体感十足的声光电仪器给了我们无穷的乐趣。令我们最感兴趣的是各个星座，大家沉浸在星座的美好传说当中，认真观看与聆听。在陈老师的启发引导下，我们很快投入到了寻找自己所属的星座的活动中去了。在比对、欣赏、评价星座图像的过程中，我们充分发挥了自己的想象力，同时锻炼了自己的语言表达能力。许多同学表示"大有收获"，对天文知识有了更深入的了解，也进一步开阔了眼界，很有意义。

镜头三："小学·大学"微型图本课程

"小学·大学"微课程，汉口路小学四色教育的特色课程。该课程整合了语文、数学、美术、科学、体育、英语等的课程学习资源，又在课内知识的基础上进行了完善和拓展。根据南京大学丰富和特有的教育资源，课程特别设计了为满足每一个孩子不同兴趣的学习主题，试图通过多学科交互学习和实地考察学习，让孩子们对独具特色的南京大学文化特质有深入了解，使得孩子们对南京大学相关文学作品的赏析、对南京大学教授经典作品的感悟、对南京大学精神探究等方面，带着课本去南京大学学习，让孩子们从课堂走进社会，获得更为系统、深入的学习。

2014年鼓楼区综合实践课程现场会，我校展示了由多学科老师同时走进同一个教室，共同演绎的一堂课——《南大的建筑》。课前，我们对孩子们感兴趣的话题进行了调查，决定按照孩子们的意愿将大家分为"语文创作组、数学测绘组、美术创想组"三个研究小组。并且由孩子们自己选择决定了3位辅导老师。每周三下午的微课时间,孩子们都会聚集在自己感兴趣的小组里,和同学们、老师们一起用自己喜欢的方式研究自己感兴趣的话题。在课堂上,为了使孩子们都能积极地参与到研究学习中来,老师们设计了一系列操作性、开放性、趣味性很强的活动。孩子们通过自主地发现探究,来构建知识、掌握知识、运用知识。他们争先恐后地将自己的一个个小发现或与众不同的见解,与老师和同学们沟通、交流。

四(4)班的石语淳在《这样的课堂,我们喜欢》中写道:

> 大家最最盼望的汇报开始了,语文组的同学以默契的配合、娴熟的语言、恰到好处的表情,为我们展示了他们研究的结果,获得大家的阵阵喝彩。美术组同学的手可真巧啊,他们变废为宝,制作出了一件件惟妙惟肖的南大建筑,太棒了!我们数学组也不甘示弱,不仅向大家介绍了南大建筑的布局,还让大家长了知识,课后同学们都了解到了什么是城市的中轴线。哈哈,你也不知道吧!我来告诉你,它就是城市的子午线!最精彩的应该是我们组绘制的《南京大学平面手绘地图》了,把它送给初来南大学习的哥哥姐姐们,将是一件多么好的礼物啊!相信有了我们的地图,他们就不会迷路了!我们喜欢这样的课堂,它让我们体会到了课堂的魅力。它活泼、快乐、美丽,它让我收获了一次次的成功!

参观南大的各类博物馆、实验室,到南京大学去开展综合实践活动等是该课程实施的第二阶段。第一阶段是校内学习、明确任务阶段。每个学生都根据自己的兴趣点,围绕课程主题,选择了自己的任务。参观之后将开始第三阶段的学习,通过"汉口路小学学生四色讲堂"、课堂深化及拓展、课程总结、特色小报、文作、绘画展览等形式进行交流、总结和反思。学生作为发展中的个体,每个人都需要得到他人的欣赏,每一个人都需要得到成功的体验,南大微课中的小研究正为孩子们提供了这一平台。老师、家长、同伴给予的每一个信任的目光,每一句激励的话语,以及每一次小小的成功,都将成为孩子们将来大成功的基石。

带着课本去南大,让孩子们从课堂走进自然、走进社会,在观察中体验,在体验中思考,在思考中获得认识的升华,这是孩子们喜欢的教学方式,这是符合生命发展规律的教育教学方式,这是汉口路小学四色教育的特色教学方式,它必将在基础教育课程改革的道路上绽放出夺目光彩。

二、走进拉贝故居

从汉口路小学出发,向东南步行8分钟左右,就能看到一座德式小洋楼,它就是著名的国家级抗战纪念遗址——拉贝故居。约翰·拉贝(John H. D. Rabe)在1937年日军向南京进攻前夕,被推为南京安全区国际委员会主席。12月13日,日军攻占南京,古城金陵陷入黑色恐怖深渊。拉贝利用自己的纳粹党员身份,在自己的住宅收容了600多名中国难民。在他负责的不足4平方公里的安全区内,他和他领导的十多位南京安全区国际委员会成员,拯救了25万中国人的生命;他还在租住的这栋小楼内,写下了著名的《拉贝日记》。

汉口路小学当年就位于拉贝负责的4平方公里的安全区内。1937年冬,南京沦陷后,校园成为南京安全区内25个难民收容所之一,在侵华日军南京大屠杀的腥风血雨中,艰难庇护了1000多个难民家庭。[①]

为了进一步弘扬社会主义核心价值观,激发学生"勿忘国耻 铭记历史"的强烈愿望,表达学生热爱和平、反对侵略、实现民族伟大复兴的家国情怀,学校利用紧邻拉贝故居这一有利资源,经常组织学生来到拉贝故居开展各项活动。历史是不容忘却的,是最好的教科书,也是最好的清醒剂!

镜头一:不能忘却的记忆

清明节是我国人民祭奠先烈、先人、先贤的节日。为了加强对孩子们的革命传统教育和爱国主义教育,深入贯彻落实党的十八大提出的弘扬中华传统文化,建设中华民族共同精神家园的要求,更好地运用传统节日弘扬民族优秀文化传统,学校德育处利用毗邻拉贝故居这一有利的地域优

[①] 约翰·拉贝:《拉贝日记》,江苏人民出版社、江苏教育出版社1997年版。

势,每年都会组织孩子们到拉贝故居进行清明祭扫活动,教育引导孩子们缅怀先烈、继承遗志,弘扬传统文化。德育处将清明祭扫活动命名为"不能忘却的记忆"。活动之一是利用升旗仪式、以国旗下讲话、给孩子们介绍关于清明节的来历、有关拉贝的事迹介绍等,号召大家向革命英雄学习。通过系列介绍,孩子们知道了革命英雄们的感人事迹,纷纷表示要继承先烈遗志,奋发学习,立志成才,爱国爱家,学好本领。活动之二是各中队以"不能忘却的记忆"为主题的板报,板报内容丰富,以清明节缅怀先人、英雄为主题,纪念这个有着深远意义的日子。活动之三是各中队都举行一次主题班队活动。以班级为单位开展了清明"纪念革命先烈"主题班队活动。孩子们讲革命先烈的精彩故事,朗诵脍炙人口的抗战诗歌等。各级部分批到拉贝故居进行清明祭扫活动,在活动中孩子们了解了英雄拉贝的感人事迹,通过朗读诗歌表达出了他们对英雄们的崇敬。活动之四是组织学生观看影片,从电影中,孩子们了解了革命先烈为新中国的解放事业浴血奋战的动人事迹,学生们体会到今日幸福生活的来之不易,使他们真正明白了没有无数先烈的抛头颅、洒热血,就不会有今天的幸福生活,从而不断激励自己珍惜今天、把握明天。使他们心灵受到震撼,增强民族自豪感和责任感,继承先烈遗志,好好学习,天天向上。五(2)班的左语舒在日记中写道:

> 我热爱他们,我赞扬他们,我崇敬他们。他们为了自己的信仰,冒着失去生命的危险,宁愿死也要保护人民,他们宁愿做光荣牺牲的英雄,也不愿苟且偷生,我也因此对他们产生了无限的敬佩、无限的感慨,我也要因此而赞扬他们。在我的眼里,他们是光明的象征,他们是战胜一切的力量。

镜头二:身边的纪念

××年××月,第十二届全国人大常委会第七次会议决定将每年的12月13日确定为南京大屠杀死难者国家公祭日。我校将公祭日的主题定为"我们的和平树"。不仅要求孩子们通过查找资料,了解南京大屠杀30万同胞死于日军屠刀下的血泪历史,更重要的是珍惜现在的幸福生活,维护和平。和平,它自古以来就是人类最持久的夙愿。和平像阳光一样温暖,像雨露一样滋润。万物的茁壮成长离不开阳光雨露,美好梦想的实现离不开和平与稳定。

四(3)班的赵晟喆在日记中写道:

> 国家公祭日是国家为了纪念曾经发生过的重大民族灾难而设立的国家祭日。1937年12月13日,侵华日军在中国南京开始对中国同胞实施长达四十多天惨绝人寰的大屠杀,三十多万人惨遭杀戮,制造了震惊中外的南京大屠杀惨案。我们不要忘记了这段屈辱的历史。它时刻提醒我们,落后就要挨打,落后就要任人宰割!它告诉我们,现在要努力学习,长大才能将祖国建设得更加富强。只有祖国强大,我们才能不被欺负!

公祭日这天,孩子们带着自己制作的小白花、和平鸽心愿卡……在老师的陪伴下来到拉贝故居,到拉贝先生的铜像前举行祭扫活动。通过参观,孩子们了解了拉贝先生解救受难的中国同胞的壮举,感受到了国际主义精神。大家将自己制作的小白花献给拉贝先生,送上每人亲笔书写的祈福卡。将和平鸽状的心愿卡挂上和平树,这一刻,孩子们仿佛看到一只只和平鸽翱翔在蔚蓝的天际,祈福世界更加和谐与美好,战争永去,和平永存!

国家公祭日活动后,学校以"毋忘历史,珍惜和平"为主题开展了征文活动,六(3)班高晟博在征文中写道:

> 在南京大屠杀那些腥风血雨的日子里,我们的同胞守望相助、相互支持,众多国际友人也冒着风险,以各种方式保护南京的民众,并记录下了日本侵略者的残暴行径。今天纪念是为了我们铭记历史,勿忘国耻。今天的反思更是为了我们的清醒,而后奋然前行,珍爱和平,强我中华,这才是我们铭记历史的真谛。

青年教师方百云在博客中写道:

> 我们不能忘记那个令人悲痛的日子——1937年12月13日。我们不能忘记,南京在哭泣,中华在哭泣;我们不能忘记,在惨绝人寰的

屠戮中失去的30万鲜活生命;我们不能忘记,失去的民族的尊严……这一道道难以愈合的伤痕,深深刻在历史的记忆里,它提醒着我们曾经所承受的屈辱与不公。我们不能忘记,也不敢忘记,因为它给我们以教训与启迪。落后就要挨打,要想屹立于世界民族之林,惟有自立自强。只有以史为鉴,才能开创未来。作为青年人的我们要牢记历史,为实现中华民族伟大复兴的中国梦而努力奋斗。让我们一起热爱和平,维护和平!

镜头三:面向未来、珍视和平

2015年是中国人民抗日战争暨世界反法西斯战争胜利70周年,为了激励广大青少年学生缅怀先烈,加强青少年思想道德教育,9月1日下午,五、六年级级部组织五、六年级的同学们前往拉贝故居参观,缅怀拉贝先生,表达对他的崇高敬意。同学们在纪念馆工作人员的带领下参观了拉贝故居,庄严的纪念仪式、拉贝纪念馆的参观、拉贝生平视频的观看……工作人员生动的描述和故居里陈列的实物、历史文献,使同学们仿佛来到了那个战火纷飞的峥嵘岁月,了解了当年日军残酷的暴行,牢记中华民族抵御侵略、奋勇抗争的历史,了解了拉贝先生在南京大屠杀期间竭尽全力保护难民的伟大壮举,感受了他伟大的国际主义精神。

大队干部袁野代表同学们以"铭记历史,圆梦中华"为主题发言,宣示牢记历史、不忘过去,珍爱和平、开创未来的坚定立场。此次参观,使得同学们又一次接受了爱国主义教育,接受了红色教育精神的洗礼,大家都受到拉贝先生的人道主义精神激励,并表示会珍惜现在的美好生活,好好学习,早日成才报效祖国。

《九年义务教育活动课程指导纲要》提出:"活动课程是在学科课程之外,由学校有目的、有计划、有组织地通过多种活动项目和活动方式,综合运用所学知识,开设以实践性、自主性、趣味性、创造性以及非学科性为主要内容特征的课程体系。"[1]新一轮基础教育课程改革把综合实践活动提升

---

[1] 国家教委基础教育司:《九年义务教育活动课程指导纲要》,北京师范大学出版社2013年版。

到必修课程的高度。陶行知先生说:"要做,要真正做,只有到社会上去,以社会为学校。这样,教育的材料、教育的方法、教育的工具、教育的环境,都可以大大增加,学生、先生也可以更多起来。"汉口路小学的校外实践活动贯彻了《纲要》精神,践行了陶行知先生的理念,充分利用地域资源优势,把学生带进丰富多彩的社会生活,让学生在生活的天地中真正去做、真正去研究,取得了突出的成绩。

第三节 凸显人文资源力量

人文资源是人类社会有史以来所创造的物质的、精神的文明成果总和,以人的知识、精神和行为为重要内容。在人文资源力量的指引下,我校一切从儿童的发展需要出发,致力于彰显"在这里每一个都重要"的核心文化理念,提升儿童多彩学习生活的幸福指数,营造了多彩的学习乐园和多彩的课程生活。

一、高端引领 大师走进小学课堂

大师课程是我校的特色课程之一。我校紧邻南京大学,地域优势得天独厚,每年都有很多南大教师的子女就读我校,于是我们充分调动南大"人"的力量,来为励园儿童设计多彩的学习生活,大师课程就这样诞生了。我们将此资源整合成校本课程,固定化、常态化,每个班每学期联系一位专家教授,确立一个专题,分别形成大师课程的总纲目。我们不仅以班级、年级为单位按计划定期让教授来讲课,还把授课内容传至校园网,让学生在家就能自由选择感兴趣的内容点击、学习。这样受益的是更多学生,甚至还有家长和老师。除了南京大学,我们还邀请来自河海大学、南京师范大学、南京医学院等大学教授、副教授参与研发"大师课程"。用"大学"滋养"童心",让"大师"引领"童星"。大师们渊博的知识、优雅的谈吐、认真严谨的治学态度、寻求突破的探究品质,无疑能帮助孩子们逐步达成我校"五育"目标,丰富儿童的知识世界,充实儿童的精神生活,孕育儿童的国际视野,使他们习得拼搏向上与自我完善的能力。

例如:"大师课程"《电影是什么》主讲人李蕊,是一年级四班德而稼同学的妈妈,也是北京大学艺术学院艺术学(影视方向)博士研究生。2004年,她入围美国 Discovery Channel"中国新锐导演计划"。2014年参加 Discovery Channel"发现南京精英导演计划",担任纪录片《收故事的人》监制。2015年《听天由命》入选第39届香港国际电影节第13届亚洲电影投资会2015电影计划。2015年,她的作品《自行车》获国家新闻出版广电总局扶持青年优秀电影剧作计划优秀剧作奖。她用心为孩子们准备了一道儿童电影盛宴。

活动伊始,李博士先是深入浅出地介绍了电影的诞生过程,从1895年12月28日,全世界第一次活动电影《卢米埃尔工厂的大门》《火车到站》等正式公映开始讲起,这一次全球电影首映共放映了12部影片,从此光和影的艺术——电影正式诞生了。后来,这一天被命名为"世界电影日",标志着电影时代的开始。卢米埃尔兄弟也被称为世界电影之父。

李博士给孩子们又详细地介绍了电影的发展历程,从黑白的无声片到1927年的有声片《爵士歌王》,电影终于开口说话了,再到1935年的彩色电影《浮华世家》,电影具备了画面、声音和色彩三大要素。再后来,电影不断发展,从摄影棚和手持电影的出现,到胶片电影和数码电影的交接,以及蒙太奇手法的运用,电影变得多姿多彩。发展到现在,供小朋友们看的电影也在不断增加,《迪士尼》《猫和老鼠》等经典的电影陪伴着每个小朋友成长。

李老师为了调动孩子们的积极性,不断鼓励小朋友们发言提问,并插播一些经典的电影片段。最后李老师向小朋友介绍了中国电影的历程,并一同观看了1965年在国际上获奖的动画片《大闹天宫》。小朋友们看得如痴如醉。

课堂的最后,李老师为了启迪小朋友们的发散思维,还给小朋友们布置了"课堂作业",让小朋友思考:电影对我们生活的影响是什么?

诸如此类的课程,在汉口路小学各个年级相继开展。如医学博士易龙带来的《人类基因组重复序列与疾病》,鲁东大学马克思主义学院殷昭鲁讲师带来的《中国传统节日》,南京大学商学院王兵教授带来的《天文现象的解读》,金陵科技学院园艺学院王长义教授带来的《蔬菜的另一面》,等等,大师课程的内容涉及不同的领域,形式生动活泼,深受学生的喜爱。

一段时期以来,大师课程的成功运作,大大提升了儿童多彩学习生活的幸福指数。

二、中美合作　沉浸式学习体验

努力孕育萌动、蓬勃、向上的生命状态,努力还给儿童自由发展的空间、真情洋溢的世界、心向自然的情愫,让儿童体验多彩学习生活快乐之旅。为此,学校首开先河,和美国亚利桑那州图森 Sunrise Drive Elementary School 结成友好学校,开始了沉浸式学习的体验。

沉浸式(Immersion)语言教学是指用第二语言作为教学语言进行学科教学的一种双语教学模式。沉浸式教学始于加拿大,在美国取得了很大发展,是当代双语教学中比较成功的教学模式。沉浸式教学既是一种外语教学模式,更是一种行之有效的学科教学模式。有研究表明,学生通过沉浸式教学所获得的第二语言能力、母语能力以及学科课程成绩明显高于其他外语教学模式。

从 2014 年秋至今,Sunrise Drive Elementary School 的学生与老师们利用在南京大学访问的这段时间,每周五定期走进我们的课堂,给中国的小学生们带来沉浸式学习体验。

在沉浸式教学中,教师是教学活动的绝对主导者,学生的角色是模仿者、跟随者。在课堂教学中我们可以看到,美国沉浸式教师并没有机械地讲解知识,而是在知识教学的过程中加入了很多游戏和活动,教学的场所也在不断地变化,使得课堂显得生动有趣。这样的设计方式适应了低龄学习者的特点,安排的教学内容也十分紧凑,学生的注意力可以很好地集中在教师身上,也大幅度地调动了学生学习的积极主动性。使学生进行更好的模仿、练习,掌握语言内容和学科知识。

一年级的数学综合课上,老师将孩子们集中在一起,边唱儿歌边做拍手拍肩拍腿的动作,一个接一个问候:"Clap your hands, clap your legs, how are you?"被问候的小孩回答:"I am happy!"然后大家继续接着唱,问候下一位,一个接着一个。中间老师发布着不同的指令:"Eyes to see the teacher.""Finger to nose.""Say hello!""Are you right?"在轻松快乐的游戏中,学生活动了筋骨,也掌握了一些有关人体部位的词汇,同时熟悉了用中文相互问候。接着老师继续进行数数练习,请大家数一数教室里有几扇门和窗户,每个小组里有几个小朋友,自己的文具盒里有几支铅笔,一个组的小朋友一共有几根手指,同学们开始由一位数过渡到数出 10、20、30 这样的整十数。下半节课是句型的基本训练,老师要求穿红色上衣的站起来,问:"What colour do you wear?"然后是穿白色上衣的、紫色上衣的、黄色上衣的。最后还问到你这件上衣和他那件一样不一样。游戏始终贯穿在这一节课中,学生们在玩中学,练习了数字、颜色、问好、身体部位、服装和比较句,从各个方面进行了语言训练和大量可理解的语言输入。

友好学校的师生们还利用暑期在我校开展了夏令营活动,从英语语言、文化、游戏三个方面精心设计课程,使中国的学生对美国的历史文化有更进一步的了解,从而激发同学们学习英语的热情。

一开始,有的学生完全听不懂,老师时不时用中文翻译,甚至还需要用肢体语言帮助理解;慢慢地,学生能听懂英文,但不会说,只能用中文和教师对话交流;最后,学生能用简单的英文和教师对话。一个假期下来,学生们收获的不仅是英语的听说能力得到很大程度的提升,更重要的是大大提高了对自己的认同感,孩子们变得更自信,更大胆,更喜欢我们的多彩校园生活。

三、携手前行　大学生公益活动

汉口路小学一直致力于"幸福儿童"作为教育的理想与愿景,为了使我校学生的学习生活更加丰富多彩,使每一个学生都能在学习中获得个性化发展。学校依托南大科技优势,创办了以少儿科普为主题的一系列公益讲堂。运用这一组织形式,推进了我校的课程优质大发展。

让小学生走出课堂,让南京大学的学生走进来,我们与南京大学青年志愿者协会结成了"大手拉小手"的大学生公益活动。一方面,为汉口路小学的学生们提供了获取更多课外知识的渠道、开阔了视野;另一方面,也为南大学子提供了一个回馈社会、展示自己的舞台。

"大哥哥,这些三棱镜有什么作用?"

"大姐姐,光真的是七彩的吗?为什么平时我们看不见呢?"

这是南京大学的大学生们在给学校四年级的孩子讲解垃圾分类。课前大学生们通常几人为一组,为了准备给小学生们讲的课程,他们有的提前一周就开始"备课",他们有的在网上搜集通俗易懂的小故事,有的打印了关于光反射问题的图片,有的制作课件,有的还写了授课提纲。因为大学生知识面广,富有青春活力,所以他们的课特别受到孩子们的欢迎。

学生尹文力在他的课后日记中这样写道:

  今天,南京大学的大学生给我们上的一节关于光的科学课,我们学得非常开心。

  大学生做了许许多多非常有趣的实验给我们看。其中有一次实验,我印象最深。大学生先用手电筒,在白色的墙壁上放射出一道白色的光。再举起三棱镜,放到手电筒前,刹那间,复杂的白光瞬间被分解为七种颜色:红、橙、黄、绿、蓝、靛、紫。这七种颜色合在一起,变成了彩虹。彩虹映在白色墙壁上,光彩夺目,美丽极了。同学们也一个个一边全神贯注地看着,一边惊叹不已。

  一节课,我们受益匪浅、终生难忘,原因有三:一是它使我知道了许许多多关于光的科学知识。如:白光是一种复杂的光,而彩色的光却是简单的光。白色的光是由红、橙、黄、绿、蓝、靛、紫七种颜色组成的……二是由大学生哥哥姐姐给我们讲课,我觉得特别有意义,一方面,他们和蔼亲切,让我们感到很亲近;另一方面,他们教给我们的是我们在课堂上不曾接触到的,拓展了我们的视野,一下子似乎让我仿佛觉得我们离心目中的南京大学更近了。三是它让我们有如此好的机会走进生活、走进科学,使得我们的学习生活变得丰富多彩。

我喜欢我们学校的大学生课程,它给了我们与众不同的感受和经历,也希望以后学校多多开设这样丰富多彩的特色课程。

大学生们屡屡走进我们的课堂,根据我们学生不同的年龄层次设计开展了一系列的公益活动,我校学生在南大医学院志愿者的演示和讲述中得知了血液是怎样流动的、了解了生活中用药的小常识;在南大生物爱好者收藏的标本中走进了昆虫的世界,领略了大自然的神奇;和南大的大学生共同参观吴为山雕塑馆,在大学校园里写生。

在缤纷多彩的活动中,学生的个性空间得以放大;学生们强烈的求知愿望能够因良好的环境和适当的教育而不断得到唤醒与强化。励园儿童在这样的多彩学习生活中感受到了阳光灿烂。

大师走进小学课堂进行了高位引领,中美合作让孩子们徜徉在中外文化的学习体验中流连忘返,大学生与我们携手对孩子们进行了公益帮扶活动。这些人文资源的有效利用产生了强大的正能量,丰富了孩子们的多彩生活,进一步推动了我校教育的优质发展。

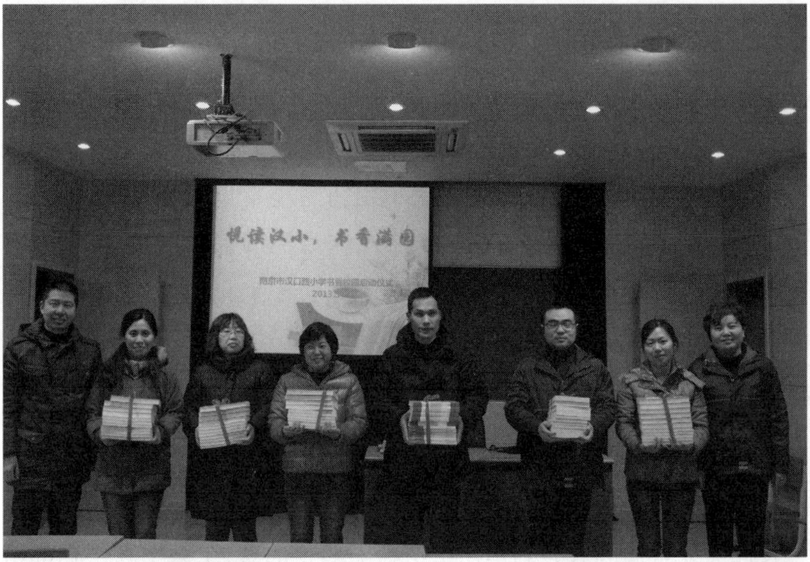
悦读汉小，书香满园

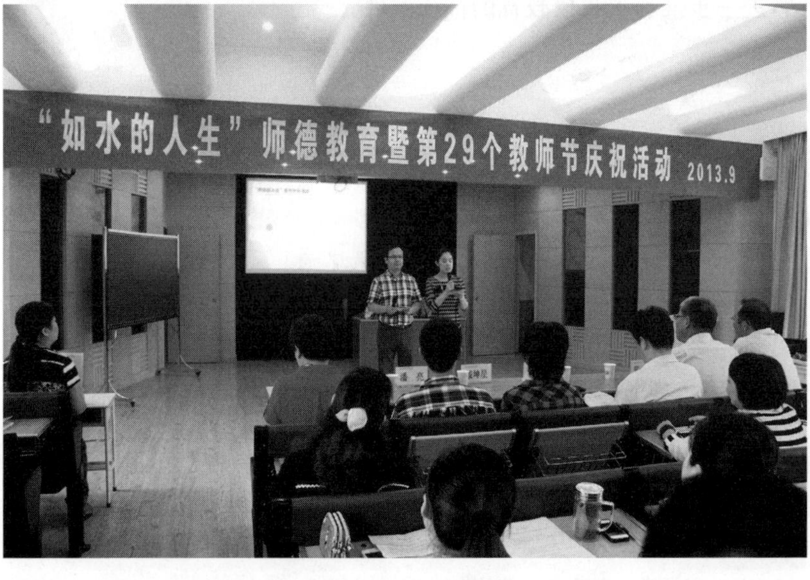
“如水的人生”师德教育暨第29个教师节庆祝活动 2013.9

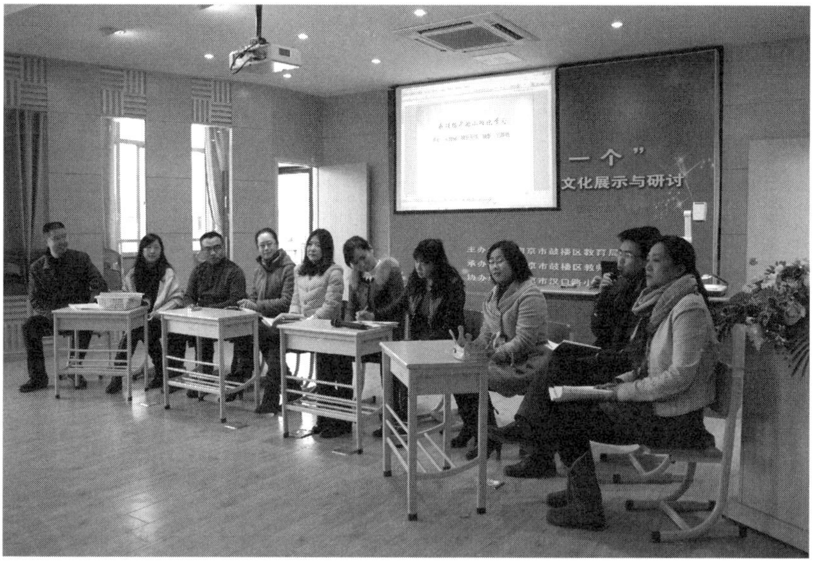
一 个”
文化展示与研讨

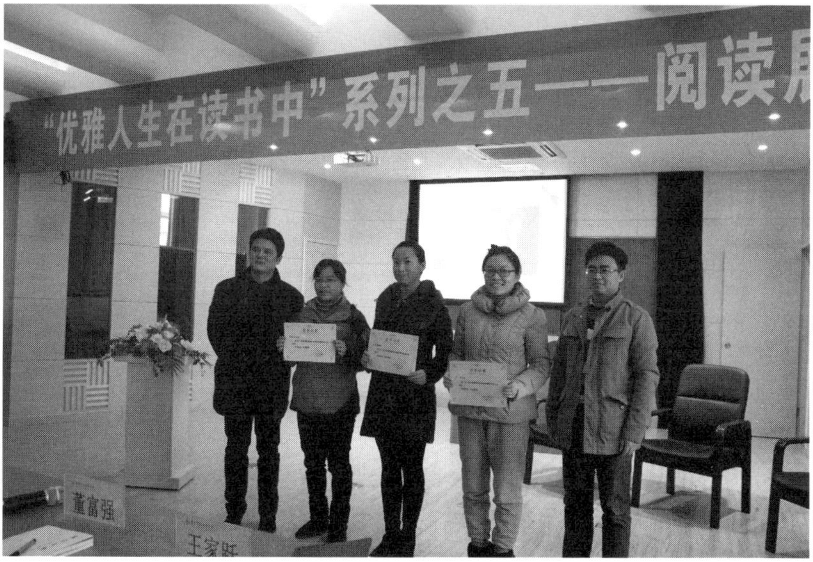
“优雅人生在读书中”系列之五——阅读
董富强

第八章 儿童生活的积极引导者

教师是儿童多彩生活的组织者、支持者、合作者,更是引导者。教师只有通过不断地提升自己,多读书,多交流,多研讨,放下架子,走进儿童的世界,了解每一个孩子,才能更好地为儿童创设多彩的学习环境,成为孩子的贴心伙伴。

第一节 读书笔耕 走进儿童世界

读书,是塑造完整人格和丰富心灵世界的重要途径之一。有真正的教育使命在前,阅读显然应当成为我们每一个教师的习惯,甚至是信仰。通过读书,再笔耕不已,通过教育教学文章的撰写,把自己的教学经验、体会、认识加以提炼与归纳总结,教师的专业水平才能真正得以发展。用一双洞察教育问题的眼睛,用一双笔耕不已的手,用一个不断思索的头脑,每天实实在在去实践,点点滴滴去积累,反反复复去思考,勤勤恳恳去写作,才能真正走进儿童的世界。

一、阅读经典 阅读儿童

教师崇尚阅读经典,阅读经典会让我们的教师更加善于思考,更加远离浮躁,从而让我们的教师更加具有教育智慧与人格力量,让教育发展保持旺盛的朝气与活力。作为一名教师,阅读是自己专业发展的需要,也应是生活习惯。教师应该阅读经典的作品,更应该阅读儿童,阅读生活,这样才能带给孩子多彩的生活。

1. 经典诵读　润泽人生

教育的本质是文化传承,教师每天都和书本打交道,阅读经典,阅读儿童是多么的重要。平时我们都要求学生多读书,那么作为教师的我们就更应该多读经典书籍。学校鼓励老师们多读书,为老师们准备了许多经典书籍,如《论语》《童年的秘密》《给教师的建议》《爱弥尔》《第 56 号教室》,等等。

为了让老师们能更好地阅读经典,体会读书的重要,学校更是开展了主题为"读书·读生活·读成长"的系列阅读经典聊吧活动,旨在提升教师职业品位,积淀教师文化素养。

其中一次,阅读《做一个聪明的教师》和《有效教师》的读书聊吧活动,在《感谢书的滋养》的配乐朗诵中,拉开了序幕。紧接着,王曦老师谈到自己读《做一个聪明的教师》后的想法,她觉得这本书通过点评一个个教育案例,传达着王晓春老师的思想,传播着他对教育事业的热情、对学生的挚爱的理念,鼓励老师们要寻找素质教育的感觉,寻找当老师的感觉,学会不断超越自我,永远做一个未完成的、开放的、生机勃勃的人。王曦老师觉得读书使自己受益匪浅,改变了自己的教育教学行为,甚至能在很大程度上改变原有的思维方式。朱静老师在家里认真读了《有效教师》这本书。《有效教师》关注的是学校教师的素质和能力,注重过程,感受到书中字里行间流露着教师对教育事业的热情、对学生的挚爱,散发着教师的智慧的光芒,细细品味它,更加明确了自己前进的方向,收获良多。

《感谢书的滋养》作者朱廷梅老师对老师们的读书感受给予了肯定,他同时也谈到广泛阅读丰富了自己的精神生活。江苏省教科院《江苏教育研究》杂志社理论版编辑部杨孝如主任先评价了汉口路小学老师们这种认真阅读经典、阅读儿童的做法,接着笑谈了自己进行的诸多"半专业"阅读。他们温文尔雅的气质,平和的语调,让老师们深深地感到:通过读书,可以丰润我们的心灵,使教师们获得精神的愉悦和专业的成长,同许多伟大的心灵对话,与许多智者共存。随后,嘉宾们就"广泛涉猎与专业阅读谁更重要?"展开了讨论。琅琊路小学特级教师周益民老师讲述了自己由专业阅读转向广泛涉猎的故事。江苏省教育科学研究所成尚荣所长对这样的"转身"有感而发。老师们也深受启发:功利性阅读与消遣性阅读同样重要,解构性阅读与建构性阅读应当并存。接着,嘉宾们还推荐了《儿童文化与儿童教育》《梦想的诗学》《哲学幼读》《情感与启蒙》等不少好书供老师们参考,希望老师们能在读书中更快地成长。

读书聊吧活动气氛轻松愉快,尤其抽奖问答环节更是高潮迭起。活动开始前,每位老师填写了一张"读书调查卡"并投入抽奖箱中。被嘉宾抽取到卡片的老师不仅能得到一张购书券,更有幸请到嘉宾解答自己关于阅读的疑惑。新颖的形式充分调动了老师参与的积极性,其乐融融的氛围也激发了思维的火花,涌现许多精彩的对话。

通过多次读书聊吧的活动,老师们更爱读书,更会读书,始终保持"读书的姿态",走进儿童,阅读儿童。

2. 阅读生活　享受人生

生活其实也是一本书,老师们也应该阅读好生活这本书。为了让老师们能够学会阅读生活,学会工作学习,更好地享受生活,学校也经常开展"教师的力量"系列讲述活动。

李春燕老师曾经以"每一朵花都有幸福的模样"为主题,和老师们交流了她工作的一些感悟:一是塞翁失马,焉知非福。主要讲述了她工作以来的一些看似不是很顺利的际遇,但都通过一颗平常心、一种敬业的精神获得了新的收获。二是把握机会,获得认可。她觉得认可包含学生、家长、同事以及领导对她的认可。她相信一个成熟的人,不能去改变别人,就要善于规划自己,创新工作,最终得到别人的认同。她结合了很多实例真切地谈到自己是如何在书中汲取知识,走近儿童的生活,了解儿童,走进儿童。在生活中她每天读一篇文章,每月坚持读一本书,督促自己坚持写读后感和教育教学随笔。这些生活中的点滴,让在座的老师在感动之余受益匪浅。她说:"常怀感恩之心","人生需要积累","付出才有回报",给人以启迪。李老师的努力和坚持,让大家深刻感受到,她对教育生活的热爱,令全体参加活动的人员深受感动。

讲述活动在歌曲《我相信》及"低调做人,高调做事"的宣言中结束。汉口路小学周婷校长最后做了精彩的点评,她认为李老师首先是个有才气的人,因为才气让她拥有了很多机会;其次她是一个乐于奉献的大忙人,因为乐于奉献让她把握住了机会;她还是一个有境界的人,因为有境界,她从普通走向优秀。因而她是个幸福的人,必将从优秀走向卓越。

学校多次开展"教师的力量"系列讲述活动,旨在彰显每一个老师的力量,以崇高的境界来激发老师的潜能,提升老师的精神品位,让老师能更加深刻地认识自己,体会儿童心理,走进儿童的多彩生活。

每次讲述活动都是对所有老师的精神洗礼,对提升老师的精神品质和师德素养都有很大帮助。通过参加活动,汉口路小学老师也都觉得这样的讲述活动对阅读的认识、对自身素养的提升都有着极大的促进作用。此类活动也丰厚了汉小四色教育文化,更能充分发挥每位教师的潜能。

二、阅读分享 优雅人生

古今中外人们把读书看作一件重要的事情,因此,教师作为人类灵魂的工程师,更应该读书,因为读书能改变教师的精神、气质和品性;读书,能够使教师不断增长职业智慧,能使自己的教学闪耀着睿智的光彩,充满着创造的快乐;读书,能彻底改变教师的人生状态,消除"职业倦怠"。读书不仅能改变教师的人生,而且能促使教师历史性地思考人生,从而实现自我人生层次的提升和生命的升华。

自己阅读很重要,分享就更加重要。只有在分享中才能有更深的感受,只有在分享中才能进步更快。正是因为如此,学校开展了以"优雅人生在读书中"为主题的各种分享活动。

"优雅人生在读书中"是汉小开展的教师读书系列活动。它是由校党支部、行政、工会联合开展的,意在让老师们在读书中开阔视野,品味生活。

为了更好地建设学校,这项活动从三个不同方面开展,分别面向全校教师、中年教师和青年教师开展有针对性的分享活动。

1. 品优雅人生　智慧每一个

观天上云卷云舒,看人间尘世非凡,岁月的年轮缓缓碾过人生道路,书,应该成为生命中不可或缺的一部分。轻轻翻开书本,淡淡的墨香扑鼻而来,体味生活,生活因书香而精彩,读书读生活,品优雅人生,智慧每一位老师。因此,学校每次读书活动都包括两个板块"好文快递"、"教育一得"。

叶海豹书记的"好文快递"分享的好文是《做学生生命中的贵人》。叶书记让老师们认识到每一朵花儿都有开放的权利,每一只鸟儿都有歌唱的权利。孩子们就像是花儿和鸟儿,我们应该让每一朵花都开出自己的姿态,每一只鸟都唱出自己的旋律。学生是带着希望而来的,我们应当成为帮助他们实现希望的人。可以用我们的教育智慧、教育情思,扶持、培育和我们有缘相遇的幼苗,使它们都可以在适合自己的土壤中长成参天大树。

"好文快递"环节并不局限于老师之间的分享、交流,更是邀请过汉小学生、南京大学的张全真老师和撰写了个人专著《且行且思》的王莉老师作为分享者分别向大家推荐好文。在每一位阅读分享者的引领下,也让老师们走进了文字的世界,感受了好文的魅力,有了不一样的体验。

"教育一得"是老师们在工作中经验的总结升华。老师们把自己的"教育一得"和同行们分享,让大家有所感悟。曹艳华老师的《别样的批评》道出了曹老师用一句赞美、一个微笑、一声问候,足以传递出或善意或严厉的批评,带有赞美性的批评既体现了对学生的尊重和爱护,也体现了教师较高的自我修养和素质……

通过多次的活动,汉小的老师们更加觉得书籍浩瀚如海,诵读宜博,研究宜专。热爱生命,理解生活,珍惜时光,应是读书的准则。同时,也更加认识到教师要学习新课程理念,学习名师经验,学习古今中外教育经典,一定要广博多览,多读书,取百家之长,自成一家,形成自己的教育风格。老师们纷纷表示:读书让大家更加善于思考,更加远离浮躁,更加拥有教育的智慧,让生活更加多彩,让人生更加优雅。

2. 品智慧人生　激活每一个

书籍就像一盏永不熄灭的灯,照亮我们的坎坷人生;书籍就像一桌丰

第八章　儿童生活的积极引导者

盛的晚餐,让饥肠辘辘的我们得到充饥;书籍就像一位时光老人,让我们更加懂得珍惜时间;书籍就像一艘小船,带领我们驶向光明的前方。每一位教师的成长可以说都离不开书籍。学校中年教师为了学校的教育工作付出了大半的青春,回头看一看都是桃李满园了。中年教师是学校青年教师的榜样,是学校发展不可缺少的中坚力量,是经验的代表,是精神氛围的一股力量。但是学校也担心中年教师会产生"船到码头,车到站"的懈怠想法,因此,学校一直鼓励中年教师在闲暇之时,一杯绿茶,一本书,在一个属于自己的空间,走进别人的世界,感受别人的感受,喜他们的喜,忧他们的忧,从而受到启发,让人生因此得到丰富。学校经常开展"优雅人生在读书中"中年教师研修班读述交流活动。

其中的一次活动就是结合阅读《爱的教育》和《第56号教室的奇迹》,请中年教师根据自己平时的工作状况,谈读书感受。

还记得那天尽管天阴沉沉的,下着大雨,但是汉口路小学的会议室内却气氛热烈。励园"优雅人生在读书中"中年教师研修班的学习交流活动正在融洽的氛围中开展。

李泽红老师谈到:读了《爱的教育》一书,有了进一步的认识。书中说:师爱是一种依恋的心情,是一种奉献精神,是一种极端负责的态度,也是一种巨大的力量。爱心能架起师生关系的桥梁;爱心能春风化雨,浇灌每个莘莘学子;爱心能熏陶,震撼学生的心灵,激发他们的自信心和求知欲,养成其良好的情感品质,使之全身心投入到学习中去。是的,亲密融洽的师生关系,敬爱的老师对自己的影响,常会令人终生难忘。美国心理学家罗森塔尔实验的效应我想就是爱的结果。爱是神圣的,师爱伟大!爱像空气,每天不可或缺地存在于我们的身边,可是我们的生活不能缺少爱,生命的始终都贯穿着爱。

王珍珠老师觉得:《爱的教育》一书中描写了一群充满活力,积极要求上进,如阳光般灿烂的少年。他们有的家庭贫困;有的身有残疾;当然也有一些是沐浴在幸福中的。这些孩子虽然从出身到性格都有迥异,但他们身上都有着一种共同的东西——对自己的祖国意大利深深的爱,对亲友的真挚之情。这里面不能忽视的是每个月,老师读给那群少年听的"精神讲话"。

许红老师提出:雷夫老师说,"一个教师不在于他教了多少年书,而在于他用心教了多少年书。"这句朴实无华的话深深地震撼了我:教书和用心教书,在这里竟有了云泥之别。如果说把教书作为一种谋生的手段,那爱的只是自己,因为我们从中获得了生存的物质基础;只有把教书作为一项事业来做,才能坚持爱这个职业、爱这个岗位、爱讲台下的学生,才能用心。

王研老师说:为人师者,应从骨子里透露出对学生爱的教育,正如书中所介绍的老师们那样,无时无刻心里都在惦念着自己的学生。把爱做成像吃饭、睡觉一样的常态,让这种爱用最简单、最普通的形式无时无刻地存在于每一个角落。

李春燕老师提到:一名好教师要成长,必须善于反思和总结并逐渐形成自己的独特思想,这是教育的大智慧、真智慧。雷夫老师在教育生涯中,不断审视、反思、尝试,逐步认清了人生使命,建立了自己的教育信念,形成了自己独特的教育思想:在认识到当今"速食"社会是造成孩子避免挑战困难的原因的时候,他果断地提出了"成功无捷径"的理念,培养孩子们孜孜不倦、不屈不挠地克服困难的态度。

每一位老师的读书感受都是不同的:感性的老师觉得书是蓝色的,让人更加怡静优雅;活泼的老师觉得书是红色的,让人更加清新舒快。其实,书是五彩缤纷的,我们的生活充满绚丽色彩,激活老师们的每一个细胞。

周校长等领导都指出这次交流是为大家打一剂强心针,同时也向老师们提出新的希望。希望中年教师们在保重身体的前提下,要有忧患意识,要一如既往地发挥精神品质带动影响身边的年轻人,言传身教引领身边的年轻人,继续加强合作。周校长的话语激活了中年教师研修班的每一位老师。老师们都觉得不论是在什么时候、什么情况下,都应仍坚持以阅读的姿态从容表达干净而执着的如水人生,然后优雅而体面地老去……

3. 品成长点滴 成功每一个

阅读是中国千百年来的传统,陈寿曾说过:一日无书,百事荒芜;杜甫说过:读书破万卷,下笔如有神;朱熹也说过:读书有三到,谓心到,眼到,口到。书给予我们知识,给予我们寄托,更给予我们丰富的情感。书本像一股清泉,在我们的成长点滴中起到不可磨灭的作用。

青年教师是学校的未来和希望,青年教师的快速成长和进步对学校的未来有着至关重要的作用,因此学校对青年教师的读书活动尤为重视。学校希望青年教师坚持多读书、多思辨、有信仰,追求教育理想的情怀,尽快融入汉口路小学的"四色教育"文化中,不断成长。学校也多次针对青年教师举行了青年教师发展工作室座谈会。

在开学初的一次座谈会上,许红跟大家分享了自己班主任工作和个人职业成长中的经历、感受。

许红老师以"做一个幸福的教师"为题,讲述了自己在班主任这份工作中的点滴。那一个个动人的事例,无不诠释着她对幸福的理解,做一名幸福的老师就是爱每一个孩子,教会孩子去爱,让孩子学会分享、懂得感恩……她从学生喜欢、取得成绩、家长认可三个方面和大家聊了一聊《做一个幸福的老师》的所思所想。不仅有自己对最新的四色教育理念的解读,更有大量的教育教学实例,对青年教师们既有方法论的指导意义,又有引人思考的启发。

接着青年教师就最近读的《赏识你的学生》一书进行交流。

张璇老师说:最近读了《赏识你的学生》一书,读后感受颇多。全书用许多生动的案例诠释了"期待效应"试验、"需要层次"理论、"多元智能理论"等教育理论知识,阐释了实施"赏识"教育的重要性、可行性,通过一个个令人扼腕叹息的教育故事,喊出了教师要善待每一个生命的教育理念。

卢洋老师读了这本书后,觉得我们要站在珍视每个生命价值的高度去关爱每个生命个体的成长,像呵护荷叶上的露珠一样,去保护学生的自主发展权。我们要重视每个个体的存在,每个人都是同样重要的。所有的人都应该得到发展,不管是优秀的,还是发展有困难的,甚至是家庭特殊的,当教师能够以"赏识"的言行对待学生,就会激励起学生无穷的勇气,唤醒他深埋的潜能,鼓舞他向着成功之路大踏步前进。教师需要拥有"赏识"这一法宝。

张臻从这本书中体会到,教育中倾注了爱,教师就会用欣赏的眼光看待孩子,欣赏孩子每一个幼稚的想法和行为。教育中倾注了爱,教师就会以宽容之心对待孩子,理解孩子身上存在的不足。教育中倾注了爱,教师就会理解、接受、运用"赏识"这一有效的教育手段,在教育的花园中耕耘。

周婷校长和叶海豹书记也与青年教师们进行了深入的交流。周校长主要从读书思考的坚持与恒久、规范尽责的自觉自律、关爱儿童的智慧和成效、奋勇争先的使命和行动、教育艺术的创新与磨砺、和谐团结的胸怀和气质、宣传学校的敏感和巧妙、学校兴旺的付出与荣耀八个方面对青年教师提出了殷切期望,全面而细致。叶书记围绕"说积极话,做积极事"、"多读书,读好书"两方面谈青年教师应该如何立德和树人,讲话内容让人受益匪浅。

这样的青年教师读书交流活动,让青年教师更明确职业要求,获得极大的鼓舞,促进了青年教师的全面成长!

三、笔耕不辍　共同成长

在激烈的教育教学竞争中,对教师来说,自我完善是越来越占主导地位的教育发展形势需要。教师如果不能自觉地自我完善,就会失去可持续发展的机会。苏霍姆林斯基说,"凡是感到自己是一个研究者的教师,则最有可能变成教育能手。"教师借助教育教学研究,撰写一定数量的论文,能从以下三个方面促进教师自我完善。首先,教师写论文不仅能提高对教育对象的理解、洞察、忍耐和实际指导能力,又能获得更多的教育教学机智和智慧。其次,教师能不断更新知识,能极大地提高自身的语言修养和表述能力,从而改善工作行为和态度,发展教育教学技能,提高工作绩效。第三,教师还能积极主动地适应教育改革和社会变革。在市场经济条件下,教育已由公共服务品向市场购买品转变。人们对教育的选择和要求已日趋多元化、理想化。教师不能只扮演一个"教书匠"的角色。"问渠那得清如许,惟有源头活水来。"看一看我们周围的部分特级教师和教育大师,撰写论文的确能促使教师向高层次的教育角色转化,从而体现教师的自身价值和职业价值。

学校教师们读书学习的氛围浓,教师的个人成长也很迅速。学校的数学骨干教师何世民老师就是其中的一员,他已经从一名普通的青年教师成长为"鼓楼区学科带头人"。

第八章 儿童生活的积极引导者

1. 读书　读生活

书是人类的智囊,当人们有了困惑就去找它帮忙;书是一种力量,蕴藏着巨大的能量改变着社会,改变着人生;书是人类的翅膀,让人们飞向希望蓝天、感受梦想的天堂。"唯有书香恒久远。"何世民老师深知对于青年数学教师而言,要实现专业成长,读书是必由之路。因此他学习与数学相关的教育学、心理学,并能研究儿童,亲近儿童。

做教师可不能仅满足课堂教学技能技巧的提高,不能只做一辈子教书匠,要善于思考,善于总结,要勇敢地向研究型、学者型、专家型的教师努力。因此,他潜心阅读了许多书籍,如《小学数学系统整理》《趣味数学趣谈》《值得回味的课》《教学有感》《业务学习笔记》《信息交流》《教学小题库》《教海拾贝》……同时,何老师还订阅了报纸、杂志。通过阅读报纸杂志,了解数学学科发展的前沿,与时俱进;学习到他人成功的教育方法并运用到自己的教育教学实践中,提高教学质量;体验到别人的科研视角,提升自己的科研水平。

作为分管信息的主任,何老师平时事务非常繁忙,但是他还是能坚持读书学习。互联网上提供了许多最前沿的知识,大量的新课程素材,提供了许多翔实、丰富的数学动态和报道。可以说网络是新时代背景下教师成长的新舞台,何老师利用电脑进行资源管理学习。

作为一名青年教师,何老师认真参加各种学习专业培训活动,努力把握教育教学前沿理念,主动要求参加鼓楼区数学骨干研修班学习,并自觉更新教学观念,锐意进取,潜心研究。

2. 写文　写教育

作为小学教师,没有在大学高等学府系统地学习过教育理论和专业知识,但是何老师知道,一切才学和本领都不是天生的,于是他不懈地努力,不敢怠慢每一天,抓紧时间,向书本学习,向实践学习,向周围的老师们学习。在学习读书的同时,他还在读书后动笔写作;这就造就他的书卷气,对他的成长起到了决定性的作用。除了读书,何老师做的最多的大概就是写作了。写作能让人对所读的书作彻底的思考，进一步梳理思绪，从而深化和丰富认识。如果说读书是选择吸收知识的过程，那么写作就是接纳和消化的过程。

何老师在自觉地学习教育科研理论，边学习、边实践、边总结的同时，能清楚地认识到作为一名教师，应该把教学中的点滴体会、课后有感、教学心得等毫无保留地倾吐在各种心得、随笔、论文之中，只有这样笔耕不辍，才能获得成功。

何老师每天精心教学，留心观察，尽心体会，有意识地记录教学实践、记录自己的观察和思考，把在教学工作中产生的点点滴滴的体会都及时记下来。大到论文、课题，小到班级课堂故事、学生趣事，他都坚持动笔写作。

何世民老师还积极参与学校团队申报省级、市级课题研究。他积极主持市、区个人课题研究。市级"十二五"规划个人课题获南京市2012年度结题一等奖。多篇论文相继获得省、市评比一、二等奖。论文《"四色学习单"——让小班数学学习更有趣》发表在《南京教育》2013年第1期。

何世民老师一直觉得做老师很幸福、快乐，坚持坚守在教育这片沃土上。在今后的教学中，他一定会继续勤于笔耕，为学校，为教育事业多做贡献！

第二节 课堂观察 了解每一个孩子

课堂观察是课堂研究广为使用的一种研究方法。课堂观察就是指研究者或观察者带着明确的目的，凭借自身感官（如眼、耳等）以及有关辅助工具（观察表、录音录像设备等），直接或间接（主要是直接）从课堂情境中收集资料，并依据资料作相应研究的一种教育科学研究方法。

我们聚焦课堂，研究怎样才能让孩子们在上课的时候更有收获。"课堂观察"便是我校教师的"秘密武器"。在我们的课堂上，总会时不时多出几双眼睛盯着教室里所发生的一切——学生们的表情如何？老师讲课时间安排如何？小组讨论时，哪些学生活跃，哪些学生相对沉默？……老一套只针对课堂中老师表现的评价，在这里变成了对学生学习过程的细致观察。在这样的观察中,每个学生的课堂行为都被一一记录在案,接下来的"对症下药"、"因材施教"也就顺理成章。我们利用课堂观测量表开展了课堂观察的实验,服务于自己的课堂,丰富了自己的课堂经验,加深了自己对课堂教学的理性认识。

一、多彩课堂需要用心改善学习方式

多彩学习课堂是基于"学习者中心"的课堂,它是以儿童的学习活动为中心,围绕儿童的实际需求,创设符合儿童个性化特质的学习任务与活动,提供丰富的参与机会,引导学习过程;以充分的支撑性条件,灵活地辅助和促进儿童的参与过程;通过恰当的评价和反馈机制,帮助儿童掌握自己的学习过程,督促有效学习的发生。其"多彩",可以是学习内容上的,可以是学习方式上的,还可以是学习评价上的、作业设计上的,等等。经过课堂观察,我们发现学习方式因学习目标的多面性、学习内容的多样性和学习者的个别差异性而具有多样性,每一种学习方式都具有自身特定的功能价值和适用范围。学习方式的变革不应是简单地放弃接受性学习,只使用自主学习、合作学习、探索学习这些学习方式,而应确立学习方式多样性的观念,并依据发展目标、学习内容和学习者的特点,灵活地选择适宜的学习方式进行学习。我校在课堂学习方式转变上作了诸多观察研究,教师在课堂上关注学生个性差异,运用多样的恰当的学习方式,智慧地教,使学生在与教师的多向互动中,释放天性、彰显个性、快乐学习、自由成长。现就张臻老师自述的"四色学习"课堂观察案例来谈一谈。

课堂观察——一不小心遇见你

2014年5月,学校推荐我参加鼓楼区"让我们一起从儿童出发"课堂教学成果展评。经过第一轮区里课堂实讲筛选,我顺利地从全区语文教师中脱颖而出,进行最后的课堂展示。这些年,语文课公开课我也上了不少,但这次不禁觉得紧张,心里有些没底。因为这次的活动主题是"一切从儿童出发",活动规模挺大,全区语文教师都会来听课。

我感觉自己最近的课堂似乎总有迷惘、徘徊的状态,虽然努力给孩子们设计了一个又一个问题,努力创设着读的空间、想的空间、说的空间,但是仔细咀嚼推敲,这种空间似乎更像是我在教师这个角度给学生挖的陷阱,学生的学习过程看似自主,可是从某种层面上来说更像是一种"被"自主。但怎么改进却感到茫然不知所措,我生怕上得不好在全区被人笑话。

要上的内容是二年级的《真想变成大大的荷叶》,整首诗通过"我"对夏天姐姐"想变点儿什么"的答问,展开了丰富的想象,铺排出一系列想变的事物,落脚在变成大大的荷叶上,是一首富有想象力、充满感情的优美诗歌,展现了孩子们在夏天的美丽遐想,洋溢着浓浓的童真童趣。这首诗歌重在写"变",但"变"的过程中,也隐含了儿童的愿望,用儿童的眼光看待世界,用儿童的思维想象世界,用儿童的笔触描绘世界。在反复研究文本、反复思考之后,我决定依照文本的顺序,采用半扶半放的方法,在指导学生想象之后,由我直接向学生提问。在学生讨论的基础上,根据汇报,指导想象与朗读。第一次试教,效果很一般。课后研讨的时候,我提出了我的困惑,老师们商量来商量去,也没有很好的办法。

"要不,我们对你的课进行一次课堂观察吧!"陈主任提出。

"什么是课堂观察?"有人立刻问道。

"课堂观察不同于传统的听评课,是指研究者或观察者带着明确的目的,凭借自身感官以及辅助工具如观察表、录音录像设备等直接从课堂情境中收集资料,并依据资料作相应研究的研究方法。学校这学期有进行课堂观察实验的想法。不如我们语文组先带头做起来。"陈主任解释道。

"观察表哪里有呀?""我们也不会观察、记录呀!""观察有用吗?"……越来越多的疑问被提出来。

一看大家都不赞成,组长只好圆场:"是啊,我们都没有经验,先试试看吧,张臻这节课是肯定要改进的,既然今天大家听了课也提不出解决方案,不如试试课堂观察,找找问题出在哪里。"

就这样,"课堂观察"这个新鲜事物悄悄走进了我们的视线。很快,语文组设计出了观察表。针对四色学习单,准备进行第一次观察实践,每个人都做好准备,观察一个小组,不仅记录教师活动,也记录学生活动。课后,我们拿出观察表,开始了研讨。这是经过整理的观察表——

"四色学习单的设计与运用"课堂观察表

执教者	张臻	学科	语文	课题	真想变成大大的荷叶
班级	二(1)	时间	2014.5	记录者	陈峰
项目 学习单		四色学习单设计			
四色学习单	**四色合作单:** 1. 我们小组想变＿＿＿＿,因为＿＿＿＿。 （每一个组员说一说自己的感受和理由,☀汇总汇报） 2. 美美地朗读这句话。（☀、☀同学汇报展示） 3. 我们还想问＿＿＿＿＿＿? （小组成员提问,组内解决,解决不了的☀同学负责汇报）				
^	<center>课堂实录</center>				
^	1. 朗读"想变透明的雨滴睡在一片绿叶上" 2. 问:诗人还想变什么?为什么呢? 3. 自读课文,在小组内选择一个想变的内容进行讨论。 4. 小组讨论记录举例 第1组:"不行不行,你们就要听我的,选小鱼!""为什么要听你的啊?我就想选蜻蜓!"……教师干预后不吵了。 第2组:举手汇报:"老师,小新他不说!"教师询问小新为何不开口。小新委屈地回答道:"我想说的他们都说了,我没什么说的了。"教师进行了协调。 第3组:"我们不想提问题,我们没有问题。"教师进行了引导。 5. 学生汇报,指导想象与朗读				
^	表述是否简洁		设计是否合理		是否具有整合性
^	不简洁,问题繁复,想要面面俱到		多从老师的角度来考虑,没有从儿童角度出发		孩子回答内容单一,没有迸发出什么思维火花

我们针对观察表进行了讨论,本来设想中应该讨论热烈、节奏紧凑的小组合作环节,被这些"意外之音"打乱了。是小组学习秩序没有训练好?还是根本就是我的设计出了问题?左思右想,我们感觉到我的这一个个问题,让我就像一个挖坑的人,领着孩子一个一个往坑里跳,当孩子拒绝跳进坑里时,就会出现争执,就会出现思维停滞。

"从儿童出发"这几个字不停地在脑袋里盘旋,逼得我不得不从孩子的角度再次考虑我的设计。学生走进课堂并不是零起点,他们都读过这首小诗,在他们的脑海中有疑问吗?需要解决吗?小组统一口径,有必要吗?合作单里,人人若干个任务,作为二年级的孩子能真正完成吗?还是为了完成任务,放弃思考想象,人云亦云?起初的设计,也许是我牵得多了,反而局限了孩子的思维,整个合作有了走过场之嫌,也就生发了课堂上的那一幕。根据低年级儿童的认知特点,学生可能对诗歌内容较感兴趣,但诗歌的语言简练,跳跃性强,学生不容易在头脑中形成表象,这个部分应该更多地给孩子时间充分地想象、朗读。

我对我的整个教学设计做了一个大的改动,课堂伊始,我就让孩子自读小诗,然后提出自己头脑里的小问题,整节课围绕学生提问解决问题。课堂上,我发现孩子提了很多的问题,这些问题都非常真实地反映了孩子们的学习兴趣、疑惑。课堂上我就时时关注孩子们提出的问题,引领学生用"四色学习单"解决问题。首先,孩子们聚焦的第一个话题在变什么、为什么变。根据这个问题我设计了第一处"四色交流单"。

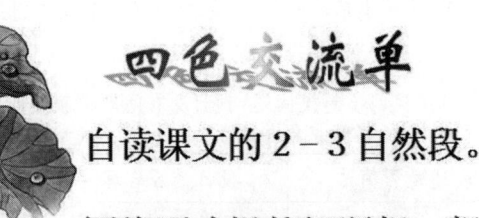

四色交流单

自读课文的 2—3 自然段。

围绕刚才提的问题想一想,在小组里交流。

这个学习单非常简单,引领孩子按照顺序在小组内交流讨论,让每一个孩子都有发言的机会。没有了句式的规定,没有了小组统一口径的设计,不同颜色的孩子在小组交流时更多精彩的想象迸发了出来。

对比两节课,对比两次的学习单,第二次设计立足于学生的需要,问题简单却开放,学生反响甚佳。由于"从儿童出发"来考虑、设计,整个课堂更体现学生的自主学习,没有了过多的牵引,孩子们学得更加主动了。

对于这一次与课堂观察的邂逅,我一直心存感激。课堂观察不仅让我这节课获得区里这次活动小班唯一的创新奖,而且让我发现了儿童的真实想法,真正去了解学生在课堂上究竟需要的是什么、学生学习的困难在哪儿。让我突破了课堂上"被"自主,避免学生被老师牵着走,看来正是需要教师站在学习者的角度考虑问题,巧妙地在学生不知不觉中做出相应的变化,课堂才能焕发勃勃生机、充满情趣,呈现真正的活力,才有可能为学生创造真正的自主课堂。

二、多彩课堂需要精心设计学习活动

我们认为"多彩"就是多形式、多层面、多渠道、多平台,意味着色彩之多、精彩之多、特色之多。我校研究的儿童"多彩的学习生活"有童趣、有意义、有选择、有个性,更能体现我们都从儿童出发,更能体现"在这里,每一个都重要"。通过课堂观察,我们体会到,多彩课堂中,教师在教学中致力于研究适合于学生自主探究的,可供课堂学习操作的,能激发学生思维活跃的多种活动。要力求能在有限的课堂时空里进行有效的整合,以适应不同学习风格的学生的学习要求,发挥学生的潜力,培养学生独立学习的能力,尊重学生富有个性的学习方式,并充分利用丰富的网络资源服务于学生的学习,从而有效提升学生的学习素养。现以朱静老师自述的"学生活动"课堂观察案例来说明多彩课堂需要精心设计学习活动。

课堂观察——我要说声谢谢你

2014年9月3日,伴着金秋的脚步,我们音乐组开展了新学期第一次教研活动。教研组长与老师们交流了新学期教研组工作计划。

"朱静,这学期的'四色创意课'轮到你来承担了。"郭组长说。

"好,希望大家多多给我帮助,让我的课更新颖一些。"我不假思索地答应了。

新学期伊始,我们都已精神振奋,整装待发,携手迎接新的机遇与挑战,带领学生们踏上愉快的学习之旅。这样的状态,这样的气氛,这样的感觉,真好。

会议很快结束,大家收拾东西开始离开了。我刚走到门口,郭组长突然想起一件事,"哦,等一下,这学期学校要求综合学科也要开始搞课堂观察了。不如朱静这节课我们就开始尝试做起来吧。"所有人有些惊呆了,气氛有些尴尬,这个观察谁都不会呀?一想到大家要在课堂上"解剖"我,我顿时浑身不自在起来,拖着沉重的脚步下了楼。

日月如梭,不管我乐不乐意,试教的日子很快来到了,我执教的是二年级上册的一首欣赏歌曲《都睡着了》。课前,所有老师都拿到了一张观察表,他们不像以前都坐在教室后面,而是分布在学生周围,这样观察学生投入情况时会一目了然。

课后,我们对观察表进行了分析、探讨、总结。这是我们音乐组组长的记录,由于记录了活动时间与活动形式这些细节,加之在学生中进行了观察,组长发现了我在课堂上没有注意到的情况。

在即兴创作设计中,我希望学生能当众表达自己的创作意图,采用了小组合作、全班比赛的形式。课堂中孩子们结合课件开展图文并茂的讲故事比赛,为此我准备了许多小奖品,都是平日里同学们最喜欢的卡通粘贴纸,大家高兴极了,争先恐后地表演自己小组的佳作。我自己认为课堂热热闹闹,生动有趣,参与面很高。但是其实唱主角的只是平时几个活跃的"小领袖",大部分孩子只是听众和观众。而且比我预期的教学时间缩短了许多,后面一大段时间我都是在拖延,课堂效率不高。

第八章　儿童生活的积极引导者

"学生活动"课堂观察表

执教者	朱静	学科	音乐	课题	都睡着了
班级	二(2)	时间	2014.9	记录者	郭树菁
项目＼活动	活动设计		时间(分)	组织形式	如何反馈
即兴创作	1. 学生聆听两遍音乐。 2. 小组活动：以"梦境"为主题，运用身边的材料进行简单的即兴创作。 3. 现场交流互动：将故事里的词填入歌曲里完整地演唱。		10分钟	小组活动	全班交流，开展比赛
观察意见	活动时间过短，形式比较单一，真正参与讨论的只是少数孩子，大部分孩子成为听众，没有让每一个孩子动起来。				

我们又反复进行了讨论，觉得既然是创意课，可以上出一些新意来，不妨在接下来的二十分钟里增加一个环节，把设计一段歌词引入到课堂上，而且设计方法可以多样化。

正式上课时，我故作神秘："刚才我们是通过看图说话，很快就能完整地演唱这首歌，那么如果让你自己来设计一段歌词，表达出你们的想法，你们能做到吗？歌词的字数和旋律的节奏要吻合，不过歌词里的小动物在干什么同学们都可以自己来创编。"这次的激励方法是如果完成编创任务且设计较为巧妙的学生将在音乐考试中免考音乐歌曲演唱。这一次，所有同学们的创作热情非常高涨，纷纷表示会好好表现的。我静心期待……很快就有两位学生兴高采烈地将作业交给了我，我一看并没有多说什么，表扬了她们，其他小朋友见状，纷纷开始和我沟通，有的说："老师，她们这样只是把文字写出来了，不漂亮，我想通过图片让它更加漂亮些。"还有的学生说："老师，我美术学得不是很好，我能不能用剪贴画的形式来表达呢？"这时我灵机一动，何不让学生以图文并茂的方式来创编歌词呢？话音刚落，学生忙在其中，乐在其中。以下就是部分学生根据节奏和字数相对应设计出的作业。

下课了，学生们久久不愿离开，围着我问："朱老师，下节音乐课什么时候上啊？"望着孩子们期盼的目光，我激动地说："孩子，明天！"孩子们欢呼雀跃，鸟儿般地飞出教室。这一幕令从教多年的我流下了眼泪。我知道音乐课已经发生了质的变化。其实我只不过是稍稍蹲下了身子，与学生站在同一个高度去审视问题，而我却获得了学生的信任；其实我只不过是悄悄地将教学方法改变了一下，与学生共同参与和互动，却获得了学生莫大的尊重；其实我只不过是……想说的话实在太多太多。

音乐课堂对孩子们来说是有吸引力的。而这一切都是一开始我很恐惧的"课堂观察"带来的，确实，一人纵观全课，自然只能囫囵吞枣,观个大概。从课堂观察中,我才知道学生的真实想法与活动状态,才会深入思考学生到底爱上什么样的音乐课,如何才能将音乐课变得轻松、好玩又有趣,才能更好地以生为本,真正做到从儿童出发。同学们不是没有学习音乐的能力,而是平时我这位音乐老师引导不够,使得他们的才华没有被挖掘出来,今后我还要在创编方面多花些功夫。千言万语化作一句话,我要说声谢谢你——课堂观察。

三、多彩课堂需要倾心探索学习评价

学习评价不仅要关注学生的学业成绩,而且要发现和发展学生多方面的潜能,培养学生自我反省、自我完善的能力。我校不仅在语数外主学科重视学习评价研究,在综合学科也着力开展评价研究。通过课堂观察,我们在多彩课堂中充分发挥评价的教育功能,构建合理、客观的评价体系,对学生实施多元化评价,引导学生自主参与评价过程,促进学生人格的全面发展。现以体育朱立玺老师自述的"学习评价"课堂观察为例来谈一谈。

课堂观察——一见钟情爱上你

"叮咚",手机响了——"今天上午第一节课,周珊老师四色创意课在录播教室,欢迎老师们听课。第二节课在会议室集中评课,请大家做好发言准备。"一看短信,我反应过来,呀!又到周三了!又要综合学科听课教研了。作为一名刚工作一年的年轻的体育教师,到了周三我就有些恐惧。因为我们综合学科每周三固定听评课,听课还好,而每次给老师们评课我总是摸不着北,特别是其他学科比如音乐、美术、信息、科学、英语……的评课,一直都是在听课之后我最困扰的问题。有了困惑,以前都没有找到很好的办法,觉得也许等我教学经验丰富些可能就会评课了。直到看到学校发的一本书《课堂观察》,让我总算有了少许的思路。

读了这本书,我获得了不少启发,我感到一堂课上呈现的课堂信息是非常多样的,而纵观我的听课,往往是埋头记录着一些形式主义的东西,比如数学课的什么"复习"、"新授",语文课的什么"讲读"、"指名朗读",等等,这些东西充其量叫作流程。而对于教学研究来说更有价值的许多课堂信息却被视而不见、充耳不闻,大有"捡了芝麻,丢了西瓜"的意味。而课堂观察,顾名思义,就是通过教师在课堂上有目的有分工地进行课堂观察研究,对课堂的运行状况进行记录、分析和研究,并在此基础上谋求学生课堂学习的改善,促进教师发展的专业活动。它一般包括课前会议、课中观察、课后会议三个部分。我的实践也准备这样一步步地展开着。我先从自己的学科体育开始,因为自己近期想研究一下课堂评价,所以想在这个方面做点观察。我就设计了一张评价观察表,确定观察点为多彩评价。

"学习评价"课堂观察表

执教者		学科		课题		
班级		时间		记录者		
项 目		评价标准		自我评价	伙伴评价	教师评价
态度	听课	A. 聚精会神 B. 有时开小差 C. 不听				
	参与热情	A. 高涨 B. 一般 C. 抵制				
方式	提问	A. 积极 B. 不在要点 C. 不会				
	回答	A. 准确 B. 不在要点 C. 不会				
	合作	A. 积极 B. 不主动 C. 不参与				
	探究	A. 积极 B. 不深入 C. 不能				
情感	兴趣	A. 浓厚 B. 有兴趣 C. 没兴趣				
	体验	A. 有成功感 B. 一般 C. 无				
成效	动手能力	A. 强 B. 一般 C. 差				
	完成任务	A. 优异 B. 完成 C. 未完成				
	经验积累	A. 丰富 B. 一般 C. 没有				

一周后,组长申志伟老师上体育公开课。他的教学内容是立定跳远。以往的立定跳远课一般为分解动作和完整动作的示范学练,还是

第八章　儿童生活的积极引导者

比较枯燥的,但是通过观察表观察,我发现申老师能恰当运用评价机制来调动学生的学练积极性,并尽量力求使评价多元化来增强课的趣味性。

听课后,我整理了自己的观察表,胸有成竹地从这样几方面展开了评课:

1. 尝试跳(学生自主评价)

教学中教师首先利用自主检测单,让学生先做尝试性练习,看看自己能够分到哪一组,让学生初步了解自己原生态的立定跳远能力水平,学习有兴趣。

2. 晋级跳(小组评价)

在初步自主评价分组后,此时教师通过点评小结引出技术动作这一环节的学习,用展图、任务卡的形式规范学生的技术动作,引导学生学练。然后利用分组晋级单,场地上的四条不同颜色的达标线引导学生晋级跳环节的练习。

3. 竞赛跳(拓展评价)

在晋级练习以后,有不少学生都已经达到了绿组,但仍然跃跃欲试。此时老师设置了竞赛游戏的评价机制,游戏看谁跳得远,让学生在跳跃能力上更进一步。通过游戏比赛的拓展延伸,学生跳得更卖力,超越了之前的跳跃成绩。

本节课能让学生保持持续的学习兴趣,让每位同学都有成功的体验,利用多元化的评价机制激发学生的好奇心、好胜心,并将练习的环境和形式更趋于生活化,给学生多一点自主选择,多一点独立思考,激发学生的潜能,使学生能在"乐中学、玩中练",力争使每位同学都在原有基础上有所提高。

这次的评课,我一反常态没有赖到最后,而是第一个发言。等我说完,大家都震惊于我的观察角度和专业,让我十分有成就感。从此,我再也不怕评课了,因为我有了法宝——课堂观察表。通过课堂观察,我不仅提升了评课能力,也促进了自身教学。特别惊喜的是,学生上我的体育课越来越积极、越来越自信,身体素质越来越好。

课堂观察——让我一见钟情,如获至宝,倾心捧读。越走近它,越被它深深地吸引,那种美妙的感觉至今难以忘怀。

我们的课堂观察研究虽然才起步不久,但通过精心组织的系列活动,用研究的视野、自觉的行动、经常的反思、积极的实践为学校小班化内涵发展课改实验加薪助燃,累积经验。推进了"多彩学习课堂"研究向纵深发展,促进了儿童幸福快乐成长,提升了教师的专业发展,形成学校的多彩文化。

我们研究的脚步并没有停止,边学边思考,边探索边实践,我们还在研究一些新的问题,如:如何科学地进行课堂观察?采用什么样的记录方法最为合适?"观察合作体"之间如何进行科学的分工与合作?如何进行课堂观察结果的分析,如何进行反馈交流?……学习着、思索着、实践着,分析问题、提出问题、解决问题,也许我们正是在这样的过程中进步着。

第三节　沙龙研讨　做更贴心伙伴

教研是提升教师教学能力的重要途径。而沙龙研讨是励园老师们最喜欢的一种交流方式。为此,学校定期开展这类活动。相约某个时段,大家坐在一起,就某个教学热点从不同的角度各抒己见,畅所欲言,达成共识。一次次的交流与沟通,让老师们的教学思想在碰撞中得到不断提升,智慧的火花在心灵的互动中逐渐生成。无数个细节中,老师们有了心领神会的默契,逐渐成为最贴心的伙伴。

一、碰撞——励园论坛

多元的思维,精彩的辩论,热烈的互动,这就是励园师生们在励园论坛中呈现出的方式。其中,以《幸福每一个》为主题的研讨活动是励园论坛中最具代表性的一次。

第八章　儿童生活的积极引导者

2012年12月4日,励园·2012"幸福每一个"小班化学习文化展示与研讨活动在南京汉口路小学拉开了帷幕。

活动开始,由鼓楼区教师进修学校杨杰军副校长致欢迎辞,他从第一届励园论坛娓娓道来,向与会来宾介绍了汉口路小学与联盟学校三年来在小班化学习文化这个领域所做的努力,并预祝此次展示与研讨活动圆满成功。随后,汉口路小学周婷校长作了题为《"四色学习单"走向"四色学习文化"——小班化教学再跨越》的主题报告,她结合汉口路小学小班化学习文化的探究之路向与会来宾们阐释了什么是小班学习文化,小班学习文化的特征、背景、行动路径,表达了小班学习文化"幸福学习每一天,幸福成长每一个"的美好愿景。

随后的《我理想中的小班化学习》沙龙研讨,汉口路、汉中门、同仁、莫愁湖、桥林、大连西岗这几所学校的老师们围坐一起畅谈理想中的小班化学习。老师们用了快乐、开心、经历、人性化、顺乎天性、三原色、体验、针对性等关键词向大家描述了自己理想中的小班化学习。

莫愁湖小学代表认为,理想中的小班化学习应该是人性化的。在"人性化"和"培养学生自发性学习"的原则下,给予学生部分时间来调整、决定自己的学习节奏,并视班上学生的身心状态与当时的情境,弹性调整课程的顺序、内容和教学时间。教师的角色应该是"引导者"、"协调者"和"支持者",课堂的评价应体现多元化、现代化、情感化、个性化。

大连市西岗区大同小学李晓青代表认为,理想中的小班教学应该是学生乐学,可以通过培养学生自我控制和调节情绪的能力,有效地帮助学生优化学习心理,变厌学为乐学。因为人的情绪并不能总是处于积极的状态中,当学生学习时正赶上情绪不佳、心神不安应该怎么办?最好的办法就是学会对情绪进行自我调控。指导学生学会情绪的自我调节是一个循序渐进的过程。老师的指导作用正是在这里。

同仁小学张晓艳主任认为,理想中的小班化学习应该顺乎天性,每一位儿童都具有学习、探究、合作、亮己的天性。小班化的学习就应该充分张扬每一位儿童的这四个基本天性。让儿童成为课堂的主人,充分发挥同伴的作用,规划自己的学习,组织自己的学习,展开自己的学习,总结自己的学习,检查自己的学习。让课堂成为学生张扬个性、发展天性的舞台,旨在让每个学生全面而富有个性地发展。老师所该做的就是,适应学生的天性,让学生自主学习、自主探索、自主合作、自主互教、自主展示。

南京市石鼓路小学易珺认为,理想中的小班化教学的关键词应是开心。我们的境界是老师跟着学生走,课堂中,学生会的不要教,学生自己能学会的不要教,教了也不会的不要教,我们把教学的着眼点转向"学生的学"。学生如何开心、快乐地学习,教师如何幸福地教学。何谓开心,这里的开心理念并不是浅层次上的快乐,而是面向每一位学生,建构以"情、智、诚"为核心的"学会认知、学会做事、学会共存、学会做人"的教育实践模式。

天性和开心两个关键词是紧密相关的。只有尊重儿童的天性,才能促进其健康、开心地成长,教师跟着学生走,儿童的天性才得以舒展。小班化教育最终的价值追求就是:教师幸福地教,学生幸福地学。

宋宁所长智慧地与大家分享了自己理想中的小班化学习,他认为小班化学习是全脑学习,要顺乎学生脑的发展规律,首先是要激活脑,其次是要顺应脑,再次是要开发脑,当每一个孩子的全脑功能得到充分开发的时候,就是我们小班化学习最理想的时候,就是小班化学习优势最张扬的时候。

活动中,与会来宾积极参与研讨,就理想的小班化教育纷纷发表自己的理解。思维的火花在这里碰撞,心灵的间奏在这里交融。老师们机智精彩的发言博得台下阵阵的掌声。

二、智慧——分享讲述

学校沙龙活动形式多样,内容丰富多彩。励园班主任工作室讲述活动就是老师们分享互动的一个平台。师德教育如春风化雨般滋润着老师们的心田。

1. 品如水人生

分享讲述"如水的人生"是汉小系列活动,在叶书记的精心策划下,班主任们纷纷走上讲台,畅谈自己的班级管理智慧。

3月29日下午,南京市汉口路小学美丽的励园迎来了28位尊贵的客人。他们是来自手拉手学校——浦口区桥林小学的校长和班主任们。

这次的班主任讲述活动是由我校在自荐以及家长和学生的民主推荐基础上产生的十位候选人,通过自制精美的PPT就自己的工作特色和亮点,介绍自己的工作经验。学校希望通过这次活动,让更多的班主任得到启发,为今后的工作提供帮助。

讲述中,孙维霞老师的"书本袋装化",四色小组长评选;姜春国老师带领学生自己制定班级制度规范自己言行;许红老师带领班级同学不仅在学校,还在课外组织了丰富的活动,让孩子们愉快成长。台下的老师们通过他们的讲述意识到班级常规的培养体现在平时的方方面面。

其实,班主任的工作需要的不仅仅是教学的艺术,更重要的是沟通的艺术。董毅老师对特殊孩子的格外关照和用心,得到了孩子的喜爱;霍照云老师利用课余时间与家长沟通,用自己对孩子的关爱赢得家长的信任;李泽红老师与学生平等相待,跟学生建立了和谐的师生关系……所有的这些都让与会的老师们为之感动,大家明白了,良好的沟通没有窍门,只有用心。

工作不仅要用心,更要用脑。朱彤老师的班级周报已经坚持出了100期,不仅让学生留下了美好回忆,也让与会老师印象深刻;王曦老师通过集章卡、荣誉卡的运用,形成了积极向上的班级氛围;史清华老师用班级日志,让孩子自己记录、自己对照,从而在班级形成合力;方百云老师通过记事本,让孩子从小就明白了学习是自己的事情,自己要对自己负责任。

上善若水,班主任工作是爱的付出,是水的艺术,需要的不仅有耐心、爱心,还有我们对待工作的一颗赤诚之心。

2. 赏春华秋实

人们常说"要给学生一滴水,教师要有一桶水",在这里,"一桶水"可以理解为指教师的知识储备,它需要与时俱进,不断更新!学校匠心独具,开展汉小系列读书交流活动,引导全校老师从不同的角度阅读,丰厚老师们的文化人生。

9月12日下午,汉口路小学党政工团联手举办的"'如水的人生'师德教育暨庆祝第29个教师节"活动,在主持人陈峰老师与胡茵老师的诗一般的开场白中拉开了序幕。本次活动,我们非常荣幸地邀请到了鼓楼区教育工委书记林海滨以及南京市小班研究所的陈双九、杨健老师。

活动中,"好文快递"、"教你一招"、"教育一得"、"家乡话"、"颁奖"五个板块环环相扣,互动精彩!

"好文快递"中,在施萍萍老师深情朗诵的《摘下我的翅膀,送给你飞翔》中,我们认识了映秀一位普通的老师,他用生命阐述了什么是师德、什么是爱、什么是党员的形象。在场的领导专家老师们都为之动容。在王曦老师情意隽永的《心灵放歌》中,我们震撼于一位普通的乡村教师用自己的良知和责任挑起了孩子们沉甸甸的梦想!

"教你一招"中,在王罡老师诙谐幽默的主持下,徐皓明主任将简单、实用的办公室健身操演示给大家,台下领导专家老师们随着做,王罡老师不时幽默地阐释、描绘,现场一片欢声笑语……

"教育一得"中,优秀班主任许红老师娓娓动听地讲述着她的教育故事《陪着蜗牛去散步》,一位优秀班主任的教育等待与教育智慧充盈话语之间,让我们情不自禁地鼓掌;教育新秀朱彤老师充满激情地向我们展示他的《系统化的班级建设》,"充满温情的班集体"、"充满欢笑的班集体"、"充满赏识的班集体"、"充满依恋的班集体"是朱彤老师的班级建设带给我们的强烈感受,一个有爱心、有智慧、有担当、有勇气的班主任形象印在每一个与会者的脑海里……

"家乡话"中,区教育工委林海滨书记用原汁原味的老南京话送出温情的祝福,周婷校长的如东话祝福难懂但独具魅力,党支部叶海豹书记的北方话祝福地道有力……现场的老师们争先恐后用家乡话祝福大家,有的还用家乡话唱起来,乡音不断,欢声不绝……

"颁奖"中,表彰了优秀共产党员龙英俊副校长、蔡小云老师,从教三十年的姚若冰老师、李春燕老师,优秀德育工作者朱彤老师、许红老师,刚荣获区优青称号的王曦、何世民、徐皓明、朱彤、张喆、田丽六位教师。

最后,区教育工委林海滨书记高度评价本次活动,借"上善若水,厚德载物"之理,提出教育人应具有包容、平淡、奉献和坚韧的如水人生,并对学校的发展提出了殷切的希望,并祝福汉小再创辉煌!

三、能量——感动励园

著名教育学家苏霍姆林斯基说过"没有爱就没有教育"。汉口路小学众多老师身体力行,用自己的教育行动努力践行着这句格言,因为大家始终坚信:"有爱,才温暖!""有团队,才有力量!"

1. 有爱　才温暖

"许老师,您就像我们的妈妈一样体贴我们!""许老师,谢谢您一直呵护我们!""许老师非常喜欢每一个同学,她就像一个月亮,我们是星星,绕着她又唱又跳,让她不要疲倦!"……孩子眼中的许老师是那么的温暖慈爱,那么的与众不同!

她充满爱心。她很温柔,对孩子们像妈妈一样,有着无尽的爱。班上有个孩子,刚入学时很不适应,午饭都不能自己吃,许老师都是亲自喂他,无微不至地关心照顾,让孩子很快成长。

在孩子们的眼中,她是那么的和蔼可亲!小洪是一个不爱说话的孩子,在不学习的时候总能看到他天真的笑脸。他想象力非常丰富,画的连环画非常有创意。刚入学的时候,他跟许老师说话的方式就是"拽拽老师的衣角,嘴里发出嗯嗯两声"。他学习东西比能力强的孩子慢很多,课堂上他清澈的眼神一直盯着老师从不走神,可是他的耳朵似乎是关闭的,不知道老师在说些什么。老师不敢找他回答任何问题,哪怕问他 2+3 等于几,他也不敢告诉老师他心里知道的答案。许老师努力创造机会让他自信起来,可他的沉默似乎让他变得更加胆小自卑。不想这么轻易放弃,于是放学后许老师主动承担起辅导他复习功课的任务,那一小段时间才是他真正上课的开始。

她体贴入微地关心每一个孩子,她温柔地滋养每一个孩子,她说每一个孩子都是一本书,值得好好地读、慢慢地品。她说当你懂得欣赏时,会得到意外的惊喜,你汲取的一定是快乐。

她除了自己非常爱自己的工作、爱孩子们以外,还教会了孩子们怎样爱别人。今年5月第二周的周日,妈妈们不约而同地收到了孩子们亲手制作的感恩卡,那稚嫩的语句是最真的祝福!原来那是孩子们别样的一份作业——"秘密"。星期五的下午孩子们在许老师的指导下,每人给妈妈制作了一张感恩卡,上面写下了一句最想对妈妈说的话。大家都商量好了,晚上悄悄放在妈妈一早就能看到的地方。从小到大妈妈给了我们那么多礼物、那么多惊喜,今天我们也要给妈妈一个惊喜!一个吻、一颗糖、一杯热水、一张感恩卡,第二天一早不约而同地来到了妈妈们的身边……一位妈妈感动地写道:"感谢许老师,教会孩子们学会感恩,小陆写了一段虽有别字,却让我感动的祝福!"

她充满智慧。她有一个"哆啦A梦"的口袋,常常能变出很多很多的小礼物。每当孩子有了一点点小的进步,她都会拿出她的口袋从里面变出孩子们喜欢的各种礼物!每周五是孩子们最快乐的时光,因为这一天孩子们可以用他一周的努力来和老师兑换小礼物,这些礼物都是她自己购买的,有棒棒糖、巧克力、文具、孩子们下一阶段学习需要用的学具(立体图形套装、美术用的彩纸套装……),还有老师自己制作的特别礼物,如手工制的漂亮发夹、彩色羽毛球、超轻黏土小玩偶等。因为考虑到要让每个孩子都能获得成功的快乐,许老师起初设置得到礼品的门槛比较低,慢慢增加难度,只要孩子努力,基本上都能得到礼物。她深深地热爱着这份神圣的教育工作,默默地奉献着自己的光和热……

许老师爱的故事还有很多,这些故事温暖着每一个孩子,温暖着每一个家长,同时也温暖着许老师自己。在温暖中,他们一路前行,一路喜悦,一路收获!

2. 有团队 才有力量

六年级,毕业班。每个教室,都成了没有硝烟的战场。校本课、课余时间、中午时间,甚至放学时间,都成了语数外老师必争的"黄金时光",大家都在"你争我抢"。老师们不是在班上挥洒汗水,就是奋笔疾书批改孩子们的作业,只为了孩子进步一点,再进步一点……喉咙哑了,喝口泡了胖大海

第八章 儿童生活的积极引导者

的水,再上! 回到家里,仍在想:第二天,该做什么样的练习最有效,自己的孩子却"来不及"关心。因为,在他们的肩上,有着家长的殷殷期望、孩子们美好的憧憬、学校深切的关注……是压力,也是责任,更是他们的动力!

辛勤的付出总有回报:在2015年全国中小学语文竞赛上,在"七彩语文"杯全国朗读竞赛、习作竞赛上,在鼓楼区金菊花、迎春花作文竞赛上,在"数学与生活"的小论文竞赛上,我们一下子涌现了若干个特等奖、一等奖,二、三等奖更是数不胜数。六月未至,捷报频传:曹陈华睿被北京人大附中录取;李方涵被南外仙林分校录取;刘英明被宁海美术班优录;潘怡宁、潘奕晓被九中特长生班优录;肖苏湘、许洋提前考进树人"3+3"班;高晟博、汪儒成被金陵河西优录;徐恩萱被金陵汇文优录;程亦心进了育英外校……看着相处多年的孩子们纷纷进入了自己理想的中学,看着他们充满自信的笑容,这,就是对毕业班老师辛勤付出的最好的赞歌!

在老师们的精心培育下,六年级的同学们各有自己的兴趣爱好,并学有所长。有"科技节"获奖,搞出发明的同学;有跆拳道的黑带选手;更有无数钢琴十级、书法作品优秀、美术全国获奖的好孩子。他们会说相声,会演小品,会各种乐器,诸多奖项也许只是他们的一个个证明,他们更拥有了阳光的人格和全面的素质。毕业典礼的表演上,同学们欢笑、洒泪,给老师们送上了自己精心制作的贺卡,送上了象征"一辈子"的杯子……六年级组的老师们,感谢你们:培养出了一群全面发展的孩子们、一群懂得感恩的孩子们。

学校在发展,任务繁多。六年级组的老师们并没有以辛劳为借口,而是主动承担学校的多样工作。行政率先垂范,凡事亲力亲为;老师当仁不让,遇事个个争先。有严谨求实的经志敏校长、以校为家的徐皓明主任、优秀青年教师学科带头人的何世民主任,有美丽亲切、工作细致的朱宁老师,教学有方、一丝不苟的范绍梅老师,尽职尽责、极具亲和力的史清华老师,笑容甜美、专心教学的吴京艳老师,勤恳踏实、敢于创新的陈敏老师,个性爽朗、求实奋进的陈芳老师,性格幽默、认真负责的王罡老师。六年级组保质保量地完成了学校布置的多项任务,在期末学校评定的"额外工作加分"中,获得六个年级组中的最高分。

学校工作上下一盘棋,无论是校领导,还是老师们,每个人都像一片叶子。在各自不同的岗位上,做着相同的工作——竭尽所能,各展其才,默默地奉献着自己！俗话说:兄弟同心,其利断金。汉小师生亦师亦伴,众志成城,必将托起学校更辉煌的明天！

后 记

三年的研究,三年的实践,今天有了一个辛苦后的收获,每一个人喜悦在心!

三年来,痛并幸福着,是我们研究团队的切身感受。

说痛,我们的研究深入到了研究团队之前很多没有触及的教育研究领地,需要更多的具有开创性的思考与实践;说幸福,除了我们辛苦收获后的欣慰,更因为一路前行有诸多专家的保驾护航!

感谢彭钢主任、马维娜研究员、乔建中教授、宗锦莲博士、肖林元所长、姚慧主编、祁海燕主编在我们喜悦于研究团队的课题成为省"十二五"重点资助课题时,为我们进一步做好研究的专业引领!

感谢蔡守龙主任、张晓东博士手把手的课题研究指导,从我们课题研究准备着手写书的体例,到具体内容的有效安排均进行了细致入微的指导,正因为如此,我们的编书进程才得以顺利展开!

感谢宋宁先生对课题研究很具实证性的研究点拨与具体研究成书的真知灼见,它将成为我们研究继续的动力,也将成为我们下一步努力的方向!

感谢杨孝如主任对我校研究团队所撰写的研究论文的细致严谨的面对面指导与帮扶,因为这种引领的力量,我们的研究总报告,我们多篇研究文章先后在省级及以上刊物陆续发表!

感谢区教师发展中心的杨杰军副主任,小学研训部吴青华主任和刘明静老师以及许多研训员为我们的课题研究所做出的事无巨细的服务与帮助!

感谢各级领导的关心与厚爱,感谢兄弟学校的支持与帮助,感谢我们研究团队的辛勤与付出,因为有了大家的温暖,有了我们的坚守,今天,我们的研究团队对研究进行了梳理,撰写了此书,记录了我们的研究心得。

感谢我们的团队付出了大量的辛劳,他们是陈峰、张臻、霍照云、夏凤枝、方百云、施萍萍、王罡、田丽、陈敏、朱雯、吴京艳、韩梅魁、马炜骅、吴偌寒、王珍珠、许红、吴静、董毅、李福娟、王冬美、王蕾、何世民等。

经过近一年的编写磨炼,我们的作品即将成书,高兴之余,也惴惴不安,不知表述是否恰当,不知撰写是否能囊括研究所得……

本书出版得到南京大学和家委会主任刘老师以及部分家长的大力支持,在此特别致谢!

本书出版还得到了南京大学出版社的大力支持与帮助,特此感谢!

本书使用了很多教师的研究案例,在此一并表示感谢!

我们研究并撰写心得是为了更好地出发,因为,我们坚信走上研究之路,我们一路辛勤的同时,一直被幸福包围着!

路漫漫其修远兮,吾辈将上下而求索!